中国红十字评论 征稿启事

投稿方式：

邮箱：caopinglun@163.com或dsge@suda.edu.cn；
联系电话：0512-65233298。
作者需留下真实姓名、职称职务、工作单位、联系方式以备联络。

《中国红十字评论》由苏州大学红十字国际学院创办、苏州大学出版社合作出版，旨在通过红十字交叉学科视角，为国内外专家学者提供学术交流平台，以推动对中国红十字运动发展过程、经验和成果的阐释，开展对新时代中国特色红十字工作特色、模式、道路、得失的研究总结，揭示具有中国特色的红十字事业的深刻内涵和内在价值。

《中国红十字评论》关注新时代红十字事业发展、红十字运动历史、国际人道法与人道政策、"一带一路"人道合作、人道救护与救助、应急管理与人道救援、人道资源动员与传播等研究成果，也欢迎关于红十字交叉学科建设和红十字研究方法等方面的探索和讨论。

一、拟设栏目

（一）专题特稿

聚焦新时代国家经济社会发展大局中红十字事业发展的重大命题，进行全面、深入、专门的讨论。

（二）学术论文

凝聚国内外学者和专家的学术思考，提升中国红十字事业的理论和实践研究水平。通过实证研究，探讨中国红十字运动的重要理论和现实问题；借助比较研究，揭示中国特色红十字事业的独有内涵和经验；通过综合研究，阐释中国红十字运动相关主题的内容、价值和规范。

（三）研究报告

面向中国红十字事业发展领域的相关课题和调查，以结构性量化数据和质性案例材料，描述和反映我国红十字运动发展的现状、经验和问题，探讨高质量发展之道。

学术论文和研究报告可聚焦中国人道工作经验总结、人道救援案例研究、保护生命与健康实践分析、红十字运动和人类命运共同体建设的中国经验研究等，通过观察与思考，阐释我国红十字运动进程中的人道前沿问题。

《中国红十字评论》拟每年出版2~4本，竭诚欢迎海内外学者、专家和实务工作者赐稿。稿件字数不超过1.5万字，特约稿不超过2万字。来稿一经采纳，即奉薄酬并样书。

二、稿件体例规范

（一）标题序号格式

文章各章节按照五级标题序号格式。一级标题用"一、……"，二级标题用"（一）……"，三级标题用"1.……"，四级标题用"（1）……"，五级标题用"①……"。

（二）标题、摘要与关键词

1.标题。主标题字数一般不超过20个字，副标题字数不限。
2.中文摘要。将文章的主要观点及创新点进行概括性叙述，300字以内。
3.关键词。3~5个。
4.标题、中文摘要和关键词需附英文。

三、注释体例及标注位置

1.注释放置于当页下（脚注）。注释序号用"①②③……"标识。正文中的注释序号统一置于引文的句子后。

2.注释的标注格式。著作标注顺序：责任者/文献题名/出版城市/出版者/出版年份/页码。引用翻译著作时，将译者作为第二责任者置于文献题名之后。期刊标注顺序：责任者/文献题名/期刊名/年期（或卷期、出版年月）/页码。报纸标注顺序:责任者/篇名/报纸名称/出版年月日/版次。电子资源标注顺序：题名/发布日期/发布者/获取和访问路径（如网址）/最后访问年月。

第一辑

中国红十字评论
Chinese Review of the Red Cross

王汝鹏 主编

苏州大学出版社
Soochow University Press

图书在版编目（CIP）数据

中国红十字评论.第一辑/王汝鹏主编.--苏州：苏州大学出版社，2024.6
ISBN 978-7-5672-4821-2

Ⅰ.①中… Ⅱ.①王… Ⅲ.①红十字会－研究－中国 Ⅳ.①D632.1

中国国家版本馆CIP数据核字（2024）第099251号

书　　名：	中国红十字评论（第一辑）
	ZHONGGUO HONGSHIZI PINGLUN（DI-YI JI）
主　　编：	王汝鹏
责任编辑：	孙佳颖
助理编辑：	罗路昭
装帧设计：	刘　俊
出版发行：	苏州大学出版社（Soochow University Press）
社　　址：	苏州市十梓街1号　邮编：215006
印　　刷：	苏州工业园区美柯乐制版印务有限责任公司
邮购热线：	0512-67480030
销售热线：	0512-67481020
开　　本：	787 mm×1 092 mm　1/16　印张：13.25　字数：248千
版　　次：	2024年6月第1版
印　　次：	2024年6月第1次印刷
书　　号：	ISBN 978-7-5672-4821-2
定　　价：	58.00元

图书若有印装错误，本社负责调换
苏州大学出版社营销部　电话：0512-67481020
苏州大学出版社网址　http://www.sudapress.com
苏州大学出版社邮箱　sdcbs@suda.edu.cn

学术顾问（按姓氏音序排列）：

陈　功　　北京大学教授
陈　涛　　中国社会科学院大学教授
黄志雄　　武汉大学教授
李惠玲　　苏州大学教授
苗　青　　浙江大学教授
陶传进　　北京师范大学教授
王　名　　清华大学教授
王卫平　　苏州大学教授
王振耀　　北京师范大学教授
徐家良　　上海交通大学教授
周秋光　　湖南师范大学教授
朱健刚　　南开大学教授

编辑委员会：王汝鹏　沈明荣　刘选国　郑　庚
　　　　　　　葛道顺　池子华　师曾志　张　强
　　　　　　　朱利江　金锦萍　蓝煜昕　陈兴昌

主　　　编：王汝鹏
副　主　编：刘选国
轮值执行主编：葛道顺
编辑部主任：曹招根
编辑部成员：张　娣　徐诗凌　文姚丽　马玉洁

前言

王汝鹏

红十字国际学院院长

国际红十字运动创始人亨利·杜南在其《索尔费里诺回忆录》里提出了两项重要倡议：一是建立"伤兵救护国际委员会"，在世界各国建立的伤病救护委员会演化为今天的红十字国际委员会和国家红十字会，成为红十字组织的前身；二是签订一份国际公约以保护伤兵救护委员会的志愿人员和战场上的医务人员，这成为国际人道法的起点，演化为当今以日内瓦公约及其附加议定书为核心内容的国际人道法文书。在160多年的历史长河中，国际人道法的创立和不断完善、人道政策和人道行动的理论探讨，一直伴随着国际红十字运动的发展进程。

1869年，红十字国际委员会就创办了《红十字国际评论》理论刊物，并由剑桥大学出版社合作出版，这是世界上历史最悠久的学术刊物之一。经过150多年的发展，《红十字国际评论》已成为研究国际人道法和人道政策、讨论人道局势和人道行动、分析冲突原因、提出深刻见解的重要学术交流平台，为推动红十字运动发展和国际人道主义事业作出了重要贡献。

作为全球首个红十字国际学院，2019年成立伊始就把建设红十字运动研究高地作为职责使命。今天，由红十字国际学院创办、苏州大学出版社合作出版的《中国红十字评论》正式与读者见面，为红十字运动研究高地的建设搭建了一个理论研究和学术交流的平台，这是红十字国际学院创新发展的重要成果，不仅填补了中国红十字运动120年来在理论研究阵地建设上的空白，也将成为《红十字国际评论》在相关研究领域的重要补充。

2023年9月5日，国家主席习近平在会见红十字国际委员会主席斯波利亚里茨时指出,"人道主义是能够凝聚不同文明的最大共识",希望"为加强全球治理和人道主义问题治理提供中国理念、中国方案"。习近平主席的重要论述,为红十字国际学院的理论研究工作指明了前进方向。

创办《中国红十字评论》,旨在汇聚红十字理论研究、人道公益人才培养、红十字文化传播、人道学术交流和国际人道合作的最新研究成果,为促进中国特色红十字事业和国际红十字运动健康发展贡献智慧与力量。

——将聚焦中国特色红十字事业的理论前沿,深入剖析红十字运动的历史脉络、基本原则和国际人道法的最新发展。通过专家学者的深度研究,为中国特色红十字事业的创新发展提供理论支撑和智力支持。

——将关注人道慈善教育和人才培养的最新动态,分享先进的教学理念和经验,促进教学方法的创新与实践,为培养更多具有国际视野、专业素养和人文关怀的人道公益人才提供拓展理论视野的渠道和保障。

——将致力红十字文化的传播与推广,通过丰富的案例分析和深入的文化解读,让更多社会公众了解红十字文化的内涵和价值,激发参与人道公益事业的热情和动力。

——将搭建国际人道学术交流的平台,邀请国内外专家学者共同探讨人道领域的热点问题,分享研究成果和实践经验,共同应对全球化背景下面临的人道主义危机与挑战。

——将关注国际人道合作的最新进展和动态,分析国际人道合作在应对全球性问题中的作用和价值,积极倡导和推动国际人道合作,为构建人类命运共同体贡献中国智慧、中国方案。

《中国红十字评论》将成为一个开放、包容、多元的学术交流平台,汇聚各方智慧,凝聚各界力量,通过编发重要特稿、研究文章、学术论文、案例报告、新书评介等各类文稿,促进人道公益领域的学术交流和理论创新。

我们期待与广大专家学者、实务工作者和社会各界人士携手合作,共同推动我国人道公益事业和国际红十字运动高质量发展。

目录

特稿

提升人道行动能力　携手应对气候变化 / 陈　竺　　　　　　　　　　/ 003

奋力推进中国特色红十字事业高质量发展 / 王　可　　　　　　　　/ 008

国际人道法与世界和平 / 米里亚娜·斯波利亚里茨·埃格　　　　　/ 013

新时代中国特色红十字事业研究

全面发挥中国红十字会在第三次分配中的独特作用
　　/ 王振耀　柳永法　尹力子　赵延会　　　　　　　　　　　　/ 025

中国特色红十字精神起源与作用初探 / 马　强　　　　　　　　　　/ 040

我国应急救护事业的发展历程和创新实践 / 黄元龙　　　　　　　　/ 053

努力夯实中国特色红十字事业的群众基础 / 孟纬鸿　　　　　　　　/ 064

前沿问题探讨

网络战的国际人道法问题 / 应瑶慧　　　　　　　　　　　　　　　/ 077

国际人道法中的作战场域问题 / 冷新宇　　　　　　　　　　　　　/ 094

无人机国际人道法问题研究 / 朱　路　　　　　　　　　　　　　　/ 118

实务与案例

小天使基金项目影响力分析 / 王跃春 / 135

气候灾害与香港社区的备灾服务 / 杨绮华 / 147

中国红十字会备灾系统与现代物流企业合作模式探讨
　／ 张剑辉　郑　华　蒋　畅 / 154

第三届东吴国际人道论坛综述

危机与应对：气候变化中的人道力量 / 古　敏 / 173

新书评介

走向伦理胜任力：《人道伦理学》导读 / 朱健刚 / 187

CONTENTS

Special Column

Enhancing Capacity for Humanitarian Action, Partnering to Address Climate Change / Chen Zhu　　/ 003

Striving for High-Quality Development of the Red Cross Cause with Chinese Characteristics / Wang Ke　　/ 008

The International Humanitarian Law and World Peace / Mirjana Spoljaric Egger　　/ 013

Study on the Red Cross Cause with Chinese Characteristics in a New Era

Fulfil the Unique Role of the Red Cross Society of China in Tertiary Distribution from National Conditions / Wang Zhenyao, Liu Yongfa, Yin Lizi and Zhao Yanhui　　/ 025

A Preliminary Study of the Origin and Role of the Red Cross Spirit with Chinese Characteristics / Ma Qiang　　/ 040

The Development History and Innovative Practices of Emergency First Aid in China / Huang Yuanlong　　/ 053

Solidifying the Public Foundation of the Red Cross Cause with Chinese Characteristics / Meng Weihong　　/ 064

Cutting-Edge Issues

International Humanitarian Law Issues in Cyber Warfare / Ying Yaohui / 077

On the Operation Domain in the International Humanitarian Law / Leng Xinyu / 094

A Research on Drones in the International Humanitarian Law / Zhu Lu / 118

Practices and Case Studies

Impact Analysis for Little Angel Fund Project / Wang Yuechun / 135

Climate Disasters and Disaster Risk Reduction Services in Hong Kong's Communities / Yang Qihua / 147

On the Model of Cooperation between Disaster Preparedness System of the Red Cross Society of China and Modern Logistics Enterprises / Zhang Jianhui, Zheng Hua and Jiang Chang / 154

Overview on the Third Soochow International Humanitarian Forum

Crises and Response: Humanitarian Force in Climate Change / Gu Min / 173

Book Review

Towards Ethical Competence: Reading Guide to *The Humanitarian Ethics* / Zhu Jian'gang / 187

特稿

提升人道行动能力　携手应对气候变化[①]

陈　竺

第十三届全国人大常委会副委员长

中国红十字会会长

红十字国际学院名誉院长

一年一度秋风劲，百般景物堪图画。再过两天，红十字会与红新月会国际联合会第十一届亚太地区大会将在越南河内召开，这是每四年一次的亚太区域人道峰会。每次峰会上，参会者都会碰撞思想，凝聚共识，形成共同的行动纲领。五年前，也是在这个季节，在第十届亚太地区大会前夕，我提议在中国苏州举办一次"绿茶歇"，邀请红十字国际委员会、红十字会与红新月会国际联合会及部分参会的国家红十字会（本文简称"国家红会"）同仁顺访中国，做一个短暂而难得的会前聚会，品一品中国绿茶，交流一下共同关心的话题，加深了解，增进友谊。在此次会议上，我们正式提出创建一所红十字国际学院并依托学院定期举办东吴国际人道论坛的倡议，得到了与会代表的积极响应，"绿茶歇"活动成为东吴国际人道论坛的发端。

经过各方的不懈努力，2019年8月31日，全球首个红十字国际学院在苏州大学挂牌成立。同年11月28日，为纪念红十字会与红新月会国际联合会成立100周年，我们在刚刚"破茧而出"的红十字国际学院成功举办了第二届东吴国际人道论坛。今天，我们再次相约第三届东吴国际人道论坛，围绕"气候变化与人道行动"话题，展开对话与交流。这体现了国际红十字运动成员亲密无间的伙伴关系，也体

[①] 该文系作者2023年11月18日在第三届东吴国际人道论坛上的主旨演讲。

现了我们对进一步加强在气候变化相关的人道领域交流合作的共同期待。

"君到姑苏见，人家尽枕河"，水乡苏州是一座具有2 500多年历史的世界文化名城，《马可·波罗游记》曾将苏州赞誉为"东方威尼斯"。中国有句古语"上有天堂，下有苏杭"，又有"苏湖熟，天下足"之说，足见苏州自古以来得天独厚的自然禀赋，形成此自然禀赋的一个重要因素就是这里风调雨顺、地肥水美，是一块很少遭遇重大自然灾害的宝地。相比其他一些自然灾害频发的地区，苏州是幸运的。但作为整个全球经济社会和生态系统中的一个节点，任何一个国家、一个地区、一个城市都不可能在气候变化这样的宏大主题面前置身事外，这正是人类命运共同体理念的真谛。今年恰逢习近平总书记提出构建人类命运共同体理念和"一带一路"倡议10周年，也是国际红十字运动发轫160周年。我们深刻认识到，当今世界正经历百年未有之大变局，人类与自然的共生问题逐渐显现，全球气候变化带来的诸多挑战日益凸显。在这样的形势和背景下，来自全球各地的人道工作者和专家学者济济一堂，共同探讨如何应对这个关乎全人类生存和发展的重要议题，应该说，本届论坛具有特殊意义。特别是第十一届亚太地区大会将以应对气候变化为切入点，共同探讨新形势下人道事业发展的策略和行动，本届论坛可视为亚太峰会的前期动员和准备。论坛开始之前，我想就全球气候变化与人道行动响应谈几点我个人的观点和建议，供与会同仁参考。

第一，全球气候变化是当今人类社会面临的最为重大的非传统安全问题之一，也是国际红十字运动必须应对的严峻挑战。

气候变化带给人类的挑战是现实的、严峻的、长远的。近年来，气候变化带来的极端气候灾害在全球肆虐，特别是2022年以来在全球范围内发生的极端高温、降雨、干旱、飓风等气候事件。气候变化对人类生存所依赖的自然与社会带来的巨大风险与安全效应进一步凸显：洪水和飓风直接威胁人身和财产安全；农作物受灾导致粮食产量减少，加剧食品安全问题；气温升高导致热浪频发，增加传染病传播风险，对人类健康构成重大威胁；全球变暖，海平面上升，造成灾难性人口流动。还有一个非常值得重视的问题是，虽然气候变化并不会直接造成武装冲突，但环境恶化、资源减少会间接地造成武装冲突，并导致武装冲突地区人道状况的进一步恶化。

气候危机影响着每个人，但不发达国家和武装冲突地区无疑是气候危机下较脆弱的受害者。联合国报告显示，全球已有超1亿人因冲突、暴力等问题被迫离开家园，其中约有90%的难民来自脆弱、难以应对气候挑战的国家。早在2015年联合国通过的《2030年可持续发展议程》中就已提出联合国可持续发展目标和"行动十年"计划，号召全世界团结一致，共同应对人类所面临的与气候恶化、贫困、和平与正义等有关的全球挑战，确保不让任何人掉队，让所有人都能拥有更美好和可持续发展的未来。但近年来受害者的境况并没有好转迹象，若不采取更具规模性的气候行动，预计到 2050 年，因自然灾害而需要人道援助的人数可能会翻一番，达到每年 2 亿人。

最易受损群体是国际红十字运动的关注和服务对象，帮助这些国家和地区的人们提升应对气候变化的能力，对于红十字人道行动至关重要。2019 年，国际红十字与红新月运动代表会议和第 33 届红十字会与红新月会国际大会通过了 "2030 战略"，将 "气候与环境危机" 作为国际红十字运动应对的五大全球性挑战的第一项。2020 年，红十字国际委员会发布了报告——《当雨水变为沙尘》，阐述了深陷冲突的国家如何受到气候变异和极端情况的过度冲击，提出全球人道系统为应对气候风险与冲突所应采取的措施，倡导各方必须通力合作。2021 年红十字国际委员会和红十字会与红新月会国际联合会牵头制定了《人道组织气候与环境宪章》，向所有人道组织指出如何应对气候变化导致的日益增长的风险。作为人道组织参与应对这些危机的指南，这些纲领性重大文件的制定，为全球人道组织参与应对气候变化及其引发的人道灾难提供了指引。这些文件所提到的措施，需要我们大家携手去践行。

第二，中国是全球应对气候变化事业的积极参与者和人道救援行动的坚定支持者。

"万物各得其和以生，各得其养以成。" 中华文明历来强调天人合一、尊重自然。作为一个自然灾害频发的国家，中国一直是全球应对气候变化事业的积极参与者。"以实则治"，作为气候治理的行动派，中国主动承担与国情相符的国际责任，并不断自我加压，加大应对气候变化行动的力度。中国发布《国家适应气候变化战略 2035》，把应对气候变化作为推进生态文明建设、实现高质量发展的重要抓手，基于中国实现可持续发展的内在要求和推动构建人类命运共同体的责任担当，形成应对气候变化的新理念，以中国智慧为全球气候治理贡献力量。

面对严峻的气候变化挑战，中国深化气候领域双多边合作机制。截至 2023 年 9 月，中国已与 40 个发展中国家签署 48 份气候变化南南合作谅解备忘录，累计合作建设 4 个低碳示范区，开展 75 个减缓和适应气候变化项目，举办 52 期能力建设培训班，为 120 多个发展中国家培训 2 300 余名气候变化领域的官员和技术人员。中国还积极响应联合国关于开展全民早期预警的相关倡议，为相关发展中国家开展全民早期预警、提升灾害预警能力提供支持。

气候变化是对人道问题治理的综合考量。为应对气候变化，在国家有关部门的支持下，中国红十字会大力加强应急救援力量建设，全国红十字系统各类专业救援队已超过1 000支，注册队员达到10万人。我们将全国划分为6个应急救援协作区，建成800余个红十字备灾救灾中心，初步形成体系完整、运转协调、应对高效的红十字应急救援体系。结合"乡村振兴""健康中国"《国家适应气候变化战略2035》等国家战略，各级红十字组织开展"博爱家园-社区为本减灾项目""社会应急力量保障和能力提升项目""水与卫生项目"等韧性社区建设项目，致力提升社区应对气候变化能力。中国红十字会还积极推进数字化转型，建立了遍及全国的灾害指挥系统，开发了"博爱通"捐赠系统，减少运送救援物资带来的成本和环境污染，有效提高了人道救援、救助能力。

作为中华人民共和国统一的红十字组织和国际红十字运动的重要成员，中国红十字会高度重视发展同红十字国际组织、各个国家和地区红十字会的关系，积极参与国际红十字运动事务，携手推动共建人类命运共同体。我们于2017年成立"丝路博爱基金"，发起红十字与"一带一路"同行行动，对有迫切需求的国家和地区开展人道救助，已在亚洲、欧洲、非洲、大洋洲、北美洲、南美洲的60余个国家和地区开展国际援助与合作，涉及医疗救助、健康干预、赈灾救济、社区发展、志愿服务、能力提升等多个领域。新冠病毒感染疫情暴发以来，中国红十字会连续派出抗疫志愿专家组，并向遍及5大洲的55个国家和地区提供款物和疫苗支持。我们的所有努力，都是为了彰显红十字与红新月大家庭团结协作的力量，印证人类是一个相互依存的命运共同体。我们愿意与更多的人道伙伴携手，为应对包括气候变化带来的危机和挑战作出应有的贡献。

第三，面对气候变化引发的巨大挑战，亟须携手提升人道行动能力。

国际红十字运动已经走过160年的风雨历程。160年人道之旅笃行不息，依靠的是在危机中开新局的勇气，更需要应对和化解危机的能力。面对气候变化引发的全球性挑战，我们不能停留在对灾害的被动应对上，而需要以更加科学、系统的思维，把握气候变化的内生机理，提升洞察、干预和防备能力。为此，我想结合中国红十字会近年的一些探索，谈几点建议。

一是大力开展人道传播，提升全球公民的防灾减灾意识和能力。国际红十字运动的发生意味着人类自我保护意识的觉醒。红十字组织的优势是拥有人道传播和动员能力，而不是将自己变成"救世主"。面对气候变化带来的挑战，国家红会应当发挥网络体系和会员、志愿者众多的优势，进一步运用传统媒体和新媒体技术，广泛进行防灾减灾知识的传播；通过应急救护培训和防灾演练等实操性体验教育，让更多公民学习、掌握应对各种自然灾害的防灾避险、自救互救方法，提升个人、家庭和社区的防灾减灾意识，让人们能够预测、应对危机并迅速从危机中恢复，使每个社区都成为有效预防和抵御风险的韧性家园。

二是广泛开展人道资源动员，提升备灾救灾实力。人道行动需要理念传播，更依赖坚实的物质准备。面对频发的人道主义危机，我们需要更多的人力、物力、技术和智力支持。各国红会应当把人道资源动员摆在战略位置，广泛发展战略合作伙伴，拓展人道资源动员渠道，创新筹资模式；要紧密结合信息变革，大力发展"互联网+人道资源"动员，不断提高人道事业的公众参与度，进一步壮大人道救援、救助的实力，为携手应对气候变化奠定坚实的基础。

三是加快推进数字化转型，实现人道救援和人道物流等应急体系的现代化。当代数字技术和现代物联的迅速发展为人道主义响应提供了巨大的机会，加强这方面的学习和应用，可以有效提高工作效率，提升人道行动的响应速度。中国红十字会数字化转型的实践表明，互联网和数字技术的运用有利于信息的获取和战略运营决策。通过数字技术来连接红十字会分会、连接会员和志愿者，可以更加快速地动员和组织人道资源以应对危机。现代智联网和现代物流的技术应用，有助于提高灾害响应的物流速度和准确送达率。我们一定要紧抓信息变革的时机，加快数字红十字会建设，使人道行动更为便捷高效。

四是广泛开展人道交流合作，加强国际人道防灾救灾的网络建设。国际红十字运动是遍及全球的人道合作网络，也是一个互助互益的"大家庭"。我们相信，"众力并，则万钧不足举也"，衷心希望运动成员之间、国家红会之间能够建立更加广泛、更为务实的合作机制，相邻国家更要重视人道救援区域协作机制，共同应对包括气候变化在内的人道主义危机和挑战，携手创造一个更加安全、洁净、美丽的世界。

五是共建共享人道教育，着力提升人道工作专业能力。面对越来越严峻的人道挑战，人道行动越来越成为专业性工作，提升人道组织领导人的领导力，提升专职工作者、会员、志愿者的专业技能已成为当务之急。衷心希望运动成员高度重视人道工作者素质、能力的培养，本着共建、共享的人道主义教育理念，致力培养面向新时代的人道工作专门人才。要高度重视红十字青少年工作，重视各国之间青少年的交流，重视运动青年网络建设，确保人道事业薪火相传。

10年前，习近平总书记提出，"红十字不仅是一种精神，更是一面旗帜"。今年9月5日，在会见红十字国际委员会主席斯波利亚里茨时，习近平总书记进一步强调指出："人道主义是能够凝聚不同文明的最大共识。"在此，我衷心希望国际红十字与红新月运动成员团结、凝聚在人道主义的旗帜下，为促进人类和平与进步的事业作出新的更大贡献。

奋力推进中国特色红十字事业高质量发展[①]

王　可

中国红十字会党组书记、常务副会长

党的十八大以来，以习近平同志为核心的党中央高度重视红十字事业，习近平总书记多次就红十字工作发表重要讲话、作出重要指示批示。习近平总书记关于红十字事业发展的重要论述，是发展中国特色红十字事业的根本遵循和行动指南。新征程上，中国红十字会将深入学习领会、全面贯彻落实习近平总书记的重要论述和党的二十大精神，不断推进中国特色红十字事业高质量发展。

一、牢牢把握中国红十字事业在党和国家事业发展中的地位和作用

习近平总书记指出："我国红十字事业是中国特色社会主义事业的重要组成部分，中国红十字会是党和政府在人道领域联系群众的桥梁和纽带。党和国家高度重视这支力量。希望中国红十字会适应新形势新任务，紧紧围绕党和国家中心任务，增强责任意识，推进改革创新，加强自身建设，开展人道救助，真心关爱群众，努力为国奉献、为民造福。"必须深刻领会、准确把握习近平总书记关于红十字事业发展的重要论述的精神实质和实践要求，并贯彻落实到中国特色红十字事业发展全过程各方面。

中国红十字事业历经百年，为推动人道事业发展作出重要贡献，成为国际红十字与红新月运动重要成员，取得今天的发展成就，根本原因在于坚持中国共产党的领导。作为党领导下的群团组织，中国红十字会自觉接受并紧紧依靠党的领导，坚定不移走中国特色社会主义群团发展道路，按照党中央关于全面深化改革的总体部署，

---

① 该文原载《求是》杂志 2023 年第 1 期。

以保持和增强政治性、先进性、群众性为目标，全面深化改革，更好地承担起引导群众听党话、跟党走的政治任务，把所联系群众最广泛最紧密地团结在党的周围。

"保护人的生命和健康，维护人的尊严，发扬人道主义精神，促进和平进步事业"是中国红十字会的宗旨。党的十八大以来，中国红十字会坚持以人民为中心的发展理念，认真依法履职尽责，扎实做好人道救助，积极开展人道服务，以高效运转、公开透明作为事业发展的生命线，通过实实在在的工作，把党的关怀送到群众中，切实承担起党和政府在人道领域联系群众的崇高使命。中国红十字会坚持人民至上、生命至上，不断拓展人道救助范围，依法开展的无偿献血、遗体和人体器官捐献、造血干细胞捐献等工作取得重大进展。造血干细胞捐献者资料库（中华骨髓库）容量达314万人份，累计实现捐献1.4万多例，成为世界第四大骨髓库。公民逝世后器官捐献工作体系基本建成，捐献志愿登记人数超过560万，捐献器官13万个，为众多面临困境的大病患者带来希望。积极开展无偿献血宣传动员工作，无偿献血理念深入人心。助力打赢脱贫攻坚战，大力实施"博爱家园"项目，投入8.4亿元，惠及3 000多个贫困村。大力实施"天使计划"，救助白血病、先天性心脏病等大病患儿9万多名，援建博爱卫生院站2 638所、校医室246所。

开展救援、救灾的相关工作，建立红十字应急救援体系是中国红十字会的法定职责。党的十八大以来，中国红十字会积极融入党和国家应急工作大局，参与青海玉树地震、云南鲁甸地震、河南特大暴雨等重大自然灾害救援及恢复重建工作，有效帮助受灾群众改善生活境况。积极参与疫情防控斗争，组织全系统先后参与了武汉保卫战、大上海保卫战等。与国家应急管理部门建立防灾减灾救灾联动工作机制，组建搜救、赈济、救护、转运等8类中国红十字救援队伍1 000余支，建立了分区域的红十字备灾救灾仓储网络，应急救援工作专业化水平显著提升。助力健康中国战略，推动应急救护培训进社区、进农村、进学校、进企业、进机关。大力加强生命健康安全体验馆建设，建设红十字应急救护培训基地525个。

深入落实习近平总书记关于中国红十字会"要高效运转，增强透明度，主动接受监督，让每一份爱心善意都及时得到落实"的重要指示要求，中国红十字会进一步增强责任意识，推进改革创新，按照中央全面深化改革的总体部署，不断健全党的建设、内部管理、捐赠管理、志愿服务、信息公开等方面制度，着力完善规范高效、公开透明的工作机制。大力推进理顺管理体制工作，加快推进地市级和有条件的县级红十字会设立党组，进一步加强党委对红十字工作领导的制度机制建设。不断完善治理结构，各级红十字会依法设立监事会，形成理事会决策、执委会执行、监事会监督的治理结构。主动接受各方面监督，在监督中改进工作、提高水平。探索建立红十字系统公开透明指数管理机制，有效提升了红十字会的公信力，使红十字会在党和国家事业中的独特作用得到有效发挥。

二、大力弘扬人道、博爱、奉献精神，在培育和践行社会主义核心价值观中引领新风尚

习近平总书记指出："中国红十字会是国内历史最悠久的人道组织，成立110多年以来不断发展。近年来，中国红十字会在重大灾害救援、保护生命健康、促进人类和平进步等方面发挥了重要作用，涌现出郭明义等一批优秀红十字志愿者，为党、为国家、为人民做了很多好事、善事。""要结合培育和践行社会主义核心价值观，在全社会弘扬人道、博爱、奉献精神，弘扬正能量，引领新风尚。"红十字精神与中华优秀传统文化一脉相承，与社会主义核心价值观高度契合，是人类社会文明进步的重要体现，必须把培育和践行社会主义核心价值观融入中国红十字工作各方面。

近年来，中国红十字会深入挖掘、广泛传播红十字文化所蕴含的价值理念、人文精神、道德追求，结合时代要求创新发展，推动社会主义核心价值观转化为人民群众的情感认同和行为习惯。加强组织动员，1 600多万名红十字会会员、196万名红十字志愿者活跃在城乡社区，开展人道服务。在青少年中开展人道传播、健康促进、志愿服务等教育实践，使青少年日益成为红十字事业发展的有生力量。加大宣传力度，弘扬帮困济危、救死扶伤的高尚品德。面向社会公众开展红十字生命教育，许多感人事迹得到传颂和弘扬。2017年，酷爱篮球的16岁少年叶沙因突发脑出血抢救无效离世。家人将他的心、肺、肝、两个肾和一对眼角膜捐献给了急需器官移植的患者。2019年，5位器官捐献受益人，为完成叶沙未竟的心愿，组成了一支篮球队，为叶沙打了一场比赛。"一个人的球队"的感人故事受到广泛关注传播，让器官捐献的话题带着正能量走进大众视野，在全社会产生良好反响。

三、为国际人道主义事业作出积极贡献

习近平总书记指出："红十字不仅是一种精神，更是一面旗帜，跨越国界、种族、信仰，引领着世界范围内的人道主义活动。人道主义事业是全人类共同的事业，相信红十字精神将不断发扬光大。""面对频发的人道主义危机，我们应该弘扬人道、博爱、奉献的精神，为身陷困境的无辜百姓送去关爱，送去希望；应该秉承中立、公正、独立的基本原则，避免人道主义问题政治化，坚持人道主义援助非军事化。""中国高度重视和支持红十字事业，愿同红十字国际委员会加强合作，积极参与国际人道援助，为更多弱势群体提供帮助，在力所能及范围内履行国际责任和义务，为国际人道主义事业作出更大贡献。"习近平总书记的重要论述对红十字运动的人道主义本质作出高度概括，充分表达出世界人民尤其是中国人民对红十字运动的高度认同和参与热情，对构建人类命运共同体、推动中国特色红十字事业高质量发展具有重要指导意义。

中国红十字会深刻领会并践行习近平总书记相关重要论述精神，积极参与国际人道事务，广泛发展同红十字国际组织和其他国家红十字会的伙伴关系，为国际人道主义事业作出重要贡献。中国红十字会充分利用国际红十字运动遍布全球的工作网络和协作机制，积极参与国际重大灾害救援，开展医疗急救、大病患儿人道救助等重点项目，展现了负责任大国红十字会形象，为推动构建人类命运共同体贡献了独特力量。在新冠疫情全球肆虐危难之际，中国红十字会向伊朗、伊拉克、意大利等国派出志愿专家团队，为50多个国家提供各类抗疫物资和疫苗援助。中国红十字会的"一带一路"大病患儿人道救助行动使300多名阿富汗和蒙古国的先天性心脏病患儿重获生机。2022年，中国红十字会获得了红十字会与红新月会国际联合会颁发的最高荣誉——亨利·戴维逊奖，彰显了红十字运动各方对中国红十字会发展、进步和贡献的充分认可。

四、以党的二十大精神为指引，奋力开创中国特色红十字事业发展新局面

党的二十大报告就新时代新征程党和国家事业发展制定了大政方针、作出战略部署，是我们党团结带领人民全面建设社会主义现代化国家、全面推进中华民族伟大复兴的政治宣言和行动纲领。中国红十字会将把贯彻落实党的二十大精神同落实习近平总书记关于红十字事业发展的重要指示精神结合起来，牢记初心使命，勇于担当作为，不断推动中国特色红十字事业高质量发展，为全面建设社会主义现代化国家、全面推进中华民族伟大复兴作出新的更大贡献。

着力聚焦主责主业，在履行人道使命中彰显新作为。在党的二十大报告中，习近平总书记强调，要推进健康中国建设，把保障人民健康放在优先发展的战略位置，实施积极应对人口老龄化国家战略，加强重大疫情防控救治体系和应急能力建设。保护人的生命健康，维护人的尊严是中国红十字会的宗旨和重要职责，中国红十字会将进一步加强应急救援能力建设，积极服务党和国家应急工作大局。培育壮大红十字应急救援组织和队伍，大力提升应急救援队伍的灾害应急反应和协同救援能力、应急救援装备和救援物资保障能力、应急救援信息化调度指挥能力，建立健全专业高效、运转协调的红十字应急救援机制。继续开展形式活泼多样、群众喜闻乐见的红十字生命教育，积极融入健康中国战略。健全应急救护培训长效机制，大力推进应急救护培训向重点行业、重点领域、重点人群覆盖，提升标准化、专业化水平。大力实施人道救助工程，积极助力保障改善民生。继续开展贫困家庭大病患儿救助工作，扩大救助规模。扩大造血干细胞捐献者资料库有效库容，建设世界一流骨髓库。不断提高人体器官捐献工作法治化、规范化水平。积极兴办医疗、康复、养老等与红十字会宗旨相符的社会公益事业。

着力汇聚人道资源，在提升人道救助实力和人道服务能力方面迈上新台阶。救助困难群体，发扬人道主义精神，弘扬社会主义核心价值观，助力人民群众的精神生活共同富裕，是中国红十字会的重要使命。中国红十字会作为党和政府在人道领域的助手，要充分发挥红十字会会员、志愿者、爱心人士的作用，动员更广泛的社会力量，参与到红十字事业中来。创新资源动员路径，扩大人道资源规模，除了灾害募捐筹资等传统人道资源筹集方式外，积极探索慈善信托、公益创投等公益创新形式，扩大我国人道资源的存量，改变人道资源过度依赖常规捐赠的局面。加强数字化建设，打造中国红十字会数字运营平台，通过"互联网+公益"的方式，进一步提升互联网的资源动员水平。继续打造"天使计划""博爱家园"等红十字特色工作品牌，为人道资源动员提供有效载体和有力支撑。

着力深化改革创新，在新时代新征程上展现新作为。在党的二十大报告中，习近平总书记强调，要深化工会、共青团、妇联等群团组织改革和建设，有效发挥桥梁纽带作用。中国红十字会将坚持党的全面领导，把党的领导落实到工作全过程各方面。建立健全红十字会与相关部门、其他群团和社会组织之间的协作工作机制，聚集起推动中国特色红十字事业高质量发展的强大合力。全面加强内部管理，健全依法决策、依法执行、依法监督机制和信息公开制度，努力打造公开透明的红十字会。积极推广使用应急指挥、灾害管理、财务信息和志愿服务信息管理等系统，推动实现红十字会高效运转。不断健全红十字会组织体系，依法推进理顺管理体制，推进基层组织、阵地、工作的有效覆盖，积极发展红十字基层组织，发展壮大红十字会会员、志愿者队伍，充分发挥他们在红十字工作中的主体作用。强化阵地服务功能，建好用好"红十字救护站"等基层阵地，将其打造成为联系群众、服务群众的重要平台。积极融入城乡社区治理，创新参与途径和方式，建设服务城乡社区群众的"博爱家园"，打造群众身边的红十字会。

国际人道法与世界和平①

米里亚娜·斯波利亚里茨·埃格
红十字国际委员会（ICRC）主席

今天，我很荣幸能够与大家在此相会，并代表红十字国际委员会出席这次活动。红十字国际委员会不仅是中国红十字会的合作伙伴，也是红十字国际学院的共建机构。在此，我谨代表红十字国际委员会，向促成此次苏州大学之行及红十字国际学院交流活动的各方致以诚挚的谢意。

我非常高兴在就任红十字国际委员会主席之后首次访华，希望借此机会重新审视委员会与中国的多层面合作关系，肯定相关成果，并重申我们将继续致力与中国红十字会和红十字国际学院建立长期伙伴关系。

我此次访华的一大亮点是出席南丁格尔奖章颁奖大会，向为医疗卫生和人道服务作出杰出贡献的 7 位中国护士致敬。

我也很高兴能够参加为纪念红十字国际委员会成立及国际红十字与红新月运动诞生 160 周年而在北京举办的图片展开幕式。该展览通过震撼人心的画面，体现出委员会存在的意义，以及我们所服务的对象。

当今时代存在多重全球挑战，凸显出世界各国紧密相连、休戚与共。年轻一代能够以前所未有的方式，打破国界，建立联系，进行沟通与协作。而也正是这一代人的行动足迹，将深刻影响当前我们所面临的气候挑战的走向。

如今，信息传播已达到前所未有的速度，人工智能技术也呈现出指数级发展势

---

① 该文为米里亚娜·斯波利亚里茨·埃格 2023 年 9 月 7 日访问红十字国际学院时的主题演讲，原文为英文，附后。

头。然而，在相互依存却仍担心自身重要利益受到挑战或威胁的各国之间，明显的紧张局势正在影响它们的关系。

各国一直在平衡合作与竞争，寻求推进本国利益的机会，力图增强国际影响力。世界各国历来惯以和平之名彰显自身军事实力——以期维持现状或威慑对手。

但我们自身的叙事方式也同等重要。事态的走向是相互依存、促进繁荣，还是相互竞争、引发冲突，既取决于周围发生的事件，也取决于各国领导人和媒体如何解释、看待这些事件。某一叙事角度可能会成为一种自证预言，在人们认识到相关言论是在鼓吹战争之时，可能为时已晚。

纵观全球，世界各地目前有100多场武装冲突正在进行，而且均非不可避免的冲突。为和平创造各种条件，是各国肩负的最为重大的责任之一。作为负有保护和援助武装冲突受难者之使命的组织，红十字国际委员会也肩负一项责任，那就是当公共言论中存在以随意口吻频繁谈及战争设想，达到令人不安的程度时，我们就要代表和平发声。

红十字国际委员会熟稔战争。我们有数千名同事身处一线，深谙武装暴力会对人类造成何种伤害。他们每天都目睹武装暴力对战斗员和平民所造成的恐怖后果；他们帮助失去家人或家园的民众，治疗重伤患者，并与酷刑和性犯罪作斗争；他们见证了战争对儿童和其童年造成的创伤；他们注意到国家或非国家的暴力行为，如世界各地使用全球定位系统制导武器或自制炸弹投入战争。

红十字国际委员会代表在投身一线工作时，一般深知无论是通过绝对胜利还是和平谈判来结束战争，往往都是遥遥无期的。每一次爆发新的冲突，我们都知道战事极有可能久拖不决，以致影响一代人或几代人，导致资源耗尽，发展无望。

于我们而言，武装冲突并非阶段性的罕见事件。160年来，红十字国际委员会还从未经历过战争长期休止、容我们忘却其可怖面貌的时期。因此，不难想象，红十字国际委员会厌恶战争及其所有恶果，而面对现今全世界范围内数量过多的武装冲突，我也理应为和平发声。

人道原则是指导国际红十字与红新月运动的七项基本原则之一，它指导我们促进各国人民之间相互理解、发展友好关系、建立合作并实现持久和平。

今天，我想强调红十字国际委员会和国际人道法在促进和平方面可以发挥的作用。我不会就具体冲突发表任何看法，红十字国际委员会也不会插手关于冲突应如何解决的任何决定。我们必须始终保持中立。只有遵循这一原则，我们才能顾及所有需要保护的民众，无论他们在冲突中处于哪一方的权力之下。

但中立性和国际人道法的公正性也有其优势。

有鉴于此，我想强调红十字国际委员会和国际人道法可以促进实现和平目标的几条途径。同时，我呼吁各国和非国家武装团体借鉴这些方法，努力终止正在发生的武装冲突，并防止未来爆发冲突。

首先，红十字国际委员会可以发挥中立调解人的作用。

敌对各方保持对话，在诸多层面上都至关重要：这有助于缓和局势，避免误判，以及最为重要的是，确保武装冲突一旦爆发，能够有方法尽量减轻其影响，恢复和平。红十字国际委员会帮助建立并维持沟通渠道，以便各方采取关键的初步措施，在和平受到威胁时维系和平，或者在冲突已然爆发后恢复和平。

就此而言，红十字国际委员会保持中立性至关重要，这可确保各方信任我们纯属人道性质。了解委员会的各国和武装团体依靠我们开展斡旋，促成各种倡议举措：他们仰赖委员会为其领导人参与和谈提供安全通道；将被拘留者送回其祖国；陪伴离散家庭成员穿越前线与亲人团聚；护送排雷任务团穿越战区并帮助他们开展工作；传递有关组织停火、同步释放战俘、从有争议或被困地区撤离人员的信息；分享有关失踪人员的信息。

但是，作为中立调解人，红十字国际委员会的作用不仅仅是各项具体工作的简单相加。通过公正、独立的中间机构开展任何形式的对话，均有利于帮助不愿或不能直接对话的各方播撒信任的种子。而且，红十字国际委员会的行动通过促进并协助专门针对人道问题开展的对话，可从源头上有助于防止各方沟通渠道的彻底崩溃。正如一位和谈人员最近所说的那样：迈向和平有百步之遥，第一步就是人道行动。

其次，尊重国际人道法与实现和平相辅相成。

人们容易孤立地看待国际人道法，认为该法仅仅是一套关于战争实施方式的规则。甚至还有谬论认为，国际人道法将武装冲突合法化，也有人将其作为诉诸武力的借口。

但是，必须重申的是，国际人道法只是庞大国际法律架构中的一小部分，而和平是这一架构的核心。和平一直是各国制定战争法的首要目标。各国通过《1949年日内瓦四公约第一附加议定书》时，公开表示"其愿见和平普及各国人民的热望"。

各国在规制常规武器时，申明其目标是"停止军备竞赛和建立各国间信任，从而实现全世界人民和平生活的愿望"。从人道层面限制作战方式与切实开展工作促进和平，这两个方面并不矛盾。

实际上，忠实应用武装冲突法可以在诸多重要方面加强各项和平倡议。在冲突期间尊重国际人道法有利于向和平过渡，因为此举至少可以消除创造和平的部分障碍：减少流离失所者、难民和受损房屋，就可以减少返乡或重新安置方面的谈判工作；更好地尊重拘留中的相关法律保障，有助于更简单明确地确定应在何时释放哪些人员；告破失踪人员案件，实现家庭重聚，有助于相关人员从共同的痛苦和怨恨——这两种情绪是和平道路上不可逾越的阻碍——中解脱出来；减少战争罪行，也可减少刑事调查，从而减少有关后冲突时期司法和问责的争论；减少冲突中的残酷行径，亦可减少阻碍冲突解决的仇恨情绪，这适用于所有关系。

此外，国际人道法还通过减少战争的物质代价来促进恢复和平。遵守该法，有利于对于国内和国际商贸举足轻重的民用机构持续开展业务。除了挽救生命外，保护关键基础设施和基本服务还可以帮助民众维持一定程度的经济安全，降低冲突后恢复正常生活的难度。

国际人道法还为敌对各方建立信任创造机会。例如，在前线为寻找失踪人员、离散人员和死者并将其送还给家属而开展的必要协同合作，有助于开启进一步对话。

国际人道法还载有具体条款，协助有意进行和平谈判的各方开展谈判。尽管国际人道法是规制作战行为的法律体系，但该法也为结束战争提供了指南，例如为各方协商订立"特别协定"提供了法律基础。"特别协定"包括停火协定、释放被拘留者的协定、大赦协议、和平协定。而且，从更宏观的角度来看，该法提供了一个国际认可的框架，在此框架内，交战双方可仅仅以"各方"互称，而不受有关冲突过错的观点或敌方法律地位和合法性的影响。

我也敦促所有利益相关方继续努力阐明和发展国际人道法，不仅因为此项工作可为这一法律体系作出贡献，还因为这能提醒我们利益的关键之所在。国家间的磋商、政治宣言和新的公约使我们更加明确地聚焦于战争可能给人类带来的伤害，也促使我们共同期望避免这种伤害。关于国际人道法的多边对话——无论是在裁军框架内，还是在我们的红十字与红新月国际大会的背景下开展的——均能构建信任，形成共同使命感。

我们每次重申武装冲突法的要求，都是在重申我们共同的人道精神。一视同仁地看待每个个体和社区的价值是和平的基础。红十字国际委员会被授权捍卫的国际人道法能够为这一崇高目标作出贡献，是我的希望和动力。

最后，我呼吁各国投入和平建设工作。

今天我与各位分享上述观点，并非以冲突解决专家的身份发言，而是代表了成千上万竭诚奉献的同事，他们都对人类因战争而付出的代价了如指掌；他们的集体经历不断诉说着同一个以破坏和失去为主题的故事。事实上，国际人道法和恪守原则的人道行动能够拯救生命，并防止武装冲突所导致的恶果，但无法改变战争的本质及其对我们共同人性的攻击。

只要有一方认为再无更好的出路，武装冲突的灾难就会发生。

让我们一起投入和平建设工作。考虑替代方案，创造解决方法。务必要承认一点：只要参与任何武装冲突——无论这是所谓的正义之战还是必要之战——都会令人类付出惨痛代价。

红十字国际委员会将继续低调行事，严格保持中立，但我们的作用不容小觑。让我们各尽其责，共建和平。

The International Humanitarian Law and World Peace

It is a privilege to be with you today, and to represent the ICRC as a partner of the Red Cross Society of China and co-founder of International Academy of Red Cross and Red Crescent. On behalf of the ICRC, let me express my thanks and gratitude for making this moment of sharing possible, with International Academy of Red Cross, on the campus of Soochow University.

I am pleased to be visiting China for the first time in my tenure as President of the ICRC, to take stock of and recognize the multidimensional engagements of the ICRC with China and (to) reaffirm our commitment to building a long-term relationship with the Red Cross Society of China and its Academy.

A highlight of my visit was participating in the award ceremony of the Florence Nightingale Medal to pay tribute to seven Chinese nurses for their exemplary contributions to healthcare and humanitarian services.

I was also pleased to inaugurate a photo exhibition in Beijing to mark the 160th anniversary of the ICRC and the broader International Red Cross and Red Crescent Movement, which, through powerful images, showed what we exist for, and those for whom we act.

We live in a time of compounding global challenges which show how deeply interconnected our world has become. A generation is coming of age with an unprecedented ability to connect, communicate and collaborate across borders. It is also a generation whose material imprint will greatly influence the direction of the climate challenges we all now face.

Information travels faster than ever, and Artificial Intelligence (AI) is advancing at an exponential pace. Yet, palpable tensions are shaping relations among States which remain interdependent, but which nevertheless feel their important interests are challenged or threatened.

Countries have always balanced cooperation and competition, seeking to advance interests and striving for influence. States around the world have historically projected military power in the name of peace: to maintain a status quo, or to deter their rivals.

But the story we tell ourselves matters as well. Whether interdependence enhances prosperity or competition leads to conflict, depends as much on the events that around us as it does on how those events are explained and perceived by world leaders and the media. A narrative lens can become a self-fulfilling prophecy that is recognized as the drumbeat of war only after it is already too late.

As I survey the globe, I see more than 100 armed conflicts around the world, none of which were inevitable. Creating the conditions for peace is one of the most important responsibilities of States. As an organization mandated to protect and assist victims of armed conflicts, we who are at the International Committee of the Red Cross also have a responsibility: to speak on behalf of peace at a time when the prospect of war appears in public discourse with an unsettling casualness and frequency.

The ICRC knows war. Many thousand colleagues of mine in the field know what armed violence does to humanity. They see its horrific toll on combatants and civilians every day. They help people who have lost their families or their homes. They treat gruesome injuries. They struggle against torture and rape. They see what war does to children and childhood. They see this violence inflicted by States and non-state actors, by GPS-guided munitions and home-made bombs, all over the world.

ICRC delegates usually work knowing that war's end—whether by decisive victory or negotiated peace—will not come any time soon. With every new armed conflict we confront, we know that chances are high that it will drag on long enough to affect a generation or more—hindering possibilities for development and draining resources.

Armed conflict is not a periodic, once-in-a-lifetime event for us. In 160 years, the ICRC has never had a respite from war long enough to forget its ghastliness. So, it should come as no revelation that the ICRC despises war and all its ills, and amidst the unconscionable number of ongoing armed conflicts worldwide, it should come as no surprise that I am compelled to speak out.

The principle of humanity, one of seven principles that guide the activities of the International Red Cross and Red Crescent Movement, instructs us to promote mutual understanding, friendship, cooperation and lasting peace amongst all peoples.

Today, I would like to highlight the roles that the ICRC and International Humanitarian Law—IHL—can play when it comes to peace. I will not offer any views on specific conflicts, nor will I suggest that the ICRC has any part to play in determining how conflicts should be resolved. Our neutrality—the principle we rely on to be able to reach everyone in need of protection, no matter in whose hands they might be—must be preserved at all times.

But neutrality and the impartiality of IHL come with their own strengths.

With this in mind, I would like to highlight the ways that the ICRC and IHL can contribute to the goal of peace. And I appeal to States and non-state armed groups to draw on them as part of their efforts to end ongoing armed conflicts and to prevent future ones.

First, the ICRC plays a role as neutral intermediary.

Maintaining dialogue between rivals is critical on many levels: for de-escalation, avoiding miscalculation, and—most importantly—ensuring that should armed conflicts breakout, there are ways to minimize its cost and restore peace. The ICRC helps create and maintain channels of communication so that the parties can take the critical first steps toward preserving peace when it is threatened or restoring peace when conflict has already broken out.

In this, the ICRC's neutrality is key. It secures the trust of all sides in our purely humanitarian role. States and armed groups who know us have relied on our good offices to enable a variety of initiatives: they have looked to the ICRC to provide their leaders with safe passage to participate in peace talks; to bring detainees home; to accompany members of separated families across front lines and reunite them with their relatives; to escort demining missions through combat zones and enable them to do their work; to transmit messages organizing ceasefires, simultaneous releases of detainees, and evacuations from fought-over or besieged areas; and to share information about the missing.

But our role as neutral intermediary is about more than the sum of these specific tasks. Dialogue of any kind through an impartial and independent go-between helps plant seeds of trust when the parties are unwilling or unable to talk directly. And the ICRC's presence can help prevent the total collapse of communication in the first place by prompting and facilitating dialogue on purely humanitarian issues. As one negotiator put it to us recently: there are 100 steps to peace; the first is humanitarian.

Second, respecting for International Humanitarian Law and bringing about peace are mutually reinforcing.

It is easy to view IHL in isolation, as purely a set of regulations on how to conduct warfare. Or worse, some might wrongly view IHL as legitimizing armed conflicts or excusing a resort to force.

But it is important to recall that IHL is just one small part of a vast international legal architecture which has peace at its centre. Peace has always been the overriding objective of the States creating the law of war. When States adopted *Additional Protocol* I *to the Geneva Conventions of* 1949, they proclaimed "their earnest wish to see peace prevail among peoples."

When working to regulate conventional weapons, they stated as their goal "the ending of the arms race and the building of confidence among States, and hence to the realization of the aspiration of all peoples to live in peace". There is no contradiction between applying humanitarian restraint in warfare and working in earnest for peace.

In fact, the faithful application of the Law of Armed Conflict can bolster peace initiatives in important ways. Respect for IHL during conflict can contribute to the transition to peace by removing at least some obstacles to peacemaking: fewer displaced people, refugees and destroyed homes mean less effort spent on negotiating return or resettlement; better respect for legal safeguards in detention means more clarity and simplicity in determining whom to release and when; the resolution of missing cases and the reunification of families mean relief from the collective anguish and resentment that can be an unmovable obstacle to peace; fewer war crimes mean fewer criminal investigations and arguments over post-conflict justice and accountability; and, as in all relationships, less cruelty in conflict means less hatred as an obstacle to resolving it.

IHL can also facilitate a return to peace by reducing the material cost of war. Obeying the law can make it possible for civilian institutions that are important for domestic and international commerce to continue operating. And, in addition to saving lives, the protection of critical infrastructure and essential services can help preserve some measure of economic security for the population and make the resumption of normal life in the aftermath of conflict much easier.

IHL also brings opportunities to build trust between adversaries: for example, the collaboration across front lines that is necessary to account for the missing, separated and dead, and return them to their families can unlock further dialogue.

IHL also contains specific provisions that can enable peace negotiations when the parties so decide. Even though IHL is a body of law which governs conduct in war, it also provides guideposts for a path out of war by, for example, providing a legal basis for the negotiation of "special agreements"—including cease-fires, detainee releases, amnesty deals, and peace accords—between the parties. And more broadly, it supplies an internationally sanctioned framework within which two warring sides can interrelate simply as "parties", without prejudice to their views on who is at fault for the conflict, or the legal status and legitimacy of the enemy.

I also urge all relevant stakeholders to continue their work on clarification and development of IHL, not only for the contribution it will make to that body of law, but because these efforts serve as a reminder of what is at stake. Consultations among States, political declarations, and new conventions sharpen our focus on the potential human cost of war, and they tap into our collective desire to avoid that harm. Multilateral dialogue on IHL—whether in the framework of disarmament or in the context of our own international conference of the Red Cross and Red Crescent—builds confidence and a sense of shared purpose.

Every time we reaffirm the requirements of the Law of Armed Conflict, we at the same time reaffirm our common humanity. Seeing the equal worth of individuals and communities is foundational for peace. It is my hope and motivation that the body of law the ICRC is mandated to safeguard makes some contribution to this higher purpose.

Finally, I call on all States to invest in peace.

The perspective I share with you today is not that of an expert on conflict resolution. But I represent thousands of dedicated colleagues with an incomparable depth of knowledge about the human cost of war. Their collective experience tells and retells the same story of devastation and loss. The fact is that IHL and principled humanitarian action can save lives and prevent some of armed conflicts' worst consequences. But they cannot change the nature of war and its assault on our common humanity.

All that is required for the catastrophe of armed conflicts to occur is one side's belief that there is no better path forward.

This is a time to invest in peace. Consider alternatives. Create options. To simply acknowledge that engagement in any armed conflict—whether viewed as justified or necessary—will come with a terrible human cost.

Our role as ICRC will be humble. It will be strictly neutral. But it might prove critical. We all have our part to play.

新时代中国特色红十字事业研究

全面发挥中国红十字会在第三次分配中的独特作用

王振耀　柳永法　尹力子　赵延会[①]

摘要：党的二十大提出构建初次分配、再分配、第三次分配协调配套的制度体系。第三次分配正式作为全面建设社会主义现代化国家的一项基础制度，被赋予新的历史职责。中国红十字会具有崇高的政治地位、特殊的法律地位、与生俱来的国际地位，社会纽带作用突出，专业性强，是社会主义精神文明建设的重要组成部分，在第三次分配中有着十分特殊的地位。

在新的历史发展阶段，中国红十字会应当顺应社会发展需求，发挥自身在第三次分配中的独特作用，推动红十字事业高质量发展，努力实现从"三救三献"向"三救三献+人道（社会）服务"转变；从人道工作场景侧重灾害发生地向以社区为重点转变；从专项人道救助向"专项+普惠大众"人道救助转变；从侧重依靠自身力量的人道救助向以平台和枢纽服务的人道救助转变；从侧重专业力量建设向"专业+志愿"力量建设转变；从主要依赖传统行政手段向广泛运用大数据技术工具转变，实现关键信息数字化。为实现上述转变，中国红十字会应着力开展社区覆盖、拓展大病救助、养老与残障服务、建设资源枢纽、加强应急志愿服务队建设、广泛运用数字技术5个方面的工作。

关键词：第二次分配；红十字会；人道主义；独特作用；高质量发展

在一个有着十四多亿人口，并且具有五千多年文明传统，又进入高质量发展阶

[①] 王振耀，北京师范大学中国公益研究院创始院长，红十字国际学院客座教授；柳永法，民政部救灾司原巡视员；尹力子，北京师范大学中国公益研究院慈善研究中心高级政策分析师；赵延会，北京师范大学中国公益研究院慈善研究中心执行主任。

段的国度里，中国红十字会作为一个有着一百多年历史的人道组织，如何贯彻落实好习近平总书记在会见中国红十字会第十次全国会员代表大会代表时的重要讲话精神，如何贯彻落实好《中华人民共和国红十字会法》，当好党和政府在人道领域联系群众的桥梁和纽带，如何在以人民为中心、促进共同富裕的第三次分配中发挥独特的作用，是重大的历史性课题。

一、红十字精神与事业契合第三次分配目标

党的二十大提出坚持以人民为中心的发展思想，在高质量发展中促进共同富裕，正确处理效率和公平的关系，构建初次分配、再分配、（第）三次分配协调配套的基础性制度安排。党的十九届四中全会、党的十九届五中全会、《中华人民共和国国民经济和社会发展第十四个五年规划和2035年远景目标纲要》均提出，要发挥慈善等第三次分配的作用，改善收入和财富分配格局。第三次分配正式作为全面建设社会主义现代化国家的一项基础制度，被赋予新的历史职责。红十字精神与事业与第三次分配有着密切的联系，对推动第三次分配目标的实现具有重要价值。

（一）红十字事业是第三次分配的重要范畴

第三次分配是出现在收入与财产分配领域的概念，最早由厉以宁在《股份制与现代市场经济》一书中提出："在两次收入分配之外，还存在着第三次分配——基于道德信念而进行的收入分配。"① 第一次分配是按市场经济效益进行的分配；第二次分配是政府通过税收、社会保障、转移支付等手段按公平原则进行的分配；第三次分配则是基于习惯、文化、道德，个人自愿将收入与财产转让、捐赠、缴纳出去的行为。从在分配结构中的地位来看，第三次分配是我国收入分配制度的重要组成部分，是一种有情的、非功利的、非强制性的分配，能有效弥补第一次分配、第二次分配的不足，促进社会协调发展。② 从机制来看，第三次分配是由社会机制主导的资源配置活动。③ 第一次分配注重效率，第二次分配注重公平，第三次分配注重共享。在全面建设社会主义现代化国家的新的历史时期，第三次分配被赋予了新的内涵与期待，即促进社会公平正义，推动实现共同富裕，提高人民生活水平。

多个学者从不同角度阐释了第三次分配的内涵。有学者从慈善的角度去定义它，郑功成认为第三次分配主要是指个人在初次分配与再分配中获得合法财富后，通过

---

① 厉以宁：《股份制与现代市场经济》，南京：江苏人民出版社，1994年，第77页。
② 厉以宁：《超越市场与超越政府——论道德力量在经济中的作用（修订版）》，北京：经济科学出版社，2010年，第150页。
③ 江亚洲、郁建兴：《第三次分配推动共同富裕的作用与机制》，《浙江社会科学》，2021年第9期，第77页。

自愿向公益慈善组织或有需要的困难群体捐献款物或购买公益彩票等方式回报社会，是由道德力量或公益精神主导的社会成员之间互助友爱的集中表现形式。① 还有学者主张从市场经济发展的视角来理解第三次分配，认为第三次分配可以促进财富良性传递，促进市场经济中的机会平等。② 王名等人的研究提出第三次分配的基本特征，即第三次分配以驱动力为愿景，其目标是实现人民对美好生活的向往及对其生命价值不断提升的期待，以公益利他和非营利为核心机制，基于人心里仁，重在优化财务用途，具有社会公共性，它所构建的文明形态代表人类解放的新进程。③

从经济学中的分配与资源配置的角度来理解第三次分配，结合红十字事业赖以生存的资源来看，红十字事业属于第三次分配的范畴。红十字事业得以顺利开展的资源主要来源于红十字会会员缴纳的会费、境内外组织和个人捐赠的款物、彩票公益金、政府拨款和志愿服务。除了政府拨款属再分配的范畴，红十字事业的其他多数资源来源于社会个体、团体的自愿捐赠、缴纳。会费是会员基于对红十字人道主义理念和对中国红十字会章程的认同，履行会员义务，定期向红十字组织缴纳的费用。社会捐赠是个人、企业、团体等出于自愿，向红十字事业无偿捐赠的收入与财产。彩票公益金虽经财政分配划拨，但其本质仍然是社会公众通过博彩形式自愿向公益事业转让的收入。红十字志愿者提供的志愿服务则是志愿者基于人道、博爱、奉献的红十字精神，提供救援、救助、服务、人文关怀、知识支持等，也是一种个人"财产"的无偿转让。

（二）红十字精神契合第三次分配的道德信念基础

初次分配是市场调节的效应，再分配是政府调节的效应，第三次分配是习惯与道德调节的效应，④ 即驱动第三次分配的力量是习惯、道德。习惯是一种在社会群体内部长期形成的并被普遍认同且遵循的规则。道德是一种信念，是一种待己、待人、处事的原则。⑤ 个人出于道德的激励，即信念，或社会责任感，或人道主义的思考，或爱心，或对某种事业（如教育事业、艺术事业、慈善事业、宗教事业等）

---

① 郑功成：《以第三次分配助推共同富裕》，《中国社会科学报》，2021 年 11 月 25 日，第 1 版。
② 解梅娟：《中国第三次分配研究观点综述》，《长春市委党校学报》，2021 年第 6 期，第 33 页。
③ 王名、蓝煜昕、王玉宝等：《第三次分配：理论、实践与政策建议》，《中国行政管理》，2020 年第 3 期，第 101—105、116 页。
④ 厉以宁：《超越市场与超越政府——论道德力量在经济中的作用（修订版）》，北京：经济科学出版社，2010 年，第 142 页。
⑤ 厉以宁：《超越市场与超越政府——论道德力量在经济中的作用（修订版）》，北京：经济科学出版社，2010 年，第 3、9 页。

的感情等，做出捐赠行为。①

习近平总书记在会见红十字国际委员会主席莫雷尔时表示，红十字不仅是一种精神，更是一面旗帜，跨越国界、种族、信仰，引领着世界范围内的人道主义活动。② 红十字精神是世界上不同文化、伦理、道德和长期的红十字行动的结晶。国际红十字运动遵循的人道、公正、中立、独立、志愿服务、统一和普遍七项基本原则，是其价值基础和坚持的精神。中国特色红十字精神是人道、博爱、奉献。这些价值精神是人类高级的道德精神，因为它首要表达的是对人类的深切关注。③ 无论是在国际红十字运动七项基本原则中，还是在中国特色红十字精神中，人道是红十字运动的核心价值，是最高的精神境界和一种世界观，倡导爱护人的生命、关怀人的幸福、尊重人的人格尊严、维护人的正当权利。第三次分配以对人的关心和培养为出发点，④ 这与红十字人道精神一致。此外，国际红十字运动七项基本原则中的公正（不歧视、排除偏见）、志愿服务，以及中国红十字的博爱、奉献精神，与第三次分配中的社会责任感、爱心等驱动力量高度一致。因此，红十字精神是人类高级的道德精神，在此道德精神驱动下的红十字运动与事业是对人类生命、健康和尊严的保护行动，与第三次分配的道德、信念基础相契合。

（三）红十字事业是公共服务均等化的重要渠道

从第三次分配在社会协调发展中的功能来看，第三次分配有助于促进社会各个部门协调发展，如推动经济、文化、教育、卫生、环保、福利、公共服务等多部门发展。⑤ 一方面，从资源配置角度，第三次分配的捐赠可以投入文化、教育、卫生、环保等领域，起到弥补资源缺口的作用；另一方面，在这些资源支持下的公益事业、社会力量，也补充了相应领域服务的开展，促进公共服务均等化。红十字事业具有特殊性、不可替代性，也在公共服务领域发挥着重要作用。红十字会在应急救护知识的推广和生命救援方面具有不可替代性，在维护人民的健康和生命安全、医疗救

---

① 厉以宁：《超越市场与超越政府——论道德力量在经济中的作用（修订版）》，北京：经济科学出版社，2010年，第143页。
② 《习近平会见红十字国际委员会主席》，2013年5月14日，人民网：http：//politics.people.com.cn/n/2013/0514/c1024-21468243.html，最后访问时间：2014年11月16日。
③ 孙博：《红十字文化在社会主义核心价值观建设中的价值》，载于北京师范大学中国公益研究院《红十字人道主义精神与首都治理体系现代化》，北京：社会科学文献出版社，2016年，第167页。
④ 厉以宁：《超越市场与超越政府——论道德力量在经济中的作用（修订版）》，北京：经济科学出版社，2010年，第164页。
⑤ 厉以宁：《超越市场与超越政府——论道德力量在经济中的作用（修订版）》，北京：经济科学出版社，2010年，第150页。

助、救灾、养老等方面也发挥积极作用。这些工作对医疗、文化、社会福利等多方面的公共服务均具有重要补充作用，是公共服务均等化的重要渠道。

二、深刻认识中国红十字会在第三次分配中的特殊地位

习近平总书记在中国共产党第二十次全国代表大会上指出，分配制度是促进共同富裕的基础性制度，要加大税收、社会保障、转移支付等的调节力度，引导、支持有意愿有能力的企业、社会组织和个人积极参与公益慈善事业。中国红十字会政治地位崇高、法律地位特殊、平台枢纽地位突出、专业性强，是社会主义精神文明建设的重要组成部分，在第三次分配中有着十分特殊的地位，具有其他社会组织不可替代的独特社会功能。

（一）红十字会具有崇高的政治地位

习近平总书记在会见中国红十字会第十次全国会员代表大会代表时强调，中国红十字会是党和政府在人道领域联系群众的桥梁和纽带，党和国家高度重视这支力量。① 中国红十字会一般由国家主席或副主席担任名誉会长，一名国家领导人兼任会长，有着崇高的政治地位。在各级政府机构中，通常均由相关政府主管领导兼任同级红十字会会长。依照《中华人民共和国红十字会法》《中国红十字会章程》的相关规定，中国红十字会分为总会、省、市、县四级，同时还设有乡镇、街道、社区、学校、医院、企事业单位等红十字会基层组织，而上级红十字会具有指导下级红十字会工作的职责。这一政治优势，决定了红十字会在参与第三次分配时具有引领和示范的功能。

（二）红十字会具有特殊的法律地位

2017年，十二届全国人大常委会修订的《中华人民共和国红十字会法》（简称"《红十字会法》"）明确规定，中国红十字会是中华人民共和国统一的红十字组织，是从事人道主义工作的社会救助团体。党和国家高度重视红十字事业，为推动红十字事业发展专门制定了法律。同时，《红十字会法》规定，各级人民政府对红十字会给予支持和资助，保障红十字会依法履行职责。这一崇高的法律地位，决定了中国红十字会参与第三次分配时有着法律授权和巨大的业务拓展空间，是党和政府开展人道救助、呼应社会诉求、弘扬社会主义文化不可替代的帮手，在中国人道主义事业发展中有着不可替代的使命和职责。

---

① 霍小光、吴晶：《习近平在会见中国红十字会第十次全国会员代表大会代表时强调增强责任意识真心关爱群众　开创红十字事业发展新局面　李克强刘云山参加会见》，2015年5月6日，人民网：http://military.people.com.cn/n/2015/0506/c172467-26953867.html，最后访问时间：2022年9月5日。

（三）红十字组织具有与生俱来的国际地位

国际红十字组织是覆盖全球的国际性组织。中国红十字会是被红十字与红新月国际大会承认的、中国唯一合法的全国性红十字组织，也是中华人民共和国在国际组织中恢复的第一个合法席位。在《红十字会法》明确红十字会履行的9条职责中，4条与国际性直接相关。参加国际人道救援工作，并开展与国际红十字组织和各国红十字会或红新月会及其他国际组织的交流与合作是中国红十字会的法定职责之一。中国红十字会践行人道、公正、中立、独立、志愿服务、统一和普遍的原则，积极参与国际人道援助，促进民心相通，在维护世界和平和促进国际交流方面发挥不可替代的枢纽性作用。

（四）红十字组织具备平台枢纽的社会地位

中国红十字会是自成立以来一直持续至今并且从中央延伸到地方各级乃至基层的系统性社会组织。在各类社会组织中，这个系统确实最为持久、最为严密、最为正式，已经融为中国特色社会主义制度的有机组成部分，是党和政府在人道领域的助手和联系群众的桥梁纽带，在第三次分配的历史进程中完全可以承担起多项社会平台功能。

目前，中国红十字会组织健全，形成"总会—省—市—县"四级架构，此外还延伸至乡镇、街道、社区、学校、医院、企事业单位等红十字会基层组织。截至2020年年底，地市级红十字会全面理顺管理体制，县级红十字会理顺的已达2 146个，红十字会基层组织达到10万余个，会员达到1 647万余人，注册志愿者达到近149万人。①

在工作职能方面，各级红十字会享有开展募捐和接受捐赠工作的资格，可以发展红十字会基层组织，可以招募注册志愿服务人员，可以设计、实施人道项目，可以依法享有税收方面的优惠政策，可以代表国家实施人道援助，可以组织开展红十字国际交流等，方便汇集社会各方面的人、财、物，为人道服务工作的开展提供多元化、多渠道、可持续的支持与保障。

从实践来看，我国各级红十字会根据《中华人民共和国慈善法》《中华人民共和国红十字会法》的有关规定已经直接获得公开募捐资格。截至2020年年底，我国具有公开募捐资格的慈善组织有2 482家，其中领取公募资格证书的红十字会有1 250家，占比超过1/2，是第三次分配中非常重要的捐赠接收主体。

---

① 《中国红十字事业发展"十四五"规划（2021—2025年）》，2021年5月7日，中国红十字会官网：https://www.redcross.org.cn/html/2021-05/78189.html，最后访问时间：2022年9月6日。

（五）红十字组织具有十分独特的专业地位

红十字组织是第三次分配在人道领域的重要工作载体和组织实体，是实现共同富裕的重要支撑系统。中国红十字会作为从事人道工作的社会救助团体，系统开展人道救灾、救助工作，为受灾害和疾病影响的人群提供生命救援与人道救助；开展无偿献血、造血干细胞捐献宣传推动；开展应急救护、防灾、卫生健康等知识培训，提升群众应急避险能力等。

红十字系统有备灾救灾中心与备灾物资库、应急救护培训基地、红十字救护站、血液中心与献血站、医院、博爱卫生站等，同时也拥有庞大的专业志愿服务队伍，可以通过专业服务机构，提供直接的救助服务，实现人道资源的合理配置。这一专业地位具有不可替代的公共性、社会性。截至2020年年底，全国红十字系统已有搜救、赈济、医疗、供水、大众卫生、心理、水上、救护转运等8类红十字救援队伍1 000余支，培训红十字救护员1 452万余人次。①

多年以来，中国红十字会积累了参与第三次分配的丰富经验，在国内自然灾害救助、疫情防控与救援、献血、国际救援等多项工作中发挥了不可替代的作用，尤其是在新冠病毒感染疫情防控的救援工作中，受到国内和国际社会的高度赞誉。该组织有充分的经验和各类社会条件以更好地承担起第三次分配的多项工作。

（六）红十字精神是社会主义精神文明建设的重要组成部分

中国红十字会以弘扬人道、博爱、奉献精神，保护人的生命和健康，维护人的尊严，促进人类和平进步事业为宗旨，是社会主义精神文明建设的重要组成部分，能够增强社会活力和促进社会和谐，驱动爱心企业、组织和个人主动参与第三次分配，以实际行动传递真善美，有利于提升中华民族的凝聚力和向心力，也为促进人民精神生活共同富裕注入强大动力。

红十字运动的理念精神、宗旨目标和核心业务都体现了社会主义核心价值，与社会文明进步、公民道德建设、社会责任养成有着密切的关联，有益于推进文化自信自强，坚持中国特色社会主义文化发展道路，提高全社会文明程度。中国红十字会通过打造上下联动的品牌项目、建设红十字精神传播基地、加强志愿者队伍建设、融入青少年思想道德建设，将红十字宣传工作与弘扬社会主义核心价值观有机结合起来，基于自愿和爱心，驱动实现对收入分配的调节。

---

① 《中国红十字事业发展"十四五"规划（2021—2025年）》，2021年5月7日，中国红十字会官网：https://www.redcross.org.cn/html/2021-05/78189.html，最后访问时间：2022年9月6日。

三、红十字事业的高质量发展有助于发挥其在第三次分配中的独特作用

在高质量发展阶段，经济与社会发展特别需要人道主义精神的广泛弘扬与人道资源的深度开发。在这一历史性进程中，特别需要启动中国特色红十字事业的高质量发展，真正适应当前社会发展的紧迫需要。

（一）第三次分配蕴含民众对高质量人道资源的需求

根据我国社会发展的内在需求，人均 GDP 达到 1 万美元以后，客观上特别需要健康、养老、托育等生活型服务业的全面发展。这些服务业的产值高达 10 万亿人民币（单位：元）以上，具有较强的社会公益性，需要社会价值特别是人道主义精神的不断弘扬才能得以支撑。有的服务业更是直接需要公益慈善组织的参与和担当。中国社会有着深厚的家国情怀和天下为公的信仰，需要依据新的历史条件创造性地与人道资源结合性开发。

统观当前全国慈善工作的格局，在一些企业家启动百亿甚至千亿元捐赠计划以后，中国慈善会系统正在启动"幸福家园"工程，其定位就是将慈善资源的动员落实到城乡社区，并致力广泛吸纳社会慈善资源，争取达到全国慈善会系统年度捐赠款物千亿元的目标。而全国志愿服务的规模也已经超过 2 亿人。比较而言，中国红十字会更有条件在新的历史时期开发并凝聚更多的人道资源。

如果深入分析现实的社会工作需求，包括各类人道救助工作，尤其是防疫工作，最需要的是专业化的志愿服务与社会救助。在实际工作中，一般性的志愿服务和群众性的社会救助客观上会由于专业性不足而引发一定的社会矛盾，因此高质量发展阶段的多个社会领域都需要发达的红十字事业的支撑。

（二）中国红十字会有能力响应民众的需求

在全国 14 多亿人口中，60 岁以上、领取不同程度养老金的城乡人口已经超过 2.6 亿人，如果再加上 55 岁甚至 50 岁即已办理退休手续的人群，退休人员事实上超过 3 亿人。这些人大多在养育孙辈，非常关注自身的健康，有着志愿服务的意愿，但缺乏系统的组织。许多年轻人更是以参与公益慈善和志愿服务为荣。他们是雄厚的人道资源，有待开发。如果能够广泛发展红十字组织到城乡社区，发展 1 亿名以上的红十字会员，培育会员多项人道知识与技能，同时发展 1 亿名以上的红十字志愿者，突出其红十字志愿服务的专业性，纳入城乡社区的日常志愿服务，为社会提供急需的专业化社会服务，包括心理支持等项内容，将会促进我国人道主义精神的广泛弘扬。

在捐赠方面，如果进一步发展和普及"三救三献"①的基础设施和服务网络，争取政府资源，动员社会资源，拓展有关项目，如进一步拓展大病救助工程，努力实现包括"两病"②在内的大病应救尽救；又如设计重度残疾人托养照护工程、灾区民房恢复重建工程等，则完全有可能建立起稳定的个人捐赠与企业捐赠者队伍，形成具有红十字特色的捐赠网络。

从国际经验看，许多国家的红十字会都经营着十分发达的红十字事业。加拿大红十字会负责经营国家的博彩事业，美国红十字会负责联邦救灾款的发放，北欧国家的红十字会经营慈善超市和养老院网络等。发达国家的慈善组织往往一半收入为政府采购服务，另一半收入来自服务营收，真正的捐款收入只占20%左右。如果中国红十字会开展一定的规划，主动承担一些政府办不了、市场办不好的公益事业，直接服务不同的对象，则红十字系统年度接受的捐赠款物与红十字事业的收入完全可以达到上千亿元的规模。

（三）红十字会高质量发展需要设立明确的目标

新时代红十字事业在巩固"三救三献"主责主业的基础上，需要聚焦民生民需、聚焦特殊群体、聚焦社会关注，建立健全组织体系、制度体系、资源募集体系、以社区为基础的人道服务体系、红十字声誉维护体系、现代科技支撑体系，充分发挥引领示范和平台枢纽作用，成为我国人道领域促进第三次分配的标杆典范，并成为我国人道主义事业高质量发展的领跑者，为国际红十字事业发展贡献中国智慧、中国方案。

依据共同富裕政策的推进与一些企业规划的千亿元捐赠、社会广泛兴善的现状，到2025年，全国红十字系统应该达到社会募捐款物和红十字事业运营总额在"十四五"期间超过500亿元；红十字注册志愿者超过200万人，红十字会员超过2 000万人；基层红十字组织超过15万个，红十字著名品牌项目超过10个，取得应急救护培训证书的人员超过2 800万人。

到2035年，全国红十字系统应该达到社会募捐款物和红十字事业运营经费总额在"十六五"期间超过1 000亿元；红十字注册志愿者超过1亿人，红十字会员超过1亿人；基层红十字组织超过30万个，红十字著名品牌超过20个，取得应急救护培训证书的人员超过5 000万人，红十字社会服务设施系统发展，使红十字会的

---

① "三救三献"中的"三救"指应急救援、应急救护、人道救助，"三献"指无偿献血、造血干细胞捐献、遗体和人体器官捐献。

② "两病"指高血压、糖尿病。

社会服务能力得到全面提升,促进红十字事业高质量发展。

(四) 实现目标需要确定合适的发展策略

中国红十字会要实现上述发展目标,发挥在第三次分配中的独特作用,实现红十字事业高质量发展,需要制订适宜的发展策略,努力推动以下6个方面的转变:

(1) 从"三救三献"向"三救三献+人道(社会)服务"转变,在发展和普及"三救三献"的基础设施和服务网络的同时,设计、实施失能失智老年人照护、"两病"应救尽救、重度残疾人托养照护等重大民生工程。

(2) 从人道工作场景侧重灾害发生地向以社区为重点转变,实现红十字会的城乡基层和行业全覆盖,聚焦社区民生民需,加大服务社区力度,充分发挥红十字会在基层的资源动员能力和组织协调能力。

(3) 从专项人道救助向"专项+普惠大众"人道救助转变,在做好专项人道救助的同时,拓展健康、养老、托育、心理疏导等专业化社会服务业。

(4) 从侧重依靠自身力量的人道救助向以平台和枢纽服务的人道救助转变,打造国内红十字资源动员和国际人道救援两大平台功能,动员更多的社会力量参与人道救助。

(5) 从侧重专业力量建设向"专业+志愿"力量建设转变,在加强专业力量建设的同时,完善志愿服务制度和工作体系,大力发展红十字人道志愿者,建成一支超过1亿人的志愿者队伍。

(6) 从主要依赖传统行政手段向广泛运用大数据技术工具转变,实现会员和志愿者管理、捐赠服务等关键信息的数字化。

四、实现中国红十字会的独特作用与国家和社会需求的紧密结合

第三次分配是我国收入分配制度的重要组成部分,能有效弥补初次分配、再分配的不足,促进社会协调发展。在这一格局中,红十字会履行职责时一定要具备规模化的资源动员能力和储备机制,才能将人道资源的动员纳入国家体制,并与国家和社会需求紧密结合起来,使红十字会成为政府和社会联结的重要纽带,从而发挥不可或缺的社会服务功能。

(一) 以社区为重点,实现红十字会在城乡基层和行业全覆盖

中国红十字会需要进一步实现城乡基层组织和行业性组织的全面落实并开展经常性活动,真正实现纵向到底、横向到边的组织体系全覆盖;需要设计、实施红十字会进社区、进农村、进学校、进机关、进企业的人道项目或行动,让红十字精神落实到城乡基层社区和各个单位;在基层组织建设志愿服务队伍并开展志愿服务活动,广泛传播人道主义精神、知识与技能,使基层群众能够切实感受到红十字服务

的专业性，从而更加积极地加入红十字会的会员队伍。同时，应该鼓励各级红十字会依照自身的现实条件和当地的实际情况，借助党群服务中心、居民委员会、社区工作站等既有社区阵地，在其开展本职业务的同时，提供人道服务增值业务，形成"1+1>2"的效应。

(二)"专项+普惠大众"，拓展大病救助，探索养老与残障人士服务领域

党的二十大明确提出了要完善大病保险和医疗救助制度，发展养老事业和养老产业，完善残疾人社会保障制度和关爱服务体系。各地纷纷落实"15分钟养老服务圈""15分钟助残服务圈"。大病救助、养老与助残已成为第三次分配重点覆盖的民生领域，是红十字人道服务下一步的重点开拓方向。

在大病救助方面，需要进一步扩大覆盖病种及人群。未来红十字会可依托以救助重大疾病和罕见病患儿为主要内容的"红十字天使计划"，重点关注因病致贫返贫群众的救助工作，并通过基层红十字会组织，扎根社区与群众；在实施区域上重点帮扶西部地区，乃至"一带一路"周边地区的大病患儿群体；可以考虑扩大捐赠人合作范围，建立区域红十字会、慈善组织、企业合作机制，设立更多类似于"小天使基金""嫣然天使基金""天使阳光基金"等针对当地多发疾病的专项救助基金。

在养老方面，随着我国老龄化趋势日益明显，社会关于养老服务方面的诉求也与日俱增。中国红十字会理应发挥政府人道助手的担当，主动应对社会对养老方面的需求。中国红十字会可运用自身在应急救护培训方面已有的成果，使家庭照护者、养老护理员、养老服务志愿者提升突发事件应急处置能力和紧急医学救援能力。此外，中国红十字会可与具备条件的社会力量合作，积极参与、兴办公益性养老机构，并将养老服务融入基层红十字会服务站点的工作内容。

在助残方面，巩固拓展残障人士脱贫攻坚成果，强化残障人士社会救助保障，并加快发展残障人士托养和照护服务是"十四五"规划的重点工作。2015年，红十字会与红新月国际联合会提出《残疾包容战略框架》，指出残障人士不仅是红十字会服务的受益者，也是自己生活的主人。下一阶段，中国红十字会应该继续利用各级红十字会在协同民政、医保、社会组织等共同开展社会活动方面具有的得天独厚的优势，在为残障人士提供平等参与社会活动并获取社会和经济福利机会的同时，更重要的是致力消除妨碍他们参与的社会障碍，并改变人们的心态和行为。

(三) 以平台和枢纽服务为核心，充分发挥社会平台优势，拓展人道资源

参与第三次分配，动员社会资源、加强社会平台建设十分关键。中国红十字会在两个方面有着不可替代的、国家赋予的平台功能：一是国内红十字资源的动员平

台；二是国际人道救援平台。充分发挥两大平台的优势，对红十字会的高质量发展具有重要意义。

在国内红十字资源的动员平台方面，根据《中国红十字会捐赠工作管理办法》的规定，各级红十字会可以依法开展募捐和接受捐赠工作，方便汇集社会各方面的人、财、物，为人道服务工作的开展提供多元化、多渠道、可持续的支持与保障。对比其他慈善组织，中国红十字会可以利用其全国性、国际性的特性，在面对重大自然灾害等突发公共事件时，发出全国募捐呼吁。拓展国内红十字事业的平台功能，需要建立起多种形式的红十字伙伴关系，与慈善家、社会组织、有关行业和个人等密切合作，通过不同类型的机制与活动方式，为各类伙伴提供不同形式的切实服务，从而增强平台的社会凝聚力。

在国际人道救援平台方面，中国红十字会一直以来都秉承独立、平等、互相尊重的原则参加国际红十字运动，参与国际人道援助，促进民心相通，在推动构建人类命运共同体中发挥独特作用。为此，中国红十字会应当积极参与粤港澳大湾区、中巴经济走廊、澜沧江-湄公河合作等跨区域合作框架；通过建立人道交流平台，促进青少年交往、组织志愿服务、人道传播等活动；参与红十字会与红新月会国际联合会人道物资供应链建设，完善医疗队、救援队派遣机制；有计划援建海外博爱家园，提升最易受损群体的防灾减灾能力。同时，中国红十字会应发挥自身在国际人道救援平台方面的枢纽作用，在国际红十字会与红新月会的体系内开展单边与多边的合作，为社会组织包括相关的慈善家和企业"走出去"搭建多种形式的更为方便的渠道，通过周到的服务来不断拓展人道资源。

（四）加强"专业+志愿"建设，打造应急救护培训和应急救灾体系

近年来，我国自然灾害形势复杂严峻，普及群众性应急救护培训和推进应急救灾体系建设已成为提升灾害响应能力和韧性的重要途径。中国红十字会多年来开展应急救护、灾害救援人道服务，有着较为丰富的工作经验和较强的专业能力。未来，中国红十字会在加强专业能力建设的同时，可扩大在应急救护和应急救灾方面的作用与影响力，建立"专业+志愿"的应急救护和应急救灾体系。

在应急救护方面，应推进应急救护培训体系建设和应急救护培训普及，推动我国应急救护水平的整体提升。当前，我国应急救护培训普及水平较低。以针对心搏骤停的心肺复苏知识普及为例，大多数心搏骤停患者仅有4至6分钟的黄金抢救窗口期，但我国目前心肺复苏（CPR）培训合格的公众不到全国人口的1%（美国约为33%，法国约为40%），导致大、中型城市中CPR实施率平均仅为4.5%（美国为46.1%，日本为32.2%），院外心搏骤停的生存率不到1%，远远低于欧美国家的

10%~12%水平。① 中国红十字会作为政府在人道领域的助手，应利用自身的优势，推动进一步完善院前医疗急救服务。一是可以考虑与学校、医疗机构等单位合作，共建综合性应急救护培训基地；二是与各地区的 120 急救中心合作，增加公共场合救护设备配备，完善培训教材标准化和优秀志愿者奖励机制。

此外，应该结合应急救护类的项目，广泛开展培训活动。全国红十字系统一直以来将进社区、进农村、进学校、进企业、进机关作为救护培训的重点，"十三五"时期已培训救护员共计 1 452 万余人，更是计划在"十四五"期间打造"红十字'救'在身边——应急救护"品牌，将易发伤害行业、领域和公共场所作为培训重点：一是将应急救护培训列入学校素质教育内容，并实现重点教职人员、持证救护员培训全覆盖，呼应教育部将急救知识纳入学校健康教育内容和基础教育课程的精神；② 二是在交通运输等行业进行应急救护培训普及，重点针对机动车驾驶员与客运乘务人员，呼应卫健委与公安部将应急救援常识和自救互救相关知识纳入驾驶人考试、满分学习等阶段的必学必考内容。③

在应急救灾方面，推进应急救灾体系建设。结合自身优势，红十字会应当顺应社会所需：一是加强顶层设计，推动健全应急救援领域的法律法规和政策；二是建立应急救援互助机制，打通应急救援各方在信息交流、物资流通等领域的合作；三是强化应急救援队伍专业化建设，注重专业志愿者的人才储备。

（五）广泛运用大数据技术，灵活借助互联网新思维、新技术、新模式

随着互联网科技和移动支付的发展，一方面，互联网企业与传统的慈善组织强强联手，寻求新技术跨界合作；另一方面，"互联网+慈善"的理念已经悄然融入公众生活，"指尖公益"的便利性带动全民参与。在互联网技术与慈善发展的融合背景下，中国红十字会如何利用互联网所带来的便利性、创新性及拓展性，为公众提供更为便捷的人道参与渠道，为同业组织提供更多元、创新的合作方式，是有效动员全社会人道资源的关键。

---

① 张文武、徐军、余涛等：《关于我国公众急救培训体系建设的探讨》，《中国急救医学》，2019 年第 39 卷第 4 期，第 309—312 页。

② 教育部 2008 年印发《中小学健康教育指导纲要》，将拨打求助电话、简便止血方法等基本急救知识纳入其中；2017 年印发《普通高等学校健康教育指导纲要》，将心肺复苏、创伤救护等院前急救技能作为大学生健康教育的重要内容；在《义务教育体育与健康课程标准》《义务教育初中科学课程标准》《普通高中体育与健康课程标准》中，要求学生掌握常见意外伤害的预防与简易处理方法。

③ 国家卫健委联合公安部印发《关于健全完善道路交通事故警医联动救援救治长效机制的通知》，加快建立健全交警辅警交通事故伤急救知识的培训考核制度，逐步提高交警辅警组织抢救受伤人员能力；各级公安交管部门要将应急救援常识和自救互救相关知识纳入驾驶人考试、满分学习等阶段的必学必考内容。

近年来，以水滴筹、轻松筹、爱心筹等为代表的大病求助平台发展迅速。以水滴筹为例，截至 2021 年第三季度，累计筹款总额已突破 457 亿元，上线 5 年来已帮助超过 220 万个困难大病家庭筹集到紧缺的医疗救助款。[①] 相比传统的大病救助模式，大病求助平台具有救助范围广、筹款效率高、资源调动能力强的特点。然而，大病求助平台是为"个人求助"提供信息发布渠道，不属于《中华人民共和国慈善法》规定的慈善募捐，因而尚未被纳入规制范围，造成了缺乏相关管理规范、缺少部门监管等问题，目前，这一空白急需弥补。考虑到中国红十字会的高知名度及广阔覆盖面，由中国红十字会牵头建立大病求助平台能够有效将个人求助与公开募捐有机衔接，并借助红十字系统深入基层的组织结构，确保求助人提交资料的准确性，从而提高救助精准性和救助效率。

中国红十字会应当利用好已有的志愿者和会员网络体系，在已有一定合作的基础上，形成定期交流，主动发送月度或季度工作动态，介绍红十字会工作成果，激发志愿者和会员兴趣，从而关注相关项目进展，形成外部监督机制。中国红十字会同时应当推动建立人道领域信息披露程序和标准，还可以注重利用新的信息化工具，加强与捐赠人、物资供应商、合作慈善组织、受益人的互动交流，一方面及时沟通项目的进展，另一方面听取对方的反馈与建议。

Fulfil the Unique Role of the Red Cross Society of China in Tertiary Distribution from National Conditions

Abstract：The Twentieth Party Congress proposed the construction of a coordinated and complementary system of primary distribution, redistribution and tertiary distribution. The tertiary distribution has been given new historical responsibilities as a basic system for the comprehensive construction of a modern socialist country. The Red Cross Society of China, with its lofty political status, special legal status, inherent international status, has strong professionalism and a prominent status as a social bond, is an important part of the construction of socialist spiritual civilisation, and has a very special position in the tertiary distribution.

---

① 《小善大爱：水滴筹 2021 年度数据报告——80、90 后成捐赠主力军》，2022 年 1 月 16 日，央视网：http://finance.cctv.com/2022/01/16/ARTItISMnhDLtFUZ8MmqMDFe220116.shtml，最后访问时间：2022 年 10 月 21 日。

At this new stage of historical development, the Red Cross Society of China should respond to the needs of social development, play its unique role in the tertiary distribution, promote the high-quality development of the Red Cross cause, and endeavour to achieve a shift from "three rescues and three donations" to "three rescues and three donations + humanitarian (social) services"; from humanitarian work focusing on the places where disasters occur to humanitarian work based in communities; from specialised humanitarian assistance to "specialised + universal" humanitarian assistance; from humanitarian assistance relying on RCSC's own strengths to humanitarian assistance based on platforms and hubs; and from focusing on the building of professional humanitarian assistance to "professional + voluntary" humanitarian assistance; from relying mainly on traditional administrative means to extensively applying big data technology tools to digitise key information. In order to achieve these shifts, the Red Cross Society of China can focus on work in five areas: community coverage, expansion of assistance for the sick, service for the elderly and the disabled, construction of resource hubs, strengthening emergency volunteer service teams, and extensive use of digital technology.

Keywords: tertiary distribution; the Red Cross Society; humanitarian; unique role; high-quality development

中国特色红十字精神起源与作用初探

马 强[①]

摘要：本文简要梳理、归纳了中国特色红十字精神（人道、博爱、奉献）的形成过程，探寻了其基本概念与内涵，阐述了中国特色红十字精神与中华优秀传统文化之间的内在联系，并用案例法证明了理想、信念、精神的相互关系及其在实现目标过程中所具有的持久、决定性作用。

关键词：中国特色；红十字精神；概念内涵

一、中国特色红十字精神理念的形成

"人道、博爱、奉献"在中国红十字系统中几乎无人不晓，20世纪90年代中期以后，社会各界对红十字运动、中国红十字会的了解也与这6个字密切相关。这6个字既深刻反映与传承了中华优秀传统文化的内涵，又高度契合中国特色社会主义核心价值观，成为充满中国特色的红十字精神理念。

中国特色红十字精神作为一种理念，是中国红十字人将国际红十字运动的原则理念与中国实际国情相结合，历经百年的实践与理论探索，尤其是在中国共产党和中央人民政府的正确领导下，于1994年在中国红十字会第六次全国会员代表大会工作报告中首次提出的。[②] 中国红十字事业在"人道、博爱、奉献"的精神理念指引下取得了平稳、快速的发展。

[①] 马强，红十字国际学院客座研究员，上海市红十字会原党组书记、常务副会长。
[②] 中国红十字会总会：《中国红十字会历史资料选编（1950—2004）》，北京：民族出版社，2005年，第296页。

(一) 红十字精神理念形成的早期实践与积淀

1. 清朝末年，早期萌芽

1904年，沈敦和、施则敬等为了救助在日俄战争中受难的东北难民，于3月3日成立了跨省市的"东三省红十字普济善会"。后因不能进入战区，经多方协调于1904年3月10日在上海成立了"上海万国红十字会"，在民间筹集了大量救灾资金和物资进入战区，为46余万饱受战乱之害的东北难民提供了人道救助。①② 这种大幅度跨越行政区域和族群的救助蕴含着中华民族"人道"的理念、"博爱"的胸怀、无私"奉献"的高尚情操。

1904年制定的《上海万国红十字会暂行简明章程》见报时特别声明："救护出险，无论华人西人何国人，均一体相待。"③

1911年，为抢救辛亥革命中的伤病员，随中国红十字会救护队奔赴战地的年仅35岁的总会医院医生峨利生（丹麦籍，又称"柯医生"）积劳成疾，不幸牺牲，④成为中国第一个在红十字人道救援行动中志愿履行国际人道义务、救助中国伤病员而"奉献"出自己宝贵生命的红十字人。

2. 民国时期，朦胧初探

1912年年底，中国红十字会在第一次会员大会刚刚闭幕的基础上，召开了统一大会。1913年，中国红十字会上海总办事处首次印发中国红十字会机关刊物——《中国红十字会杂志》，将中国红十字会宗旨（职责任务）归纳为7项：恤兵、拯灾、赈济、治疫、医药、救护、瘗亡。⑤"宗旨"传递着浓浓的"人道""博爱"之情，其中"瘗亡"更直接表达了对"人"的尊重。据史料记载，在此期间中国红十字会南京分会就"随阵掩埋尸骸"7 750具。⑥

1912年2月23日，中华民国临时大总统孙中山电黎元洪副总统曰："查民国军兴以来，各战地将士赴义捐躯，伤亡不鲜，均赖红十字会救护、掩埋，善功所及，非特鄂省一役而已，文实德之。兹接电示，以该会前在武汉设立临时病院，救伤掩

---

① 中国红十字会总会：《中国红十字会的九十年（1904—1994）》，北京：中国友谊出版公司，1994年，第3—9页。
② 中国红十字年鉴编辑部：《中国红十字会通志：1904—2015》，北京：中华工商联合出版社，2016年，第10页。
③ 池子华：《中国红十字运动简史》，苏州：苏州大学出版社，2022年，第27页。
④ 池子华、曹金国、薛丽蓉等：《红十字：近代战争灾难中的人道主义》，合肥：合肥工业大学出版社，2013年，第54页。
⑤ 孙善根：《中国红十字运动奠基人沈敦和年谱长编》，杭州：浙江大学出版社，2014年，第159页。
⑥ 中国红十字年鉴编辑部：《中国红十字会通志：1904—2015》，北京：中华工商联合出版社，2016年，第18页。

亡，厥功尤伟……"①

1912年，中国红十字会第一次会员大会和统一大会通过的章程明确规定：根据捐赠金额不等分别授予捐赠者特别会员、名誉会员、正会员章，②后又授予证书以资表彰，以供存查。大批有志人士踊跃参会，总会组织了一批又一批的志愿救护队奔赴战区和灾区。以人道捐赠为荣、以赴战区（灾区）为荣的行为成为该时期"博爱""奉献"的体现。

1913年，以蔡元培为部长、鲁迅为佥事的教育部印发了全国高小统编国文教材，其中第16课为"红十字会"。课文如是介绍："虽两军相对，毫不退让。而既为捕虏，则不加杀害。遇敌之伤者、病者，必善视之。盖军人临敌，奋不顾生（身），为国家而战，非为一人之私怨也。不幸负伤，则当怜恤之，不论为己国人，为敌人，其致身为国，一也。"③这种充满中国特色的精湛、优美的语言，完美地诠释、演绎了若干年后通过的国际红十字运动七项基本原则中的"人道""公正"原则，中国语境中的"人道""博爱"之情跃然而出。而文中"盖军人临敌，奋不顾生（身），为国家而战，非为一人之私怨也。不幸负伤，则当怜恤之，不论为己国人，为敌人，其致身为国，一也"更是入情入理，将1864年《日内瓦第一公约》未能直接表达的底层逻辑表达得理清情动。

课文又用"遇有战事，则持红十字旗驰赴战地，救护伤病之人"之语描绘出红十字志愿服务与奉献的特点，并用"无论何国，皆不得侵犯之"喻红十字人的博爱、中立而会（应该）得到中立的保护。最后，笔者用高度肯定、敬仰的文字写道："革命军起，会员赴战地疗治伤病，踊跃从事。而女子之躬往执役者亦数十人。其后战事蔓延，刀光炮火之下，无不有红十字旗飞扬其间。此我国有战争以来，所最足纪念者也。"④寥寥数语，生动、贴切、深刻，连稚童都能读懂。中华民族融于心身的"人道""博爱""奉献"之道的精神理念亦能从中感受得到。

"奉献"是中华民族的一种美德，在中国红十字运动中便日益成为一种基本行为。1923年，北伐战争开始，宋庆龄亲自组建番禺红十字救护队，孙中山先生专为

---

① 中国红十字年鉴编辑部：《中国红十字会通志：1904—2015》，北京：中华工商联合出版社，2016年，第17页。
② 中国红十字年鉴编辑部：《中国红十字会通志：1904—2015》，北京：中华工商联合出版社，2016年，第988、989页。
③ 出自当时的中华民国教育部的高等小学教材《新国文》教科书第四册，上海商务印书馆于1913年发行，第十六课。
④ 出自当时的中华民国教育部的高等小学教材《新国文》教科书第四册，上海商务印书馆于1913年发行，第十六课。

此题"博爱"一词。孙中山先生一生最爱和最多的题词就是"博爱"。"博爱"既是孙先生的理念,也是他的情怀。①

1931年"九一八事变"后,全国抗战呼声日渐高涨。1937年卢沟桥事变后,中国红十字会持续不断地开展了大规模的战地救护培训、募集人道资金、组建救护总队等。中国红十字会救护总队成立后,派出一百多支救护分队,分赴国民党各战场与八路军、新四军所在的各抗日战场。尽管当时并没有提出"人道""博爱""奉献"几个词,但是在14年的艰苦抗战中,中国红十字医务工作者在履行职责的过程中所体现出的理念与精神让人深深感受到"人道、博爱、奉献"的崇高精神境界。

1938年,为了支持中国人民抵抗日本侵略者,加拿大共产党员白求恩来到中国,1939年在抢救伤病员的过程中不幸感染身亡。毛泽东为他写下了名篇——《纪念白求恩》。仅据中国红十字会救护总队不完全统计,在抗战时期,中国红十字救护队队员、志愿者牺牲就高达114人。② 白求恩、柯棣华、马海德、林可胜、"西班牙医生"等一大批国际、国内医学人才和志愿者不惜翻山越岭,聚集在反侵略战争、维护人道的大旗下。他们捐献自己的钱款来购置药品器材,甚至不惜用自己的生命和青春年华服务伤者、病者及受难的百姓。"人道"的使命、"博爱"的胸怀、"奉献"的精神尽显其中。

中国红十字的精神理念从1904年上海万国红十字会成立起,历经40余年曲折起伏,在困难中前行,符合中国国情的红十字精神得到了孕育、积淀,符合中华优秀传统文化的红十字精神理念的萌芽开始破土。

(二)红十字精神理念的形成与社会认同

1. 中华人民共和国成立初期,广泛实践与拓展

1949年中华人民共和国成立后,经过1950年中国红十字会总会的改组,中国红十字会的精神面貌产生了质的飞跃。毛泽东亲笔题写的"救死扶伤,实行革命的人道主义"成为全国人民、红十字人耳熟能详的理念,也是中华人民共和国成立后红十字会第一次代表大会的主要宣传口号。全国红十字系统的工作人员广泛参与了"除害灭病""爱国卫生运动"等维护人民健康的工作。"人道"的理念、"博爱"的情怀、"奉献"的精神开始在红十字系统中蔚然成风,为日后的"中国红十字精神"的正式提出和走向社会奠定了思想与社会基础。

---

① 中国红十字会:《图说中国红十字会110周年》,北京:中华工商联合出版社,2015年,第33页。
② 戴斌武:《中国红十字会救护总队与抗战救护研究》,合肥:合肥工业大学出版社,2012年,第270页。

1951年起，中国红十字会先后组织了7个、共计666人的国际医防服务大队，服务朝鲜人民、志愿军伤病员及联合国军中被俘的伤病员等。20世纪60年代，中国红十字会组织了大规模的救护普及培训与演练等，还直接参与了"爱国卫生运动"，赤脚医生培养，红十字服务下农村、下工地、下企业、进学校、进社区等，并在历次重大自然灾害中组织人道救助。红十字组织的理念及工作及时根据国情和人民的实际需要更新、完善。无私奉献、服务人民已成为时代最强音，培养了红十字人的理想信念和良好的志愿服务品格。该时期尽管没有直接用"博爱"两个字，但是"为人民服务"的理念已深深扎根于每个人心中，成为工作的出发点和基本的精神理念。

中国红十字会在党和政府的领导下，还参与了日侨归国、朝鲜战争与中印边境冲突中的战俘遣返任务；通过中日两国友好团体，交换双方在战争中死亡的劳工、士兵遗骸，私人遗物等。这些在战后维护人的尊严、体现人道精神的工作进一步提升了中国红十字人对人道精神的范围、深度和广度的感悟。

2. 改革开放后，内涵日益充实，形成理论

随着改革开放，中国红十字会的组织与工作逐步恢复，"红十字精神"在理论与实践中得到了进一步拓展。1985年，中国红十字会"四大"① 在章程总则中明确规定中国红十字会的宗旨是"实行人道主义"。1990年，中国红十字会"五大"进一步强调以实行人道主义为宗旨开展工作。"人道"二字正式进入中国红十字会的日常工作、文件和会议的日常表达。

1979年后，中国红十字会多次协助接收、安置沦为难民而被迫回国的华侨、华人25万余人。从1985年起，在党和政府的领导下，经过红十字国际委员会协调，开展了协助台湾地区船员回台等工作，并与台湾地区红十字组织共同开展查人转信工作，帮助8万余名两岸同胞重新取得了家庭联系；1990年9月12日，中国红十字会与台湾地区红十字组织签署了《金门协议》，开展了正常的双向遣返工作，并逐步建立了救灾互助和互访交流机制，为1993年4月27日至29日海峡两岸的第一次"汪辜会谈"打下了基础，为两岸关系改善起到了重要的作用。②

随着工作内容和职责范围的不断拓展，红十字的奉献、志愿服务已经以经常性的方式渗透红十字工作者、志愿者、冠名医疗卫生单位、大中小学校、城市社区和

---

① "四大"是对中国红十字会第四次全国会员代表大会的简称。下文全用"几大"简称此会。
② 中国红十字会总会：《中国红十字会历史资料选编（1950—2004）》，北京：民族出版社，2005年，第161、162、179、180、182—184、199—202、224、225页。

农村等领域。中国红十字会将人道主义宗旨结合具体国情开展工作的方式得到了高度肯定。1990年，时任国务院总理李鹏向"五大"致贺信时指出："中国红十字会遵循人道主义宗旨，在救死扶伤、扶危济困、敬老助残、助人为乐等方面发挥了重要作用。"①"救死扶伤、扶危济困、敬老助残、助人为乐"成为20世纪80年代中国红十字会系统工作的指导思想，是中国特色红十字精神形成的前奏。

受1989年中央电视台春节联欢晚会《爱的奉献》歌曲影响，"奉献"一词传入千家万户，中国红十字会敏感地抓住这一机遇，顺理成章地将"奉献"一词融入了红十字的文化。时任中国红十字会常务副会长顾英奇于1991年在《开拓中国特色的红十字事业》一文中提出：中国红十字会的宗旨和原则基本点是人道主义和奉献精神。1994年，在中国红十字会"六大"工作报告中首次将"人道、博爱、奉献"精神纳入红十字会的传播内容。同年5月20日，《中国红十字报》刊文首次提出："弘扬人道、博爱、奉献、敬业精神。""人道、博爱、奉献"这一提法从此在中国红十字会组织的各类活动中被广泛使用，也在中国红十字系统中形成了广泛共识。20世纪90年代以来，尤其是通过1987年大兴安岭特大森林火灾救助、1998年长江等地大水灾救助、2004年印度洋海啸的救助、2008年汶川大地震的人道救助工作，中国红十字的"人道、博爱、奉献"精神更加深入人心，成为中国红十字会高举的旗帜和中国红十字文化的精神内核。

2012年，《国务院关于促进红十字事业发展的意见》（国发〔2012〕25号）明确指出：弘扬红十字精神是加强社会主义核心价值体系建设的重要内容。"人道、博爱、奉献"的红十字精神与中华优秀传统文化一脉相承，与社会主义核心价值体系高度契合，是人类社会文明进步的重要体现。②

至此，中国特色红十字精神得以确立，走入了不断发展与完善的新阶段。

二、中国特色红十字精神的概念及相互关系

中国特色红十字精神最精练的表达为：人道、博爱、奉献。它源于不同文明对人生命的尊敬与对公正保护的共识，基于正确积极的世界观与价值观，依托理想、信念的特殊作用，形成一种独特的精神境界。

（一）中国特色的"人道"的基本概念

在西方，人道与人道主义可以追溯到文艺复兴时期，甚至更久远，它沉淀于宗

---

① 中国红十字会总会：《中国红十字会历史资料选编（1950—2004）》，北京：民族出版社，2005年，第202页。
② 全国人大教科文卫委员会人口卫生体育室、中国红十字会总会办公室：《中华人民共和国红十字会法释义》，北京：中国法制出版社，2017年，第246页。

教、哲学、医学、文学、艺术等各种人类文明的载体中。

中国特色红十字精神中的"人道"内涵极其丰富，既包含目前国际红十字运动七项基本原则中的"人道"内涵，又含有中华民族独特、深广的历史积淀。早在公元前数百年的春秋时期，对"人道"一词就有广义阐述，"人道"相对于"天道"而存在。① "人道"一词在《新华字典》中被解释为：人伦；为人之道等，指爱护人的生命、关怀人的幸福、尊重人的人格和权利的道德等。② 七项基本原则中的人道释义是基于西方针对武装冲突特别制定的含义，并不能等同于中国悠久哲学文化中的"人道"概念的全部内涵。

从160多年前国际红十字运动的发起和中国红十字运动的相关性来看，中国红十字精神中的"人道"一词包含着国际红十字运动人道原则所要表达的全部含义，表示中国红十字会在保护生命健康，维护"人"的尊严，倡导相互理解、友谊、合作方面与世界各民族希望人类世界持久和平方面的"人道"观是一致的，只是中国传统道德中的"人道"还包含着"人"在社会上为人处世的社会道德内涵。

欧洲在武装冲突中维护"人道"的理念与中国优秀的传统文化、道德具有共性，因此其一经传入中国，马上就被社会各界所接受，1904年即在上海发起、建立了中国红十字会。上至慈禧太后，下至黎民百姓，纷纷解囊，帮助中国红十字会救助饱受战争荼毒的东北难民。在该时期，各种名目、类型的红十字组织发展很快，"赤十字会""妇女红十字会""大汉红十字会"等数十种不同形态的红十字会在中国纷纷成立，这是因为扶危济困的目标和人道的本意以及中国优秀的文化与传统道德相一致。

（二）中国特色的"博爱"的基本概念

"博爱"一词在中国古老的文明中早有明确的提法和行动，主要表现在孔孟的"仁"学与中华医学的医学道德之中。韩愈（768—824）在其《原道》篇中表示："博爱之谓仁。"③ 仁爱、博爱，在中国民间的理解中就是非常宽泛的爱，发自内心的爱，打破各种歧视、界限的爱。又如西方医学奠基人希波克拉底和中国的名医张仲景所言，以"医者"之心待患者，就是博爱最好的诠释。"博爱"包含着公平、公正地对待所有需要帮助的困难者。因此，中华民族的"博爱"一词与国际红十字运动七项基本原则中的公正原则具有相似的内涵。

---

① 《辞海》编辑委员会：《辞海（第1卷）》，上海：上海辞书出版社，1999年，第369页。
② 商务印书馆辞书研究中心：《新华字典》，北京：商务印书馆，2001年，第821页。
③ 《辞海》编辑委员会：《辞海（第1卷）》，上海：上海辞书出版社，1999年，第171页。

1840年鸦片战争以后，中国被迫签订了《南京条约》等数十个不平等条约，快速被打开了国门。随着中国的口岸开放，通商口岸城市对外交流迅速增加，国内纸质媒体异常活跃。西方"洋货"大量涌入的同时，欧洲传教士及西医等也相伴而入，并辐射内地。"洋务运动""实业救国""新式教育"等被相继提上社会改革日程。随着跨地区的工商、金融业的发展和人口流动，上海等开放口岸亦成为"冒险家的乐园"，成为各类商业人士及官吏开展商务活动、调任、离职后的优选居住地。因为官员与家乡、曾任职地等的联系千丝万缕，并随着交通运输业的发展和金融行业的发达，现代意义上的"博爱"开始走出地区、宗族血缘的范畴。不同区域之间的民间救助活动日益频繁。1874年，当时在中国影响最大的《申报》就有这样一个说法："上海一隅之地，善堂林立。"这是一种生动而又写实的描述。

1904年3月，上海《申报》发表社论，提及孙中山先生于1896年翻译的英国《赤十字会救伤第一法》。孙中山先生一生题写最多的条幅就是"博爱"。"博爱"早已在中国土壤中留下生生不息的种子，成为中华优秀传统文化的一个基因，外来文化的进入加快了它传播的速度和内涵的拓展。

（三）中国特色的"奉献"的基本概念

"奉献"一词由"奉"和"献"两个字组成，这两个字都有悠久的历史，长期各自独立使用居多。"奉"常指献给、恭敬送给、敬献；又可独立指"受"。①②③"献"源于古老的"祭献"，常指恭敬地献出。"奉献"连用在早年主要指"进物以表敬意"。④ 在现代"奉献"大多用于指对自己崇敬的事业或对某事、某工作不求回报的付出，尤其是在表达人们为理想、信念、事业作出自己全部的努力而不求回报的思想境界与精神面貌上，使用十分广泛、通俗。例如，1840年鸦片战争以来，中华民族无数志士仁人以民族振兴、国家强大为己任，前赴后继，尤其是1921年中国共产党诞生后，为了中华民族的解放、人民当家作主，为了人类美好的未来，不惜牺牲自己的一切。"奉献"一词在现代中国已经成为最常用的词汇之一。中国共产党章程明确要求："中国共产党党员必须全心全意为人民服务，不惜牺牲个人的一切，为实现共产主义奋斗终身。"⑤中国红十字会将"奉献"一词纳入红十字精

---

① 中国社会科学院语言研究所词典编辑室：《现代汉语词典》，北京：商务印书馆，1985年，第332页。
② 商务印书馆辞书研究中心：《新华字典》，北京：商务印书馆，2001年，第282页。
③ 《辞海》编辑委员会：《辞海（第3卷）》，上海：上海辞书出版社，1999年，第1951页。
④ 《辞海》编辑委员会：《辞海（第3卷）》，上海：上海辞书出版社，1999年，第1612页。
⑤ 中国共产党第十九次全国代表大会：《中国共产党章程》，北京：人民出版社，2017年，第24页。

神,并镶嵌于"人道""博爱"之后,共同组成了中国特色红十字精神,实在无比恰当和意义深远。

(四)"人道、博爱、奉献"的相互关系

"人道、博爱、奉献"有悠久的历史,构成了一个既相对独立,又紧密相连的整体。

如果将国际红十字运动七项基本原则的"人道""公正"原则视为运动的出发点与核心,中国特色红十字精神中的"人道""博爱"则是采用了中华民族的语境,将国际红十字运动的本质目的表达得十分清晰。要达到"人道""公正"目标,"奉献"是最可靠的支柱。只有充满奉献精神的人,才会不畏任何艰难险阻地履行人道、公正的职责、义务,才能自觉遵循运动的各项原则。"奉献"成为志愿服务的核心动力与红十字人高尚品格及追求理想的代名词。也只有充满奉献精神的人才能不用扬鞭自奋蹄,才能真正体现志愿服务的价值和发挥志愿服务的巨大动力。红十字人道主义事业的发展需要这样的精神境界和精神状态,只有如此,红十字人道主义事业才能得到更好、更快的发展。

"人道、博爱、奉献"共同组成的中国特色红十字精神,成为中国红十字人的理想追求与精神寄托,也是永不停息的核心动力。

三、红十字精神是中国特色红十字事业发展的核心内动力

(一)中国特色红十字精神在工作中的表达方式

1. 中国特色红十字精神的外在表达

红十字工作者、会员、志愿者在开展人道救助工作时,人道、公正蕴于无形的自觉之中,本人安危与得失的思虑被搁于行动之外。①

2. 中国特色红十字精神的内在表达

以"人道、博爱、奉献"为内涵的中国特色红十字精神,首先表达的是红十字组织、红十字人(包括志愿于此事业的工作人员、会员、志愿者)在开展红十字工作时应该具有的理念与思想道德境界(出发点、目的);其次,它蕴含着红十字组织、红十字人在开展工作时应关注该项活动(工作)的内涵是否符合该精神(过程效应与过程控制)的要求;最后,它提示红十字组织、红十字人在开展各类活动(工作)后应该达到传播(包括通过救助行动)"人道、博爱、奉献"的目的,推进红十字人道主义事业的良好效应(结果与出发点、过程、目的的一致性)。

---

① 作为组织者,必须考虑与保障人道服务工作者、志愿者的安危,维护个人应有的合法权益。

(二) 中国特色红十字精神对红十字运动推进的现实意义

1. "人道、博爱、奉献"精神的提出，有利于推进与完成各项人道工作

中国特色红十字精神有利于宣传、介绍红十字组织、红十字人道文化、红十字人的精神境界，而得到全社会的理解与支持；有利于使参加红十字活动（工作）的工作者、会员、志愿者在实践中对红十字组织和人道主义事业加深印象，更好地得到人道文化熏陶，增进对红十字事业的了解；有利于各社会组织与个人（含志愿者）在参与活动的过程中自觉成为红十字事业的积极拥护者、参与者。

2. "人道、博爱、奉献"精神的提出，有利于提升红十字运动与组织的美誉度

中国特色红十字精神所包含的"人道、博爱、奉献"6字理念，在中国传统文化中具有令人敬仰之效应，有利于更多人产生了解、参与红十字事业的动力，有利于社会对该运动和行为的认同；让参与者从中感受履行"人道、博爱、奉献"过程与结果的幸福；有利于在精神层面激发人们投身红十字事业、做好红十字工作、推进红十字运动的内动力。

3. "人道、博爱、奉献"精神的提出，有利于红十字运动的持续健康发展

在中国特色红十字精神引领下的各项工作（尤其是红十字青少年、志愿服务活动等）既培养对人道工作的思想认识，又切实提升参与者的实际人道认知与服务能力。"人道、博爱、奉献"的精神理想引领，辅之以理论与实践结合、平战结合①的学习训练与活动，为红十字运动的长期发展夯实了既能在人道行动中遵守七项基本原则又具备实战能力的队伍基础，同时也奠定了红十字运动代代相传、长期发展的社会基础。

中国红十字会提出的"红十字精神"，正契合了前述例证所表达的角度与范围，正是为了推动红十字事业、调动红十字人（含志愿者）最大的能动性。而这种精神也成为红十字会宣传、组织、动员社会人道资源，取得社会广泛认同与支持的靓丽"名片"。

(三) 中国特色红十字精神对红十字运动推进的核心内涵及理论意义

1. 原则与精神，源于不同环境的实践与总结

"精神"和"原则"不同。"原则"更偏向"信仰并遵守的准则"②，精神则更偏向对某事物认知后的思想精神状态。中国特色红十字精神的提出是国际红十字运动的创新与发展。七项基本原则是在国际红十字运动经过100多年后才逐步在实践

---

① 平战结合是指和平时期学习人道理论和训练人道服务能力，与武装冲突或灾害救助时相结合。
② 商务印书馆辞书研究中心：《新华字典》，北京：商务印书馆，2001年，第1096页。

与理论中提炼出来的。中国作为一个发展中的大国，有悠久的历史文化，在国际红十字运动逐渐引入的过程中，随着时间的推移我们会有更深刻的理解和更宽广的视野，并结合中国国情进一步拓展与"环境"的协调，进一步把红十字事业做得更好，为世界提供新的中国经验和体会。

2. 对于相同的目标，不同的精神状态会产生不同的结果

对于同一目标，不同的精神状态会产生不一样的结果。中国特色红十字精神的核心内涵是倡导遵循人道、公正等运动基本原则的同时，以理想信念引领、激励个人与团队（组织）、社会各界，为人道主义事业不懈努力，不惧艰难困苦，勇于奉献。

每个人、每个组织（团体）都有做某件事情的思想精神状态或追求的目标，不同的思想精神状态会决定"追求"的成败和效率，这就是"红十字精神"所想表达的内涵。

3. 红十字运动理想的实现，需要信念的有力支撑

一个具有科学性、符合人类社会发展趋势且社会紧迫需要的"理想"的实现，需要一批有"信念"的人去践行、去奉献。

国际红十字运动的兴起、红十字国际委员会、红十字会与红新月会国际联合会的成立、1904 年至 1912 年中国红十字会的成立与统一等，正是因为有亨利·杜南、莫瓦尼埃、戴维逊、沈敦和等一大批有正确理想、坚定信念的开拓者，他们能审时度势，结合当时的国情与社会客观需要，才成就了国际红十字运动和中国红十字运动。

4. 理想与信念的统一，能萌发无尽的主观能动性

理想源于现实并在现实中萌芽，但它不是对现状和前景的简单镜像反映与描绘，理想升华于人们对现实和未来的认识与憧憬，理想必定是超越现阶段的一般认知与思考。信念则是人们将自己的行为与理想直接挂钩，并为理想的实现而进行奋斗的认识过程与行为表达。理想激励着人们在现实生活中树立信念，激励人们为理想目标的实现而奋斗。

5. 理想与信念的科学结合是人道主义事业成功的重要基石

无数史实证明，一个人只有理想而没有实现理想的坚强信念，就不能脚踏实地地长期坚持为美好理想而献身，实现理想将成为无比漫长的过程，甚至会在历史长河中迷失自己。也有无数史实告诉我们，一个人光有信念而没有正确的理想，就犹如"空想社会主义"者，犹如攀登珠峰的勇士因选择了错误的道路而与成功无缘，甚至葬送了生命。1921 年，中国共产党第一次全国代表大会的代表们因共同的理想

而创立了中国共产党，但有多位因理想改变、信念动摇脱离了革命，甚至走向反面。而有同样理想的、以毛泽东为代表的一大批共产党人在同样的理想指引下，数十年坚持信念不变，不惧艰险、敢于探索、勇于奋斗，最终仅用28年就取得了全国胜利。理想科学，信念坚定，精神振奋，使理想最终得以实现。

四、理想与信念也是国际红十字运动发展的重要内动力

国际红十字与红新月运动章程在序言中明确提出了"理想"的概念，尽管还可以通过未来的实践进一步完善，但毕竟该"理想"是符合人类历史发展趋势的，方向是正确的，是人类社会共同治理、走向人类命运共同体的一个重要组成部分。尽管国际红十字与红新月运动章程没有直接提出"信念"一词，但是经过160多年的坚持和再坚持，从"五人委员会"首次起草仅有10条条款与两条建议的国际会议决议案、10条简要内容的"陆战伤兵救护国际公约"（1864年《日内瓦公约》），发展到目前的《日内瓦四公约》与3个附加议定书，以及带动了数十部与战争相关的国际法诞生，扩大到197个国家都签署或参加了《日内瓦公约》，得到联合国与世界各国的肯定和重视，红十字国际委员会和红十字会与红新月会国际联合会也都成为联合国的观察员。在百多年的国际或非国际武装冲突中，在各类重大灾害的救援中，有无数人道工作者为此献出了自己的宝贵生命，为维护人类的尊严和挽救无数生命作出了巨大的贡献，其中深藏着理想、信念的身影。

从另一个角度来看，国际红十字与红新月运动在1863年起步阶段仅限于以欧洲大陆为主的十几个国家与公国，规模与人数都极其有限。经过一代又一代有理想、坚持国际红十字运动信念的国际人道工作者的不懈努力，160多年后的今天，国际红十字与红新月组织已经发展成三大组成部分，191个国家红会、数以亿计的红十字工作人员与志愿者，形成了红十字与红新月国际大会、国际红十字与红新月运动代表会议、红十字会与红新月会国际联合会大会；通过了《国际红十字与红新月运动章程》及《塞维利亚协议》等，成为一个紧密合作、有序的国际最大人道救助网络，成为世界和平的重要稳定器之一，成为世界人道救助不可忽视的重要力量。《国际红十字与红新月运动章程》提出的七项基本原则和运动理想功不可没。

国际红十字运动为世界和平与进步事业作出了巨大的贡献，对现实社会和世界和平、构建人类命运共同体具有重要的积极作用。这一切发展与成就都是在一批又一批有理想、有信念、具有奉献精神的先贤们坚持国际红十字运动的基本原则与红十字运动的理想，紧密结合各民族、各国家及人道需求的主客观条件，不断开拓创新而取得的。

五、结语

《国际红十字与红新月运动章程》表述的国际红十字运动七项基本原则及理想，正是国际红十字运动历经百余年的实践总结、提炼出的产物。在又经过近半个世纪实践的今天，局部武装冲突及重大灾害形成的大规模人道主义危机形势仍然不容小觑，甚至更加严峻，人道服务的需求倍增。进一步推进国际红十字运动，促进世界和平与进步，满足和平与人道救助的迫切需要，理想与信念应该成为推进国际红十字运动深化发展的一个重要抓手与助力器，这也是中国红十字运动、中国特色红十字精神的理论与实践给国际红十字运动的重要贡献。

A Preliminary Study of the Origin and Role of the Red Cross Spirit with Chinese Characteristics

Abstract: This paper briefly combs and sums up the Red Cross spirit with Chinese characteristics: "humanity, fraternity and dedication", explores its basic concepts and connotations, and expounds the intrinsic relationship between the Red Cross spirit with Chinese characteristics and the excellent traditional culture of the Chinese nation. The case method is used to prove the interrelationship between "ideals, beliefs, and spirits", as well as the lasting and decisive role it plays in the process of achieving goals.

Keywords: Chinese characteristics; the Red Cross spirit; conceptual connotation

我国应急救护事业的发展历程和创新实践

黄元龙[①]

摘要：应急救护源于战地救护，是红十字会的主责主业。中华人民共和国成立后，我国红十字系统适应社会发展需要，积极回应人民群众需求，经历了医疗卫生救护、群众性卫生救护训练、应急救护、依法保障训救并重等阶段，体现出从战伤救护到平战结合，重在现场救护、科学救护、应急管理，追求高质量发展等特点，逐步形成了具有中国特色的应急救护体系。进入新时代，应急救护事业走上发展的快车道，浙江省着眼促进健康浙江建设和提供优质公共服务，以教考分离改革为抓手，探索构建新型应急救护体系，为全国提供实践样本。

关键词：应急救护；发展历程；演变特点；新型应急救护体系

应急救护常被简称为"急救"。红十字会在使用这一概念时，与卫生部门所指的以"120"急救中心为代表的具有通信器材、运输工具等医疗基本要素的专业急救机构开展的专业医疗活动不同，是指在突发疾病或灾害事故的现场，在专业人员到达前，为伤病员提供初步、及时、有效的救护措施。这些救护措施不仅是对伤病员受伤的身体和疾病的初步救护，而且包括对伤病员的心理救助。我国红十字系统在长期的实践中不断改革创新，逐步形成了具有中国特色的应急救护体系，一大批合格的救护人员活跃在战场、事故现场，努力挽救生命，减轻伤残，得到了社会各方的充分肯定。进入新时代，应急救护事业高质量发展，浙江省落实国家总体部署，着眼系统性重塑，新型应急救护体系建设取得积极成果。

[①] 黄元龙，浙江省红十字会党组成员、专职副会长；红十字国际学院专家咨询委员会委员。

一、我国应急救护事业的发展历程

红十字会的应急救护源于战地救护。国际红十字运动的创始人亨利·杜南倡议平时开展救护技能训练后，法国红十字会率先响应，于1870年开始开展救护培训。1904年，中国红十字会的前身上海万国红十字会成立后，就把应急救护工作作为主要业务，组织人员到我国东北的日俄战争现场，转移平民，开展救助救护活动。其后，一直到中华人民共和国成立，中国红十字会筹措资金物资，兴办医院，开展救护技能训练，活跃在战场救护一线。特别是抗日战争期间，林可胜带领的中国红十字会救护总队，以"救死扶伤、博爱恤兵"为宗旨，在抗战一线从事战伤救护，业绩辉煌，受到社会各方赞誉，成为一支不能忽视的人道力量。[①]

中华人民共和国成立后，中国红十字会进行改组，被确定为人民救护团体，应急救护成为中国红十字会的主业。经过多年的努力，这项从战地走出来的工作，在和平安宁的环境中不断发展，形成了符合我国国情的体制机制，大体分为以下几个阶段。

（一）医疗卫生救护阶段（中华人民共和国成立至改革开放前）

1951年1月到1954年1月，改组后的中国红十字会配合国家医疗部门，组建医防服务队，深入治淮工地、灾区、老革命根据地，开展卫生知识宣传、医疗服务和救护技术培训。其后至1964年，中国红十字会在全国范围内开展救护培训工作，共培训卫生救护人员356 000人。抗美援朝时期，中国红十字会选派国际医防服务队，参加抗美援朝医疗救护工作。这一时期，中国红十字会单独或会同有关部门制定多个文件，开展卫生救护培训，推进现场急救训练；编辑出版《急救》《急救教材挂图》《红十字卫生院救护常识》《防空和战场救护常识》等书籍。

（二）群众性卫生救护训练阶段（改革开放后至2000年）

改革开放初期，中国红十字会即把开展救护培训提上议事日程，当时称之为卫生救护训练，内容局限在创伤救护。1985年，中国红十字会第四次全国会员代表大会要求开展急救和输血工作，将急救工作解释为群众性卫生救护训练。[②] 从此，"群众性卫生救护训练"成为中国红十字会常用的名词。训练内容包括对意外伤害和自然灾害的急救和护理，即现场的包扎、止血、固定、搬运等创伤急救四大技术和心肺复苏术。1990年、1991年，中国红十字会陆续颁布《卫生救护训练大纲》《群众

---

① 池子华：《中国红十字运动简史》，苏州：苏州大学出版社，2022年，第148页。
② 钱信忠：《中国红十字会第四次全国会员代表大会工作报告》，载于中国红十字年鉴编辑部《中国红十字会通志（1904—2015）》，北京：中华工商联合出版社，2016年，第432页。

性卫生救护训练大纲》，突出现场、初级的特点，对群众性卫生救护工作作出规范，并为 1993 年颁布的《中华人民共和国红十字会法》所吸纳，"进行初级卫生救护培训"作为红十字会的法定职责被列入。中国红十字会总会对此作出专门解释，认为其"是开展现场的、群众性的初级卫生救护"[①]。在法律的推动下，初级卫生救护培训在全国展开，经中国红十字会培训并发有合格证书的红十字救护员每年超过 200 万人。

（三）应急救护阶段（21 世纪初至 2012 年）

2000 年 9 月，中国红十字会在昆明召开会议，研究有关深入开展救护工作的文件，要求制订紧急状况下救护现场预案等。次年，中国红十字会总会印发《关于广泛深入开展救护工作的意见》，虽然文件中仍提初级卫生救护培训，但突出了"救护"，明确要大力开展全民参与的救护普及培训。2006 年，《中国红十字会总会、公安部、交通部关于深入开展救护培训工作的通知》强调，公安民警、机动车驾驶员、客运乘务人员要全员培训取证，重点行业的救护工作进一步突出。2010 年 12 月，中国红十字会总会下发《关于进一步加强红十字应急救护工作的意见》，用"应急救护"代替"初级卫生救护"，明确要以"以心肺复苏、创伤救护（创伤止血、伤口包扎、骨折固定、伤员搬运）为核心培训内容，辅以危险因素（交通、水、火、电等）预防、灾害中逃生避险、常见急症处理的教授，同时传播红十字知识和理念"。红十字会现行的应急救护工作框架基本形成。

（四）依法保障训救并重阶段（进入新时代至今）

进入新时代，应急救护工作步入发展快车道。中央高度重视应急救护工作，将其纳入《健康中国行动（2019—2030 年）》。2012 年，国务院下发《国务院关于促进红十字事业发展的意见》，明确要求建立红十字应急救护培训长效机制，不断提高应急救护知识在人民群众中的普及率。2021 年，中央精神文明建设指导委员会（简称"中央文明委"）把杭州市列为"红十字'救'在身边"项目基层联系点。同时，切实加强法治建设，依法予以推进。2017 年，修订后的《中华人民共和国红十字会法》改"进行初级卫生救护培训"为"开展应急救护培训"，明确要"组织志愿者参与现场救护"。2020 年颁布实施的《中华人民共和国民法典》倡导应急救护，第一百八十四条规定，因自愿实施紧急救助行为造成受助人损害的，救助人不承担民事责任，解除了人们在"救人"方面的顾虑。中国红十字会总会会同教育部

---

① 顾英奇：《中国红十字会第六次全国会员代表大会工作报告》，载于中国红十字年鉴编辑部《中国红十字会通志（1904—2015）》，北京：中华工商联合出版社，2016 年，第 476 页。

等有关部门，连续下发文件，在学校、交通行业、旅游景区等部署应急救护工作，推进"'救'在身边"专项行动，形成了良好的社会氛围。

二、应急救护发展演变的基本特点

中国红十字会在推动应急救护事业发展时，着眼时代发展要求，适时调整、充实和完善，强化质量管理，努力使这项工作惠及更多人民群众。

（一）从战地救护到平战结合，纳入健康中国战略

中华人民共和国成立初期，中国红十字会把工作重点放在抚平战争创伤上，组织人员到农村、建设工地做好卫生知识普及和救护培训。20世纪80年代，强调平战结合，配合有关部门，加强国防救护和卫生救护训练，做到平时遇到伤害事故和自然灾害，能进行急救护理，为人民群众的健康、工作、学习和生产服务；在战时能进行群众性的自救和伤病员救护。[①] 当时的《中国红十字会章程》规定，红十字会"组织急救、护理训练，参加意外伤害和自然灾害的救护工作，战时参加军民伤病员的救护活动"。

进入新世纪，应对日常性突发事件的救死扶伤成为应急救护培训的出发点和落脚点。进入新时代，应急救护工作呈现新特点。中国红十字会积极回应人民群众对生命安全的期盼和对美好生活的追求，通过将这项工作纳入健康中国行动，落实行业和各方责任，在公众参与的应急救护培训中发挥着主体作用。

（二）从伤病救护到应急管理，融入应急管理体系

20世纪80年代中期，中国红十字会就把应对自然灾害纳入救护培训范围。21世纪初，中央高度重视应急管理工作，加强应急管理体系建设。突然发生、需要紧急处理的事件，其成因不仅源于大自然，还可能源于人类对自然的干涉，或者人类的自身行为，结果大多伴有灾难，对人的生命健康造成威胁。中国红十字会适时把各类突发事件造成的伤害处理纳入应急救护范围。2006年，中国红十字会总会在印发的《中国红十字会2006—2010年卫生救护工作规划》中，要求把卫生救护工作纳入各级政府应急体系建设，并逐步建立健全红十字应急工作体系；明确要把个体伤病的急救技能、群体性伤害的预防、检伤分类等作为培训的内容。2007年12月，中国红十字会总会首次召开全国红十字应急工作会议，对红十字应急体系建设作出部署，明确建立应急预案，提高应急反应能力。应急救护工作作为重要内容，进入各级政府应急体系建设。

---

① 钱信忠：《中国红十字会第三次全国会员代表大会工作报告》，载于中国红十字年鉴编辑部《中国红十字会通志（1904—2015）》，北京：中华工商联合出版社，2016年，第427页。

(三) 从创伤救护到全面救护，内容项目不断丰富

红十字应急救护工作具有开放性，产生之初，就结合了南丁格尔开创的现代护理思想及其实践。随着医疗技术的发展，一些不需要或很少需要医疗设备支持的急救措施被较为广泛地应用，红十字会适时将其纳入。1957年，彼得·萨法尔和詹姆斯·伊拉姆开创了由仰头举颏法开放气道、口对口人工呼吸和徒手胸外按压组成的心肺复苏术。1983年，中国红十字会总会（本文简称"总会"）在我国第一次举办心肺复苏训练班，引进心肺复苏训练使用的人体模型，将这项技术纳入培训范围。① 而被人们称为"生命的拥抱"的海氏手技即海姆立克法也在此后进入培训。通过对新技术的不断吸收，红十字系统的应急救护培训内容不断丰富，并形成了不同的培训项目。

其中，普及培训按2学时计，主要讲授红十字基本知识、心肺复苏、常见急症处理和意外预防措施等；心肺复苏（CPR+AED）培训按4学时计，讲授红十字基本知识、心肺复苏技术，取得心肺复苏培训证；红十字救护员（初级）培训按8学时计，讲授红十字运动与救护概论、心肺复苏技术、气道异物梗阻处理、创伤救护，取得红十字救护员证（初级）；红十字救护员培训按16学时计，讲授红十字运动与救护概论、心肺复苏技术、气道异物梗阻处理、创伤救护和常见急症、意外伤害、突发事件处理等，取得红十字救护员证；红十字救护员复训按8学时计，对所学内容复习考核后，取得红十字救护员证；红十字应急救护师资培训按48学时计，适用于有医学或教学背景的人员，除了应急救护内容外，还有师资礼仪、教学方法等，取得红十字应急救护师资证书；红十字应急救护师资复训按24学时计，复训合格后取得红十字应急救护师资证书。

(四) 从知识普及到现场救护，应用导向更加突出

中华人民共和国成立后的较长一段时期内，红十字会把工作重点放在卫生知识普及培训上。这是群团组织群众性的特点所决定的。普及培训至今仍是红十字会的重点工作之一。总会历次会议、下发的文件，都要求大力开展普及培训。与此同时，对进行现场救护的要求不断突出。1990年召开的中国红十字会第五次全国会员代表大会确立了一个战略目标：经过二三十年的努力，逐步建立遍布全国城乡的群众性自救互救网络。② 这一目标经过几次调整，更加突出现场救护。2001年，总会明确，

---

① 中国红十字年鉴编辑部：《中国红十字会通志（1904—2015）》，北京：中华工商联合出版社，2016年，第123页。
② 中国红十字年鉴编辑部：《中国红十字会通志（1904—2015）》，北京：中华工商联合出版社，2016年，第124页。

"在有人身伤害事故的现场,就有经过红十字会培训的红十字救护员参加现场救护"。

进入新时代,总会突出培训的转化率,强调要"训""救"并重,鼓励社会公众"该出手时就出手"。在《中华人民共和国红十字会法》明确红十字会培训的主体作用后,2020年11月,总会在《关于进一步推进红十字应急救护工作的指导意见》中把目标设定为"力争实现意外伤害和突发事件现场都有救护员施救"。

围绕现场救护的目标,总会突出重点行业培训。从1987年2月开始,总会会同公安、交通等部委推进交通行业培训,机动车驾驶员培训成效明显(仅浙江省,到1991年年底,累计完成驾驶员培训20万人次);会同有关部门在景区建设红十字救护站,推进旅游从业人员培训,AAAAA级景区基本建立救护站;会同教育部等推进校医、体育老师等培训,提出目标任务。总的要求,就是在突发事件现场,遇到伤病员要发挥出"训"的最大效用,在救护车到来前的"车前"、送医院前的"院前"能及时出手,成为院前急救体系的内在组成部分。

(五)从量质并重到突出质量,质控体系趋于完善

现场救护的目标要求,需要从两方面着力:一方面,要有足够数量的救护员;另一方面,要有足够数量"敢救""会救"的救护员,这就是质量要求。红十字系统在质量这方面做了大量努力。

首先是编制教材。中华人民共和国成立初期总会就制发了《急救》和《急救教材挂图》等,20世纪80年代中后期又编制了《初级卫生救护教材》,直至2015年在全国统一使用《中国红十字会应急救护培训标准化工作手册》。

其次是加强师资管理,强调师资在救护训练中的重要性。在20世纪90年代初的《卫生救护训练大纲》中,专门规定了师资班的学时和训练要求。2016年正式印发《中国红十字会应急救护师资管理办法(试行)》,对师资管理提出明确要求。

再次是场地要求,要让学员在良好的环境中学习训练。2016年,总会在《中国红十字会关于加强红十字应急救护培训基地建设的指导意见》中,要求建设标准化、管理规范化、服务常态化,并列支经费,对各地建设标准化基地予以支持。

从次是加强持证管理。改革开放后,救护培训逐步规范。总会规定了普及、持证培训的学时要求,强调受过训练要发结业证书和证章。这一结业证书,在1997年总会制定的《中国红十字会红十字急救员持证规定》中称为急救员证,即现在的"红十字救护员证"。

最后是表彰先进典型。从2022年开始,总会会同有关部委在全国开展"最美救护员"评选,表彰那些现场救护成功的人员,努力营造"人人学急救、急救为人

人"的社会氛围。

（六）从抢时救急到精准救护，不断走向科学规范

做好现场救护，快速及时是第一原则。在很长一段时间里，救护师在培训时往往强调"要做什么"，抓紧进行现场处置。这固然是对的。随着医疗技术的发展和应急救护的实践，抢时救急的理念进一步完善，红十字救护员在现场处置时，不仅被要求"快"，还被要求"准"，做到科学救护。这个"准"，就是要掌握科学的医护知识，对伤病员的伤情作出准确判断，采取科学的救护措施。现场救护时，对怀疑有急性心肌梗死的病人，运送时不能抱、不能背，否则可能导致心搏骤停；对怀疑有脊柱（颈椎、胸椎或腰椎）骨折的伤员，非面临重大危险，不能轻易搬动，否则可能导致瘫痪；[①] 等等。

三、探索构建新型应急救护体系的浙江实践

浙江省是高质量发展建设共同富裕示范区，习近平总书记赋予浙江"中国式现代化的先行者"的新定位，"奋力谱写中国式现代化浙江新篇章"的新使命。应急救护工作事关人民群众生命健康，事关共同富裕。要发挥其应有功效，必须大力推进改革创新，实现高质量发展。从2021年开始，浙江省根据国家的统一部署，率先在全省高水平推进全民参与的应急救护工作，经过两年多的探索实践，基本构建起了党政主导、部门协同、红会主抓、社会参与，着眼高质量发展，救护师、考官、教材和基地"四位一体"，和院前急救体系相互衔接，为人民群众提供优质公共服务，适应中国式现代化发展进程的新型应急救护体系。

（一）确立促进健康浙江建设和提供公共服务的双重视角

长期以来，红十字系统都把应急救护视为卫生健康工作的一部分。这当然是对的。但是，这样看、这样做很容易使应急救护成为一项技术性工作，被看作只有专家才能完成的任务，从而或有意或无意地关闭了公众参与的大门。

构建新型应急救护体系，首先要从转变理念开始，确立起应急救护不但是生命健康的一部分，更是公共服务的一部分的共识。之所以是公共服务，是因为从应急救护的内容看，大部分的应急救护措施都是一般人能够掌握的，小部分只要经过适当的培训就能掌握，而突发事件的应对和处置已超过生命健康的范畴，是应急管理的内容；从受益对象看，除了自救技术的对象是自己外，更多的是他人个体、社会成员集体，接近公共卫生、公共管理的服务对象等；从服务性质看，参与现场应急救护者大多是志愿者，他们提供的服务具有公益性；从运行机制看，无论是突发疾

[①] 郭君平：《应急救护通识手册》，杭州：浙江科学技术出版社，2023年，第13页。

病时，还是在灾害事故现场，应急救护既是院前急救体系的第一步，又是整个应急管理体系的"最先一公里"，都需要各方的通力合作。

正是有了把应急救护视为公共服务、视为健康浙江建设的一部分的共识，浙江省才高度重视这项工作，将其上升为党委、政府全局工作来看待。省委、省政府办公厅专门下发文件，对高水平推进全民参与的应急救护工作作出部署，成立了由29个部门、单位的有关负责同志参加的应急救护工作专班，进行统筹推进；实施了"'救'在身边"8个专项行动，作为推进路径。

(二) 全面实施"第一响应人"培育行动

让更多的人有获得感，是公共服务的内在要求和基本表征。应急救护培训的目的是运用，是能够成功实施现场救护。这涉及数量和质量两个方面，即需要有足够数量的救护员在场，需要有敢于出手的救护员在场。为此，浙江省确立了训救并重理念，加大培训力度，强化培训质量。

一是确立发展目标。省委、省政府办公厅在文件中明确，到2025年，培训普及率要达到户籍人口的40%；持证救护员要达到户籍人口的8%。在此基础上，根据红十字会与红新月会国际联合会的愿景，明确长远目标为"家家都有救护员"。到2023年年底，全省持证救护员已达到户籍人口的6%。一些工作基础较好的县市已部署实施"家家都有救护员"计划。

二是实施"第一响应人"培育行动。对于突发事故现场来说，目击者迅速行动极为重要。浙江把目击者称为"第一响应人"，杭州市专门命名其为"急救侠"。持证救护员并不必然为"第一响应人"或"急救侠"。通过培训考核后，救护员要提出申请，才能成为"第一响应人"或"急救侠"。这意味着救护员对自己所掌握技能有信心，也意味着他们要让渡一部分隐私，比如向红十字会公开他们的位置，以便在事故突发时，急救调度中心、红十字会能迅速通知到场。

三是推进"教考分离"改革。这是提高培训质量的关键举措。浙江率先推行的这项改革，改变了过去教学和考核由同一人承担的模式，实行教学和考核分离，旨在引入更多的社会力量进入培训领域，而由红十字会认证的考官负责考核，以确保救护培训的质量。经2022年至2023年在杭州等地改革取得经验的基础上，这一改革已逐步向全省推开。配套这一改革，省市场监督管理局出台了《公众应急救护培训管理规范》，作为省级地方标准，规定了应急救护培训的内容、教学标准、考点设置，以及其他管理要求，专门明确了社会力量参与应急救护培训的具体条件；省红十字会出台了考官管理办法、应急救护考核标准，对考官申请、资格取得、年度考核、回避，以及考核依据作出明确。

（三）狠抓应急救护师资队伍这一"关键少数"

提高应急救护培训质量，应急救护师是"关键少数"。浙江省红十字会一方面会同有关卫健、教育部门大力培养应急救护师，到2023年年底已有应急救护师16 000多名；另一方面，在落实总会有关师资队伍管理规定的基础上，加强制度创新，提高队伍素质。

一是实行分级管理制度。浙江省把应急救护师分成三级，二、三级师资经过相应年数的教学实践后，经培训考核可以晋级，形成晋升机制。省红十字会原则上负责一、二级师资培训，设区市和县级红十字会负责培训二、三级师资培训。

二是实行年度注册制度。师资原则上实行属地管理。每年根据救护师的工作量、学员评价、志愿服务情况，由所在地红十字会给出考核等次，对不合格者提出整改要求，形成动态调整机制。

三是实行初训复训制度。各级师资初训取得证书后，3年内复训一次，考核合格后才能参与应急救护。

四是建立名师制度。对教学水平较高、师德师风较好的一、二级应急救护师，分级命名为名师，并由当地红十字会为其建立名师工作室。每个名师工作室由1名名师领衔，若干名应急救护师共同参与，实行名师带徒，形成团队，共同提高教学水平，在服务群众的同时，增强救护师的荣誉感和责任感。同时，每年推出百堂名师公开课，扩大应急救护培训工作的受益面。

五是规范师资礼仪。对师资在仪容、仪表、仪态、仪式、语言方面作出规范，要求应急救护师体现出红十字师资的精神风貌。仪容上要整洁干净，亲切自然；仪表上要端庄得体，美观大方；仪态上要恭敬有度，举止文明；仪式上要规范有序，专注投入；语言上要表达准确，富有美感。

（四）把应急救护培训基地建到群众身边

培训基地是应急救护培训落到实处的支撑。针对过去培训基地主要建在市、县，普及度不够，群众学习不够便利等问题，浙江省明确，要大力推进应急救护培训基地建设，把基地建到群众身边。

一是实施乡镇应急救护培训基地建设三年行动计划。明确从2023年开始，用3年时间实现乡乡镇镇（街道）有培训基地。为此，省红十字会专门在常山县召开乡镇应急救护培训基地建设现场会，明确工作要求。同时，积极筹措资金，争取财政部门通过以奖代补方式、民政部门以"应急救护公益培训山区行"项目列支慈善项目、信泰人寿等爱心企业捐赠，支持山区、海岛县建设培训基地。2003年，全省投入建设资金近5 000万元，建成培训基地919个，乡镇覆盖率达到66%。

二是推进行业培训基地建设。2003 年开始，省红十字会会同省交通集团在全省交通服务领域建设应急救护培训基地，当年已在高速公路收费站、服务区、救援基地、项目工地等建设基地 13 个；会同民政部门每年在各类养老机构建设应急救护培训基地 30 个；会同应急管理部门在社会应急力量救援基地同步建设应急救护培训基地。

三是推动村（社区）建设应急救护培训站点。杭州市抓住建设中央文明委重点工作项目基层联系点契机，将应急救护培训基地延伸到社区，成为实操体验点。全省开展红十字博爱家园建设后，各地将把应急救护培训站（室）列入博爱家园，作为必备内容。截至 2023 年年底，全省近 1 500 个博爱家园都设有应急救护培训站（室），为群众在家门口学习、练习应急救护技能提供便利。

（五）着力推进人机一体，"神器"和"神技"相结合

自动体外除颤器（AED）被视为救命"神器"。相比美国每万人 31.7 台、日本每万人 23.5 台，我国"神器"在人群密集的公共场所的配置率还比较低，管理也相对粗放。对此，浙江省有针对性地加强了这方面的工作。

在配置数量上，明确到 2025 年达到每万人 1.5 台，并将其列入健康浙江考核内容。各地通过列入为民办实事项目、鼓励引导爱心企业捐赠等方式，加大配置力度。到 2023 年年底，全省已配置 AED、应急救护一体机 15 500 台，配置率达到每万人 3.1 台。2024 年，省政府已确定将全省增配 1 万台 AED 列入为民办实事项目，公共场所 AED 配置率将进一步提高。

在服务管理上，省红十字会会同省卫健委专门制定了有关 AED 的管理制度，明确 AED 所在单位的首位责任；实施"机长"制，每台 AED 要由 1 名人员具体负责；每台 AED 必须对应 3~5 名救护员，并公开亮证，培训工作由对应红十字会负责；AED 生产厂家负责日常检查；探索以设区市为单位委托第三方进行巡检的制度。2024 年省政府为民办实事项目中，确定每台 AED 对应应急救护人员为 5 人，由红十字会负责培训。只有把这些管理服务制度落实到位，救护员有"神技"在手，人机一体，救命"神器"才能真正发挥作用。

（六）打造"快一点——'救'在身边"文明实践新名片

应急救护体现了助人自助的文明风尚。在应急救护现场，救人重在速度、重在效率，"快一点"是其鲜明特征。杭州市率先提出把"快一点——'救'在身边"作为应急救护参与文明实践的成果进行打造，得到各方的充分肯定，中国红十字会明确将其在全国推广。

围绕打造"快一点——'救'在身边"文明实践新名片，浙江省努力调动救护

员的积极性；着眼数字赋能，加强数字技术在应急救护领域的应用，相继开发在线学习云品牌、"快一点——'救'在身边"场景、AED 一张图等；突发事故发生后，应用系统直接呼叫第一响应人，赶赴现场进行施救；加强系统集成，在临安等地，将 110、119、120、122 等特服号和红十字"急救侠"调度中心集中办公，形成急救"临"距离。2023 年 8 月推出的这项改革，累计启动红十字"急救侠"快速响应 33 次；在成功被救的 21 人中，由"急救侠"主导救治的，成功施救 10 人；"急救侠"现场参与救治 11 人；褒扬救护行为，对成功施救者予以慰问；开展"最美浙江人·最美救护人"年度评选活动，进一步营造"快一点——'救'在身边"社会氛围。据不完全统计，仅 2023 年，全省应急救护成功案例就达到 118 例，比 2022 年多了一倍左右。

The Development History and Innovative Practices of Emergency First Aid in China

Abstract：Emergency first aid originated from field care during wartime and was the primary responsibility and focus of the Red Cross. Following the establishment of the People's Republic of China, the Red Cross system in China adapted to the evolving needs of society and actively responded to public demands. This evolution encompassed various stages including medical and healthcare services, widespread public health first aid training, emergency first aid, and legal protection of first aid and first aid training. Ultimately, this led to the developing of an emergency first aid system with distinct Chinese characteristics. This system emphasizes shifting from battlefield care to civilian care, prioritizes on-site assistance, promotes scientific care practices, emphasizes emergency management, and strives for high-quality development. The emergency first aid industry has experienced rapid growth in this new era. Zhejiang Province is committed to promoting a healthy Zhejiang by providing good quality public services. As part of this commitment, it has leveraged reforms such as separating teaching from examination to explore new approaches in constructing an advanced emergency first aid system. In doing so, Zhejiang Province aims to set a practical example for the rest of the country.

Keywords：emergency first aid; development history; evolutionary characteristics; new emergency first aid system

努力夯实中国特色红十字事业的群众基础

孟纬鸿①

摘要：习近平总书记在中央党的群团工作会议上强调：必须从巩固党执政的阶级基础和群众基础的政治高度，抓好党的群团工作，使之成为推进国家治理体系和治理能力现代化的重要力量。党的二十大报告强调要深化工会、共青团、妇联等群团组织改革和建设，有效发挥桥梁纽带作用。党领导下的群团组织，具有政治性、先进性、群众性特征，服务党和国家工作大局是党的群团工作的主线，服务群众是群团组织的主责，联系群众、发动群众、引领群众正是党的各类群团组织，也包括各级红十字会的基本职责和组织优势所在。

关键词：群团事业；红十字组织；群众基础

群团组织是党和政府联系人民群众的桥梁和纽带。中国红十字会是党和政府在人道领域的助手和联系群众的桥梁纽带。如何担当好这个"助手"角色，发挥好桥梁纽带作用，第一个层面，就是县级及以上地方红十字会作为党领导下的群团机关，要通过深化改革"强三性""去四化"②，提升联系服务群众、组织发动群众、引领带动群众的能力；第二个层面，就是要坚持以党的基层组织带动红十字基层组织建设，打通人道服务的"最后一公里"，打造群众身边的红十字，让党和政府的人道关怀、社会的爱心温暖直达百姓心田，进而扩大党执政的群众基础。对于这些认知，我们需要从群团组织的历史与现实、缘起与愿景、改革与发展等多个层面加深理解、

---

① 孟纬鸿，江苏省南通市红十字会原党组成员、秘书长，南通大学红十字事业发展研究中心秘书长。
② "强三性"是指增强政治性、先进性和群众性。"去四化"是指去除机关化、行政化、贵族化和娱乐化。

领悟和践行。

一、人民群众是党的群团事业的根基

（一）深刻领悟我国群团组织起源发展的社会基础

习近平总书记多次强调："中国共产党根基在人民、血脉在人民。"人民群众是一个历史范畴，是指一切对社会历史起着推动作用的人。时代在变，依靠人民群众创造历史的故事没有改变。回顾中国共产党的百年奋进史，党在领导中国人民进行革命、建设、改革的各个历史阶段，都高度重视发动群众、组织群众。新民主主义革命时期，党领导的工会、农会、妇女、青年团等组织动员起千千万万民众，汇聚起推翻"三座大山"的滚滚洪流。社会主义革命和建设时期，群团组织积极响应党的号召，组织动员广大群众发展生产，巩固新生人民政权。改革开放以来，群团组织贯彻党的路线方针政策，激发人民群众投身改革开放和社会主义现代化建设。2022年8月16日，习近平在辽宁锦州考察辽沈战役纪念馆时指出：辽沈战役胜利是东北人民全力支援拼出来的，淮海战役胜利是老百姓用小车推出来的，渡江战役胜利是老百姓用小船划出来的。民心是最大的政治，决定事业兴衰成败。只要我们党始终保持同人民群众的血肉联系，始终与人民同呼吸、共命运、心连心，就能拥有战胜一切艰难险阻的强大力量。

（二）充分认识中国特色红十字事业的本质特征

抗日战争时期，加拿大红十字志愿者诺尔曼·白求恩通过红十字运动通道来到中国延安，实施战场医疗救护，直至以身殉职。艾格尼丝·史沫特莱不仅写出了讴歌中国革命的《中国人民的命运》《中国红军在前进》等著作，而且是为救护事业奔走的"伤兵之母"。在那个特殊年代，中国红十字会救护总队队长林可胜顶住压力，帮助八路军、新四军与在延安的中共中央和陕甘宁边区政府进行医学知识传授和战场救护；先后组织派遣第23、39、33、7、35、54等多支医疗队赴延安地区，并多次运送药品和医疗器械到边区，有力地支持了中国共产党的抗战工作。1938年救护总队还组建了中国共产党红十字会支部。这一时期红十字组织的作用虽然有限，却十分可贵。

中华人民共和国成立之初，周恩来总理关心新中国红十字会的重组，并亲笔修改红十字会章程。1952年，中国红十字会得到红十字与红新月国际大会的承认，成为中华人民共和国在国际组织中恢复的第一个合法席位，这对于年轻的中华人民共和国来说是十分宝贵的支持。改革开放以来，我国红十字事业在党的领导下得到快速发展，1993年10月《中华人民共和国红十字会法》颁布实施，2017年2月从红十字事业发展的时代要求出发重新修订《中华人民共和国红十字会法》，确保中国红十字事业在依法兴会的法治轨道上行稳致远。进入新时代，习近平总书记强调：中国红十字事业是中国特色社会主义事业的重要组成部分，中国红十字会是党和政府在人道领域联系群众的桥梁和纽带。党和国家高度重视这支力量。希望中国红十字会适应新形势新任务，紧紧围绕党和国家中心任务，增强责任意识，推进改革创新，加强自身建设，开展人道救助；真心关爱群众，努力为国奉献、为民造福。可见，党的领导是中国特色红十字事业的本质特征。

（三）准确把握我国群团组织的性质定位与组织优势

中央党的群团工作会议对群团组织的性质定位作出明确的界定，强调群团组织是党领导下的群团组织，是党和政府联系人民群众的桥梁和纽带，是党直接领导的群众自己的组织。习近平总书记强调："群团组织要承担起引导群众听党话、跟党走的政治任务，为夯实党执政的阶级基础和群众基础作出贡献。这是群团组织同一般社会组织的根本区别，也是衡量群团工作做得好不好的政治标准。"可见，我国群团组织最鲜明的属性就是"三性"，即政治性、先进性、群众性；联系群众、发动群众、引领群众正是党的各类群团组织，也包括各级红十字会的基本职责和组织优势所在。

在我国，群团组织通常包含人民团体和群众团体，对此2006年中组部、原人事部《工会、共青团、妇联等人民团体和群众团体机关参照〈中华人民共和国公务员法〉管理的意见》即予以明确。现行群团组织体系包括全国（中央）组织、地方组织、基层组织等层级。基层组织一般指乡镇街道、村居层面的群团组织和机关、企事业单位、社会组织等单位内部建立的群团组织。

党和政府高度重视群团事业的发展，为群团工作的开展提供了强有力的保障，在中央和省、市、县地方各层级群团组织分别设置群团机关，作为其常设执行机构或工作机构。群团机关与党政机关一样，都由机构编制部门"定机构、定职责、定编制"。因此，群团组织有别于社会组织，根据相关法律，我国社会组织包括三类：社会团体、基金会、民办非企业单位（社会服务机构），由政府民政部门负责对社会组织进行登记管理。

查阅中央编办网站，截至2019年1月18日，国家层面的群团机关包括中华全国总工会机关、中国共产主义青年团中央委员会机关、中华全国妇女联合会机关、中国文学艺术界联合会机关、中国作家协会机关、中国科学技术协会机关、中华全国归国华侨联合会机关、中国法学会机关、中国人民对外友好协会机关、中华全国新闻工作者协会机关、中华全国台湾同胞联谊会机关、中国国际贸易促进委员会（中国国际商会）机关、中国残疾人联合会机关、中国红十字会总会机关、中国人民外交学会机关、中国宋庆龄基金会机关、黄埔军校同学会机关、欧美同学会（中国留学人员联谊会）机关、中国思想政治工作研究会机关、中华职业教育社机关、中华全国工商业联合会机关、中国计划生育协会机关等22家。地市级和县级群团组织、机关的数量由地方编制机构根据当地发展状况核定。如中共南通市委组织部《关于南通市参照公务员法管理的人民团体和群众团体机关的通知》（通委组发〔2006〕136号）明确的市级群团机关包括总工会、共青团、妇联、文联、科协、社科联、侨联、对外友协、台联、贸促会、残联、红十字会和工商联。县级群团机关包括：总工会、共青团、妇联、文联、科协、侨联、残联、红十字会和工商联。

二、紧扣"强三性"，推进红十字会深化改革

群团改革是一个不断深化完善的过程，面对新时代新征程，各级红十字组织都要按照党的二十大部署，紧扣群团工作"强三性"定位，持续推进改革，增强组织活力，践行使命职责，紧扣群众最现实、最关心、最直接的问题，努力办实事、解难事、做好事，发挥好人道领域党联系群众的桥梁纽带作用，扩大党执政的群众基础。

（一）深刻领会群团改革"强三性"要求的内在逻辑

2017年8月，习近平总书记对群团改革工作作出重要指示，强调要推动各群团组织结合自身实际，紧紧围绕增强"政治性、先进性、群众性"，直面突出问题，采取有力措施，敢于攻坚克难，注重夯实群团工作基层基础。政治性是群团工作最为鲜明的特征，就是要始终坚持党的领导，承担起引导群众听党话、跟党走的政治使命，为巩固党执政的阶级基础和群众基础作出贡献。先进性是群团组织的永恒追求，是群团组织来自血脉的"红色基因"。群众性是群团组织的力量源泉。先进性与群众性是辩证统一的，两者之间的关系表现在先进性以群众性为条件，是群众性的导向；群众性以先进性为前提，是先进性的基础。坚持先进性，群众性才有正确的政治方向；保持群众性，先进性才有广泛的作用。

群团改革必须在强化群团组织政治功能的前提下，切实履行各自的服务职能，依法依章程开展工作，强化政治引领责任，提升服务引导能力。一方面要联系、服务好本组织的成员、会员、志愿者，增强组织凝聚力、吸引力和执行力；另一方面要依靠组织发展，包括群团机关自身建设和基层组织建设，更好地服务社会、服务群众，做到心系群众，规范服务、真情服务、创新服务。中国红十字会机关作为中央编委管理机构编制的22家群众团体机关之一，就是要不折不扣地贯彻落实中央群团改革部署，突出政治方向、问题导向，持续推进全系统县级及以上各级地方红十字会深化改革。

（二）准确把握红十字会深化改革的方向重点

深化红十字会改革，既要按照群团组织的共性要求，坚定政治方向，发挥政治功能，又要从自身职能特点出发，全面依法履职，寓政治引领功能于服务引导之中，在服务民生中传递党和政府的温暖，凝聚民心、团结群众，担当党和政府在人道领域的得力助手和联系最易受损群体的桥梁纽带，坚定不移走好中国特色红十字事业发展道路。

第一，推进综合改革，筑牢发展根基。通过推进红十字会管理体制、治理结构、人事制度、运行机制和工作方式等方面的改革创新，努力建设理想信念坚定、联系群众密切、作风扎实过硬、组织体系健全、运行机制科学、更加公开透明、更具公信力的红十字组织。以南通为例，南通市红十字会在红十字会改革中高度重视处理好"顶天"和"立地"的关系，将政治方向、党的领导与联系群众、服务百姓有机统一。通过改革，"强三性""去四化"、优化内部治理结构、巩固红十字基层基础的目标基本实现，特别是党委对红十字工作的领导得到强化，并推出了一些创新性举措。如：南通市红十字会积极探索小微机关融合党建路径，打造党业融合品牌，将机关党建与职能工作相互嵌入、有机融合，形成组织架构双职化、规定动作清单化、运行方式扁平化、工作推进一体化的"四化"模式，推进了机关党建与职能业务工作效能的双向提升，中央直属机关《紫光阁》（现为《旗帜》）、《中国红十字报》专文推介南通市红十字会的经验做法。在优化内部治理结构方面，市及所属各县（市、区）红十字会均以改革为契机，建立实体化运行的监事会机构，并增设工作部门、增加人员编制和领导职数，探索挂职、兼职副会长制度，形成决策、执行、监督相互协调的闭环机制，同时将监事会内部监督机制与纪检监督有效衔接、相互补充，在优化红十字会治理结构上迈出新步伐。

第二，科学定位职能，优化实现路径。"三救三献"是红十字会的法定职能。南通在红十字事业改革发展中，结合参与社会治理实践，将法定职能进一步细化为6条具体实现路径：一是融入政府应急体系。将纵向的红十字救援体系与地方政府应急管理体系融会贯通，并纳入政府应急管理总体规划，当好助手配角。二是承担政府民生项目。在民生保障、生命健康服务等领域承接更多政府改革转型中转移交办的职责任务。在市政府实施的脱贫攻坚"健康扶贫"工程、对口支援、救灾救助、"健康南通"建设等工作中积极承接与职能相关的项目任务，较好地发挥了助手作用。三是开展救助纾困工作。红十字会人道救助职责在各群团组织中属于个性化职能。红十字会通过募款、募物，把社会的财富集中起来进行"三次分配"，去救助那些最易受损群体、低收入人群。给予的经济救助与生命关爱，不仅可以使社会弱势群体纾困，而且发挥着降低社会风险、维护社会稳定的"缓冲器"作用。四是参与基层社会治理。红十字组织参与基层治理是《中国红十字会章程》的明确要求，南通坚持人道服务与基层社会治理相结合，通过大力推进社区"博爱家园"建设，并融入当地党群服务中心、新时代文明实践中心、综合性文化服务中心等基层公共服务阵地，实现共建共治。五是引领社会文明风尚。红十字运动从理念精神、宗旨目标到核心业务，与社会文明进步、公民道德建设、社会责任养成有着密切的关联。南通市红十字会主动融入全市精神文明建设大局，在履行人道职责中积极助推社会文明进步。筹资募捐活动引导市民承担爱心责任，人道救助弘扬诚信、互助、友善精神，应急救护培训提升群众安全感、幸福感，"三献"工作不断超越、升华人间大爱，红十字青少年工作有效拓展学生德育，红十字文化成为社会主义核心价值的重要构成。六是参与国际人道合作。参与国际人道援助、合作交流，促进民心相通，在推动构建人类命运共同体中发挥独特作用，这是国家赋予红十字会的特殊职能。地市级红十字会主要按照总会、省级红会统一部署参与配合相关工作，同时协助地方政府承担一些特殊任务，如2020年在新冠肺炎疫情肆虐、境外捐赠物资难以通关的特殊时期，南通市红十字会依托独特优势，快速办理38单抗疫物资通关，有力支持了疫情防控。

第三，创新共建机制，凝聚群团合力。加强群团组织间的协同合作也是群团改革的一个创新点。要把握群团组织的共性与个性，不断完善"群团共建"机制，形成群团工作的强大合力。一方面，虽然群团组织具有政治性、先进性、群众性的特点，但由于联系、服务的群众不同，工作的侧重点和方式方法也不尽相同。不同的群团组织应侧重于结合自身职能，在联系、服务群众中传递党和政府的关怀温暖，以服务引导、聚拢群众，赢得民心，进而扩大党执政的群众基础。另一方面，尽管不同的群团组织联系、服务的群众不一样，但从具体职能上看，又有不少交叉，可以在救助帮扶、就业创业和宣传动员等方面加强联合联动。如不少群团组织都有"关爱""救助""帮扶"各自目标群体的职责，对此就可作适当的资源整合。近年来，江苏南通由市委组织部牵头，按照大党建、大群团工作思路，探索推行"四带八共"新机制，即以党建带思想、带组织、带队伍、带作风，推动群团组织工作共商、力量共聚、使命共担、活动共办、治理共抓、阵地共享、资金共筹、品牌共创，走出了一条党建领航、群心聚力、互融互通的高质量发展之路，使党组织的领导作用、群团组织的职能作用与协同优势都得到充分发挥。

（三）更加突出群团机关干部队伍的自身建设

群团机关的自身建设是提升群团组织履职能力的关键，只有各级群团机关自身具备了先进性，才能为各自的基层组织当表率，为各自联系的群众作引领。群团机关，特别是专职干部队伍的自身建设，除了机关建设的共性要求外，还必须紧扣群团工作特点和参与社会治理的能力要求，着力打造一支热心群团事业、熟悉群团业务、有较强综合素质的专业化群团干部队伍，做到四个"更加突出"：一是更加突出政治能力的建设。这既是群团组织政治性、先进性要求使然，更是群团干部队伍的政治修养，要坚持党建引领，不断加强机关党建工作，持续提升学习和运用习近平新时代中国特色社会主义思想指导实践、推进群团工作、解决民生问题的认知高度。二是更加突出群众工作能力的提升。群团工作需要直接和群众打交道，要少一点机关化、行政化手段，多一些做群众工作的方法与艺术，多采取帮扶、疏导、交流、关注等方式，用"接地气"的语言行为与群众交流交心，用心用情倾听，真正了解人民群众的需求并努力帮助实现。要适应科技发展进步大趋势，注重运用数字化智能化手段提升服务群众水平，综合运用科技、法律、政策、经济、行政等手段和教育、协调、疏导等办法化解社会矛盾。三是更加突出为民情怀的锻铸。厚植为民情怀是我们党永远立于不败之地的力量源泉和胜利之本，更是群团工作的立身之本，群团干部，特别是红十字专职干部，心中必须始终装着人民，按照习近平总书记"要眼睛向下、脚步向下，经常扑下身子、沉到一线，近的远的都要去，好的差的都要看，干部群众表扬和批评都要听，真正把情况摸实摸透"的要求，牢固确立群众观点和全心全意为人民服务的根本宗旨，把人民群众的所思、所想、所需作为群众工作的立足点和出发点，真正把群众立场、群众观点、群众路线落实在解决与群众生活密切相关的衣食住行各个方面。四是更加突出廉洁奉公、淡泊名利的坚守。群团干部更需要主动作为、不惧困难，更需要用心用情、无私奉献，更需要平和心态、淡泊名利，要守得住清廉、耐得住寂寞，始终保持清廉形象、清正气象，心无旁骛为党、为人民多做事、多奉献。

所有这些改革举措，都是为了让"强三性"要求在思想理念、制度机制、技术路径上实现有效衔接。而这在新修订的《中国红十字会章程》中都可以找到明确的法理依据，章程第二条规定：中国红十字会是中国共产党领导下的群团组织，是中华人民共和国统一的红十字组织，是从事人道主义工作的社会救助团体，是党和政府在人道领域的助手和联系群众的桥梁纽带，是国际红十字运动的成员。与旧版章程相比，新增加的"中国红十字会是中国共产党领导下的群团组织""是党和政府在人道领域的助手和联系群众的桥梁纽带"，正是中国红十字会落实中央群团改革要求的最重要顶层设计，是中国特色红十字事业的根本性定位，各级红十字组织都必须长期坚持。

三、加强红十字基层组织建设，夯实群众基础

关于群团基层组织建设，习近平总书记在中央党的群团工作会议上强调：要巩固已有的组织基础，加快新领域新阶层组织建设，形成完善的组织体系，实现有效覆盖。工会、共青团、妇联要探索以多种方式构建纵横交织的网络化组织体系，做到哪里有群众、哪里就要有自己的组织，怎么有利于做好工作、就怎么建组织。当前，对于各级地方红十字会而言，现有基层组织覆盖面还不广，功能也不强，推进基层组织增量提质强功能的任务仍然繁重。红十字组织的服务对象在基层，工作力量也应当在基层。如一个县级红十字会通常专职工作人员在3~5名，如果没有自己的基层组织，很难有效地开展工作。坚持固本强基，重心下移、工作下沉，大力发展基层组织，广泛动员社会力量参与人道工作，是做好红十字工作的有效路径。

关于基层组织建设，《中华人民共和国红十字会法》及《中国红十字会章程》都明确要求，在城市街道（社区）、农村乡镇（村、组）、企业和事业单位、学校、医疗机构和其他组织中建立红十字会基层组织。回顾近年来红十字组织建设工作，虽然取得了很大进步，但在制度化、可持续性、长效性方面不尽如人意，究其原因，还是扣中心大局不紧、以行业自循环为主的封闭式运行制约了发展。《中国红十字会总会关于加强红十字会基层组织建设的指导意见》（中红字〔2020〕19号）（简称《意见》）应当是红十字会深化改革、强化基层的一个非常重要的配套文件，可以从制度机制层面解决好这些问题。《意见》强调要以改革创新的精神加强红十字会基层组织建设，增强基层组织活力、吸引力和凝聚力，提升基层组织服务群众能力，推动红十字会基层组织建起来、活起来、强起来，着力打造群众身边的红十字会。对于如何确保基层组织"建起来、活起来、强起来"，《意见》中有不少创新性、突破性亮点，必须在贯彻落实中把握好以下重点。

一是突出以党建带红建，推进基层组织建设。《意见》最大的亮点就是明确提出坚持以党的基层组织建设带动红十字会基层组织建设。强调乡镇、街道、城乡社区成立红十字会基层组织，应经同级党组织批准，报县级红十字会备案。学校、企事业单位成立红十字会基层组织，应经同级党组织批准，报上级红十字会备案。红十字会基层组织接受同级党组织的领导和上级红十字会的指导。这是一个制度性的变革，由党组织批准建设和领导红十字会基层组织，改变了过去红十字会自批自建的传统做法，这就从制度机制上保证了党对红十字工作的领导，也进一步强化了红十字会基层组织围绕中心、服务大局的行动自觉。《意见》同时明确，乡镇、街道、城乡社区红十字会一般每5年召开一次会员（代表）大会；学校、企事业单位红十字会一般每3年召开一次会员（代表）大会。这里的"5年""3年"与党的基层组织工作条例规定的基层党组织任期保持了一致性，这不只是任期上的同步，更重要的意义在于任期目标、组织领导、工作推进上与党组织的步调一致。

二是积极推动"有效覆盖",提升人道服务水平。有效覆盖应当包含组织、队伍、工作等多个层面。首先,组织覆盖是基础。扩大组织覆盖面既需要强化党建带动,也需要精准分类,有效融合。如乡镇、街道、社区红十字会基层组织建设,必须以融入城乡社区治理体系为着力点,发挥其在城乡社区治理体系中的积极作用;学校红十字会建设,要以融入学校教育、青少年思想道德建设为着力点,发挥其在培养德智体美劳全面发展的社会主义建设者和接班人中的积极作用;注意在"两新"组织、企业、园区等新领域新阶层中探索推进红十字会基层组织的有效覆盖。其次,队伍覆盖是根本。要积极推动红十字基层组织建好建强红十字会员、志愿者队伍,壮大工作力量,尤其要注意把人道救助和服务项目的捐赠者、实施者、参与者、受益者纳入队伍。如南通主城区基层组织注意将受助者吸纳成为红十字志愿者,参与力所能及的服务获取积分,再以积分兑换生活必需品,让受助者既有尊严地获得帮助,也体验到帮助别人的快乐,效果很好。最后,工作覆盖是内核。工作的有效覆盖是以组织覆盖、队伍覆盖为基础的,但不只限于此,工作覆盖还要坚持效果导向、需求导向,围绕宗旨职责、队伍所能,设置人道服务项目,推进红十字工作,让老百姓得到实实在在的帮助,真正实现红十字基层组织、队伍和服务的全效覆盖。

三是推进阵地建设平台融合,增强工作合力。一方面,红十字会基层组织要积极创建联系群众、服务群众的基本阵地,尤其是在社区,要着力推进红十字社区服务站、红十字救护站、博爱家园、博爱超市、志愿服务项目等阵地载体建设,增强服务功能,开展群众乐于参与、便于参与的服务。另一方面,要紧紧依靠基层党组织,积极推进社区红十字工作阵地和服务项目融入当地党群服务中心、新时代文明实践中心、综合性文化服务中心等基层公共服务阵地,加强资源整合,实现共建共享。但要杜绝没有明确服务内容的"贴标签、占地盘"式融合。

人民群众是党的群团事业根植的沃土,群团组织只有把牢政治方向,持续深化改革,巩固群众基础,发挥自身优势,才能把中国特色群团事业不断推向前进。红十字组织的服务对象在基层,组织力量也在基层,筑牢红十字事业发展的群众基础,打造群众身边的红十字会是人道服务的源头活水,红十字事业只有深深地扎根基层才能始终保持旺盛的生命力。

参考文献:

[1] 陈竺:《百年党史和百年红十字红新月运动史的启示——新时代的红十字工作》,红十字国际学院课程。

[2] 江苏省南通市红十字会课题组:《群团组织在社会治理中的独特作用》,

《中国红十字报》;《红十字理论与实践》(第一辑)。

[3] 陈一新:《加强和创新社会治理》,《人民日报》。

[4] 池子华:《一段历史 一种精神 一面旗帜——红十字同仁热议人道主义精神与构建人类命运共同体》,《中国红十字报》。

Solidifying the Public Foundation of the Red Cross Cause with Chinese Characteristics

Abstract: General Secretary Xi Jinping emphasized at the Central Work Conference for Mass Organizations that it is important to consolidate the political foundation and public foundation of the Party's governance, and to strengthen the work of mass organizations, making them an important force in promoting the modernization of the national governance system and governance capacity. The Report to the 20th National Congress of the Communist Party of China stressed the need to deepen the reform and construction of mass organizations such as trade unions, Communist Youth League of China, and All-China Women's Federation, and effectively play their role as bridges and links. Mass organizations under the leadership of the Party have political, advanced, and mass characteristics. Serving the overall work of the Party and the State is the main line of the Party's mass work. Serving the masses is the main responsibility of mass organizations. Contacting, mobilizing, and leading the masses is the basic responsibility and organizational advantage of all kinds of mass organizations under the Party, including the Red Cross at all levels.

Keywords: mass organization cause; the Red Cross Society; public foundation

前沿问题探讨

网络战的国际人道法问题

应瑶慧[①]

摘要：随着越来越多的国家重视并发展网络军事实力，网络技术在当今武装冲突中的适用已成现实。网络技术因其固有的匿名性、非暴力性和互联互通的特征，对国际人道法中一些最基本的假定提出了挑战。目前缺少专门针对网络战的国际人道法规则。在国际人道法于网络战的可适用性问题上，国际社会历经10余年的讨论，基本达成了初步的肯定性共识，且不论从马尔顿条款、《第一附加议定书》第三十六条或国际法院相关咨询意见都能找到法理层面的支持。由此，对网络战的国际人道法问题的有关争议已逐步从"是否适用"纵深到"如何适用"的问题上。国际人道法如何适用于网络战问题的核心争议聚焦在网络战的冲突分类与门槛、何为网络攻击、区分原则和比例原则4个方面。其中区分原则引发了最棘手的争论，网络战中的军事目标、军民两用物体、战斗员、直接参加敌对行动的平民的认定以及数据的地位等问题，都亟待厘清与发展。在制定全球性网络武装冲突条约前景不乐观的情况下，最务实的选择是对现有的国际人道法原则和规则进行善意且有效的解释，使其富有生命力进而充分发挥作用。

关键词：国际人道法；网络战；可适用性；网络行动；区分原则

一、导言

随着信息通信技术的发展，网络空间作为海、陆、空、外空之外的"第五空间"而存在，其战略地位也不断上升。越来越多的国家大力发展网络军事实力，使

[①] 应瑶慧，法学博士，中南财经政法大学法学院国际法系讲师、博士后。

得网络技术在当今武装冲突中的适用已经成为现实。尽管到目前为止，主权国家承认主导或参与实施的网络战行动数量寥寥，但日益频繁的网络攻防对国际和平与安全以及平民生命与财产造成的风险引发了广泛的担忧。

对网络战的国际人道法的相关讨论已持续10余年。迄今为止，国际社会已经就国际人道法能否适用于网络战的问题达成初步共识，但对国际人道法究竟如何适用于网络战仍然存有争议。本文将从国际人道法对网络战的可适用性争议沿革以及具体的国际人道法原则与规则如何适用于网络战的核心争议两方面展开探讨，最后得出一些初步的观察结论。

二、国际人道法对网络战的可适用性

关于国际人道法是否适用于网络战问题的探讨，在过去20年中取得了显著进展。其中也历经了不少周折和辩论，联合国近期和正在进行的讨论表明，就国际人道法对网络行动的可适用性寻求共识并进一步研究应如何解释其规则，仍颇具挑战性。①

（一）可适用性争议

从国家实践演进的角度观察，国际人道法对网络战的可适用性争论经历了相当长的跨度。比较典型的是在联合国框架内的第四届联合国信息安全政府专家组②于2015年7月通过了一份共识性文件。由于在国际人道法对网络战的可适用性问题上存在分歧，所以最终各方都能接受的结果是并不明确提及国际人道法或武装冲突法的适用，但又列明了"现有的国际法律原则，包括可适用情况下的人道原则、相称原则、必要性原则和区分原则"。虽然出于各方利益的妥协，报告中并未直言这就是国际人道法下的区分原则，但普遍认为文本体现的就是此原则。国家间对国际人道法适用于网络战问题的理解分歧太大，被认为是2017年该政府专家组无法达成共识性报告的主要原因之一。③ 2018年2月16日，联合国秘书长安东尼奥·古特雷斯在慕尼黑安全会议上致开幕词时表示"我们尚未能够讨论日内瓦公约或者武装冲突

---

① 吉塞勒、罗登豪泽、多尔曼：《二十年回顾：国际人道法与武装冲突中保护平民免受网络行动影响的工作》，《红十字国际评论》，总第913期，第6页。

② 联合国信息安全政府专家组被普遍认为是政府间层面推动网络空间国际规则制定最关键的机制之一，其报告虽在国际法上没有约束力，但仍可被视为主要网络国家的合意。

③ Michael N Schmitt and Liis Vihul, 'International Cyber Law Politicized: The UN GGE's Failure to Advance Cyber Norms' (30 June 2017) *Just Security*, https://www.justsecurity.org/42768/international-cyber-law-politicized-gges-failure-advance-cyber-norms/.

法是否适用于网络战"。① 不过在这之后，有不少国家陆续通过发布单方立场文件的方式表明了肯定态度，并就一些具体适用问题给出了己方解释。例如，2018年5月英国司法大臣发表的题为"21世纪的网络与国际法"的演讲和2018年11月法国总统马克龙在第十三届联合国互联网治理论坛期间宣布的《网络空间信任和安全巴黎倡议》，都力推国际人道法对各国使用信息通信技术活动的可适用性。

除了以上提及的国家对国际人道法适用于网络战持鲜明的肯定态度，也有国家秉持着更加谨慎的观点。例如，中国在联合国信息安全开放式工作组的立场文件中言明：要审慎对待武装冲突法、诉诸战争权适用于网络空间问题；不应变相承认网络战的合法性，防止网络空间成为新的战场。② 实际上，除中国外，俄罗斯、古巴等国家也屡次表示对将国际人道法适用于网络战会带来网络战争合法化、网络空间军备竞赛以及营造不利于国际和地区和平与安全的军事化氛围的担忧。值得一提的是，红十字国际委员会一直关注此问题，就"国际人道法与武装冲突中的网络行动"这一主题以机构名义发表了全面立场，并于2019年11月将其提交至联合国信息安全开放式工作组和政府专家组。该立场文件特别强调，确认国际人道法适用于武装冲突中的网络行动，并不代表将网络战合法化，也不是要鼓励网络空间军事化。③

经过多年的讨论，国际社会终于对国际人道法之于网络战的可适用性取得了初步共识，在2021年联合国信息安全政府专家组报告中，"专家组指出，国际人道法仅适用于武装冲突局势。专家组在回顾2015年报告时注意到既定的国际法律原则，包括在适用情况下的人道原则、必要性原则、相称性原则和区分原则……需要进一步研究这些原则如何以及何时适用于各国对信息通信技术的利用，并强调回顾这些原则绝不是要给冲突披上合法外衣或鼓励冲突"。④

---

① António Guterres, Remarks to the Munich Security Conference Opening Segment, available at: https://www.un.org/sg/en/content/sg/speeches/2018-02-16/address-opening-ceremony-munich-security-conference.

② 'China's Submissions to the Open-Ended Working Group on Developments in the Field of Information and Telecommunications in the Context of International Security' (12 Sept. 2020), p. 6, https://unoda-web.s3.amazonaws.com/wp-content/uploads/2019/09/china-submissions-oewg-en.pdf.

③ ICRC Position Paper Submitted to the Open-Ended Working Group on Developments in the Field of Information and Telecommunications in the Context of International Security and the Group of Governmental Experts on Advancing Responsible State Behaviour in Cyberspace in the Context of International Security, *International Humanitarian Law and Cyber Operations during Armed Conflicts*, November 2019, available at: https://international-review.icrc.org/sites/default/files/reviews-pdf/2021-03/ihl-and-cyber-operations-during-armed-conflicts-913.pdf.

④ Group of Governmental Experts on Advancing Responsible State Behaviour in Cyberspace in the Context of International Security, 14 July 2021, UN Doc. A/76/135, p. 18.

可预见的是，国际社会承认国际人道法在网络空间的可适用性已是大势所趋，对网络战的国际人道法问题的有关争议将逐步从"是否适用"纵深到"如何适用"。

（二）可适用性之论证

关于国际人道法适用于网络战的争论在很大程度上是政治分歧的结果，而并非单纯的法律问题。对国际人道法在网络战中的可适用性，除上文提及的在国际社会层面逐渐达成的共识外，也能从法理层面找到有力的支持。

首先，已被视为习惯国际法的马尔顿条款——"即使在没有专门的国际协定的情况下，平民与战斗员仍然受国际法原则的保护和支配，而这些国际法原则来源于既定习惯、人道原则和公众良心的要求"①，强调了各国有义务在武装冲突期间始终遵守国际人道法相关原则。新武器必须以符合国际人道法的方式使用，而并非处于法律真空状态，即使没有更具体的规定，马尔顿条款也指明了在武装冲突期间运用网络手段须符合国际人道法。

其次，根据《第一附加议定书》第三十六条，在研究、发展、取得或采用新武器、作战手段或方法时，缔约一方有义务断定，在某些或所有情况下，该新武器、作战手段或方法的使用是否为本议定书或适用于该缔约一方的任何其他国际法规则所禁止。② 该条款明显表示出条约起草者已对新武器、作战手段或方法的发展和使用有了预期，并要求使用新武器、作战手段或方法的当事国应对该武器的使用是否会违反现有国际人道法进行审查。网络也属于新武器、作战手段或方法的一种，国家须按该条款进行武器审查，而审查的内容必然包含是否违反国际人道法。

最后，1996 年《国际法院关于以核武器相威胁或使用核武器是否合法的咨询意见》对核武器的国际法规则作了以下论述：确实，核武器是在大多数人道法规则和原则已经存在后才出现的，并且核武器的确与传统的武器都不同，但这并不能使我们得出已有的国际人道法的原则和规则不能适用于核武器的结论。这样的结论不符合所涉及法律原则本质上的人道主义特质，而这些人道主义特质贯穿了国际人道法，适用于所有形式的战争和所有类型的武器，不论是过去的、现在的还是将来的。③ 国际法院如此直白的陈述表明国际人道法原则可以适用于网络空间，即使技术是新

---

① Protocol Additional (I) to the Geneva Conventions of 12 August 1949, and relating to the Protection of Victims of International Armed Conflicts, 1125 UNTS 3, 8 June 1977 (entered into force 7 December 1978), Art. 1 (2).

② Protocol Additional (I) to the Geneva Conventions of 12 August 1949, and relating to the Protection of Victims of International Armed Conflicts, 1125 UNTS 3, 8 June 1977 (entered into force 7 December 1978), Art. 36.

③ International Court of Justice, *Legality of the Threat or Use of Nuclear Weapons*, Advisory Opinion, 8 July 1996, para. 86.

的，即使网络攻击和传统攻击有质的区别。

必须澄清的是，承认国际人道法之于网络空间的可适用性，并不意味着全部既有的国际人道法规则都能在网络战中有用武之地，例如关于封锁和民众抵抗的相关规则在网络战中会被涉及的概率就相当低。

三、国际人道法适用于网络战的核心争议

网络空间因其固有的匿名性、非暴力性和互联互通的特征，确实对国际人道法中一些最基本的假定提出了挑战：第一，国际人道法假定冲突各方是已知的并能够被识别的；第二，战争方法和手段会在现实世界产生暴力后果；第三，敌对行动的相关规则（尤其是区分原则）的整个构架是基于军事目标和民用物体在绝大多数情况下客观上能够加以区分。这些挑战让现有国际人道法在网络战中的解释和适用面临重重困难，下文将简要探讨其中的核心争议。

（一）网络战的冲突分类与门槛

国际人道法适用于构成武装冲突（或武装冲突的一部分）的网络行动。从传统上来说，个人或非国家行为体都不是国际法的主体，个人或非国家行为体发起的针对国家的网络攻击，只能被归类为网络犯罪行为或者网络侵权行为，属于一国国内刑法或侵权法的管辖范畴，在极特殊的情况下可能会涉及国际刑法的问题，但无论如何并不影响网络武装冲突的分类。结合迄今为止的实例来看，以网络为武器、作战手段或方法介入的武装冲突主要有以下三种情形。

第一，网络军事行动是正在进行的传统武装冲突的一部分（伴随状态）。目前，国际社会普遍认为 2008 年俄罗斯与格鲁吉亚发生的武装冲突中，由于加入了网络攻击，构成了网络与传统武器混合的武装冲突。由于武装冲突已经存在，所以即使加入网络手段，也并不对武装冲突的分类和门槛造成影响。

第二，单独的网络军事行动（缺少正在进行的传统武装冲突，或者网络军事行动在传统武装冲突期间发生但缺少与该冲突的联系）构成武装冲突（单独状态）。这可能是一个争议较大和特别值得讨论的问题，即仅有网络军事行动是否可以构成武装冲突。国际人道法条约本身并没有定义"武装冲突"一词。在此情形下，需要根据是国际性武装冲突还是非国际性武装冲突分别予以考虑。

关于国际性武装冲突的一项共识是"只要国家间诉诸武力，即存在国际性武装冲突"[①]。简要而言，问题的答案取决于两个要件：第一，网络行动可否归因于国

[①] International Criminal Tribunal for the former Yugoslavia, *Prosecutor v. Tadic aka "Dule"*, Case No. IT-94-1-A, Appeals Chamber Decision on the Defence Motion for Interlocutory Appeal on Jurisdiction, 2 October 1995, para. 70.

家。归因问题在网络战中非常棘手,因为匿名是网络空间的常态,而现有的归因规则,尤其是《国家对国际不法行为的责任条款草案》的相关规则,似乎在网络战中因门槛过高而难以证明。第二,网络行动是否诉诸武力。必须澄清的是,该讨论不应与"诉诸武力权"中涉及的"使用武力"和"武装攻击"的门槛相混淆。如果国家网络军事行动导致了伤亡或对基础设施造成了物理破坏或损毁,判定存在诉诸武力争议不大,真正棘手的情况在于对于未对军用或民用基础设施造成物理破坏或毁损的网络行动而言,认定存在武装冲突的标准是什么,这一探讨尚未有定论。

涉及非国际性武装冲突的情形则更为复杂一些。如果政府当局与有组织武装团体之间或一国境内此类团体之间存在长期的武装暴力,那么该国内暴力局势就可能构成非国际性武装冲突。源自这一定义的两个要件,即冲突各方的组织程度和暴力局势的激烈程度,在网络行动方面引发了各类问题。不仅网络团体的组织程度可能难以判定,而且网络行动不太可能本身就满足激烈程度的标准。概言之,网络战中出现的兵不血刃的情况给现有国际人道法的适用门槛的认定带来了一定的困扰。

第三,传统武器的使用不足以构成武装冲突,但加上网络军事行动后构成武装冲突(补强状态)。该情形只是理论上存在,至今没有任何实例。

(二)何为"攻击"?

国际人道法在网络战中适用,主要围绕"攻击"行为展开,从而触发区分原则、预防原则、比例原则的限制,是一个颇具争议的问题。目前,已有较多讨论,比如主体认定法、结果认定法、后果认定法等,目前被广泛接受的一个观点是将暴力的考量从行为性质上(攻击的手段)转移到行为效果上来,即只要网络军事行动产生了和动能武器效果相当的暴力后果,就可被认定存在"攻击",即所谓的"动能等效标准"。《网络行动国际法塔林手册2.0版》也采纳了此方法,并在规则92中将网络攻击定义为"无论进攻还是防御,网络攻击是可合理预见的会导致人员伤亡或物体损毁的网络行动"①。该方法显然可操作性很强,但仍有部分瑕疵。

第一,证明网络行动造成的损害的存在和划定其确切的范围并非易事。要证明通过网络手段对系统进行的影响和物理后果之间具有直接因果关系,达到国家责任所要求的"清晰和令人信服的"证明标准非常困难。加之与动能武器造成的直接效果不同,网络行动的效果往往是间接的,甚至有第三层或者更多层级的后果,确认附带损害的范围也很棘手。这些损害的严重程度并非客观且恒定的,取决于不同的

---

① 北约网络合作防御卓越中心特邀国际专家组:《网络行动国际法塔林手册2.0版》,黄志雄等译,北京:社会科学文献出版社,2017年,第406页。

参数，如社会对某些网络系统的依赖性。以 2007 年针对爱沙尼亚的网络事件和 2008 年俄罗斯对格鲁吉亚的网络攻击为例，极其依赖互联网的爱沙尼亚（爱沙尼亚自 2001 年起连总统大选都在线进行）在网络攻击面前明显比数字化程度不太高的格鲁吉亚要脆弱很多，同样是攻击政府网页和邮箱的行为，对于爱沙尼亚来说可能导致政府职能完全暂停，但对于格鲁吉亚而言可能就没那么严重。这也导致了不确定的情况，根据不同的情形和一系列难以预先估计的参数，同一个行为有可能会被认为构成攻击，也有可能不会被认为构成攻击。

第二，在网络军事行动缺少物理后果时，又该如何处理？网络攻击本就具有与动能武器不同的"非致命"特征，完全可能出现仅仅夺取系统控制权，干扰某物体的正常运转（甚至在敌方完全没有意识到的情况下）而并不对该系统的载体进行实际损毁或破坏的情况。例如，2008 年俄罗斯与格鲁吉亚为了争夺对南奥塞梯的控制权而爆发了国际性武装冲突，在传统枪炮交战中，俄罗斯对格鲁吉亚发起了网络攻击，格鲁吉亚政府网站被黑客系统地入侵（特别是格鲁吉亚总统和某些战略部门的网站，例如外交事务网站），导致格鲁吉亚无法有效地在国际媒体上发表自己的观点。其中一些网络行动是在俄罗斯军队对格鲁吉亚发动猛烈攻击前展开的，而另一些行动显然在停火协议达成后仍在继续。俄罗斯政府否认参与了这些攻击，并声称这些网络攻击是私人自发决定对格鲁吉亚采取行动的结果。有学者认为俄罗斯针对格鲁吉亚的网络攻击不能构成攻击，因为没有造成物理后果，即使这大大打击了格鲁吉亚军队的士气。没有物理损害即不构成攻击的看法显然并不令人信服，否则就会出现炸毁电网属于攻击但是用网络手段永久性破坏电网功能不属于攻击的荒谬结论。网络武器的潜在非致命性质或将导致对攻击合法性的评估更为混乱，进而使得各方在此种新形式战争中比常规动能战争更频繁地违反区别原则。

《网络行动国际法塔林手册 2.0 版》中，多数专家认为，一旦一种行为对系统功能干扰的修复需要更换物理组件，那么该行为就构成了攻击，此观点最终还是建立在须存在物理损害才能构成攻击的基础上。手册主编施密特也承认此种"动能等效标准"并不完美，且认为辅之以"功能标准"更令人信服。"功能标准"即一个物体已经完全不能实现其预期的目的和功能，对物体的损害也可以解释为功能的失灵。当然，关于功能标准的具体问题，如功能的丧失是永久的还是暂时的等仍存在争议，但相比于"动能等效标准"，"功能标准"对于平民和民用物体的保护范畴更宽，并且也更有利于网络武装冲突规则在军事必要和人道原则间找到平衡。

（三）区分原则

区分原则是国际人道法的核心原则之一，也是不可逾越的原则之一。现代国际人道法中区分原则以条约的形式被规定在《第一附加议定书》中，其中第四十八条是一般性条款："冲突各方无论何时均应在平民居民和战斗员之间、在民用物体和军事目标之间加以区别。因此，冲突一方的军事行动仅应以军事目标为对象。"该条与随后的第五十一至五十七条结合起来，共同展现了成文法中区分原则的完整意义。区分原则采用人物二分的方式来规范敌对行动。

1. 网络战中的军事目标认定

对物的区分，即军事目标和民用物体的区分，是区分原则这一国际人道法核心原则的具体规定。国际人道法对民用物体赋予了一个消极概念，即民用物体的界定完全取决于军事目标的含义。根据《第一附加议定书》第五十二条第一款，民用物体是指所有非军事目标的物体。军事目标与民用物体之间是非此即彼的关系，并且武装冲突的分类不影响军事目标的定义。根据《第一附加议定书》第五十二条第二款，就物体而言，军事目标只限于由于其性质、位置、目的或用途对军事行动有实际贡献，而且在当时情况下其全部或部分毁坏、缴获或失去效用提供明确的军事利益的物体。概言之，《第一附加议定书》认定的军事目标要件有二：实际贡献和明确的军事利益，二者缺一不可，这也为网络空间的军事目标判别提供了理论框架，但在具体如何理解和适用上，还颇具争议。

就"实际贡献"要件而言，有学者曾主张其不仅仅包含直接贡献，并且包含"间接但有效地支持敌人的作战能力"的情况。美国不是《第一附加议定书》的缔约国，虽然它也基本接受《第一附加议定书》中军事目标的定义，但同时坚持一种更为宽泛的解释方法。美国实际上赞同前述主张且认为有助于作战能力提升和维持的也能构成实际贡献，如经济目标也应当包含在内，尤其是当这种目标"间接但有效地支持敌人的作战能力"的时候，比如一个依赖石油出口收入来资助其战争的国家的石油生产设施。这与美国在网络空间的诉求相一致。

这种过于宽泛的解释在网络空间不太可取，理由有三：第一，《第一附加议定书》的起草者将贡献描述为"实际的"，将军事利益限定为"明确的"，这是试图避免对构成军事目标的内容进行过于宽泛的解释，即补充资料透露出的立法者的原意在于对军事目标进行限制解释。第二，这种过于宽泛的解释违背了该限制背后的哲学考虑，会让区分原则在网络领域更加混乱。第三，考虑到网络空间中几乎所有事物都具有军事潜力，如果将间接的支持也认定为实际贡献，那么这种解释实际上就让"实际的"这个限定词完全失去了意义，因为在战争中敌方的一举一动，包括信息搜集，都与其作战能力有关，也就是说这个解释其实是无限的。这显然与条约的目的和宗旨，即最大限度地保护平民的利益相违背。

就"明确的军事利益"而言，美国认为，通常情况下只要满足了"实际贡献"要件，那么第二个要件"明确的军事利益"就会自然满足了。此观点与《第一附加议定书》的结论相矛盾。两个要件是同等重要、缺一不可的。满足第一个要件不能自动得出也满足第二个要件的结论，"明确的军事利益"是一个独立的要求。在网络军事行动中，很难确定特定攻击所预期的军事利益，因为在操作层面衡量网络行动的影响极具挑战性。大多数网络军事行动使用的是和平民一样的网络基础设施，这就使得第二个要件变得更为独立和重要，应尽量小心避免类似第一个要件成立就会自动满足第二个要件这样武断的结论。在网络武装冲突中主张一个物体不是军事目标，主要是依据第二个要件，即该物体的损毁不能对军事行动提供明确的军事利益。在对诸如通信网络之类的网络基础设施进行攻击的情况下，网络空间的数据流存在弹性且非常灵活，即使某些通信路径被网络攻击破坏，数据包也会通过各种其他可能的路径传输，不影响其到达预定目的地。在这种情况下，网络的部分破坏可能有效地促成军事行动，但最终难以提供确定的军事利益。只有在所有可能的或至少主要的通信路径被破坏的情况下，才能获得确定的军事利益。即使基本民用功能所依赖的网络空间基础设施的某些部分成为合法的军事目标，任何攻击也都将受到禁止不分皂白的攻击以及比例原则和预防原则的制约。

2. 军民两用物体的认定

一项设施若可以单独支持军用或民用，也可同时支持两种用途，即是军民两用物体。桥梁、发电机和炼油设施等基础设施都可能具有这样的特征。从法律上来讲，其实根本不存在一种介于军事目标和民用物体之间的军民两用物体，因为它要么属于前者，要么属于后者，所谓的军民两用物体的存在并不影响区分原则关于物的两分法。实际上，在编纂区分原则时已经被广为接受的军事目标与民用物体之间的区别正在逐渐受到侵蚀。战争的"平民化"以非国际和非对称冲突的发展为特征，但随着国家越来越多地使用尖端技术和与私营军事公司合作，也模糊了这些概念的轮廓。

区分原则在这一趋势中也不例外，军民两用物体的概念说明了这一点，民用基础设施部分地发挥了军事功能即可能被认定为军事目标。网络空间的军事和民事领域不可分割，通过授权对日益广泛和多样化的军民两用设施进行攻击，将进一步加剧这种模糊化的趋势。

军民两用物体并非新概念，与网络攻击关系密切。大多数计算机技术，不论是硬件和软件，都已经成为军民两用的，网络战与传统武装冲突根本区别在于网络空间的独特性，即军用和民用基础设施的互联互通。举例而言，大约 98% 的美国政府通信用的是平民所有和平民操作的网络。卫星、路由器、电缆、服务器甚至计算机都是军民两用的网络设备。网络基础设施的每个组成部分，哪怕是每个存储设备都具有军事潜力。这种现象让针对军民两用物体的攻击变得非常棘手。在网络空间考虑军民两用物体的地位是当务之急，因为一旦国际人道法适用于网络战，那么就会出现一个令人不愿见到的局面，即网络空间大规模（潜在）军事化。

在决定普通计算机的军事性质时，其决策所依据的应该是软件（如用于解密代码、传输恶意数据包等）而不是硬件。然而，如果将后者用于军事数据的储存，那么其也可构成合法的军事目标。并非所有军民两用物体都可被攻击。一个明显的例子就是军事性质代码的传输过程。当军事性质代码通过网络空间传输时，它会被分成不同的数据包，这些数据包通常会通过各种各样的民用系统传输（因为民用性质的系统构成了大部分网络空间）。因此，民用通信渠道以及一些硬件组件（服务器、路由器、卫星）可以根据定义的前半部分即"实际贡献"作为军事目标使用，然而判断一个军民两用物体可否被攻击，基本取决于在当时的情况下，其损毁或丧失效能能否提供"明确的军事利益"。举例而言，一座桥梁能否被视为军事目标，不是只看其是否有军用的可能性，而是取决于在当时的情况下，其是否处在坦克或装甲车的必经之路上。一个民用服务器可能会有军事信息传递，但销毁该服务器也许并不能提供明确的军事利益，因为数据可能会被自动分配到其他路径而继续传递，在这样的情况下该服务器就不能被视为军事目标。

3. 数据的地位判定

网络战中关于数据本身能否构成军事目标，是一个极为关键的问题。当今社会，数据本身的价值可能比其载体和物理部件重要得多。对数据的载体进行破坏，如炸毁计算机整体或零部件，或者因为对数据的攻击直接造成了人员伤亡或物体毁损（如篡改航空管制数据导致飞机坠毁）当然是需要被规制的，但如果仅仅是盗窃、删除或篡改数据，而未造成任何物理后果，是否也需要被国际人道法规制呢？截至目前，对于数据是否能够成为军事目标，国际法尚无定论。学界主要有三种观点：否定论、肯定论与分类论。下文将就这三种观点进行详细论述。

持否定论，即数据本身不能构成军事目标的代表学者为迈克尔·施密特，他认为针对数据的攻击本身不能构成一次攻击。[①] 总结而言，否定数据本身能够成为军事目标的国际法理由均源于认为数据不能构成"物体"。根据《第一附加议定书》

---

① 施米特：《重新布线的战争：有关网络攻击之法律的再思考》，朱利江译，《红十字国际评论》，总第893期，第14页。"施米特"也译为"施密特"。本书正文中统一用"施密特"。

第五十二条第二款：就物体而言，军事目标只限于由于其性质、位置、目的或用途对军事行动有实际贡献，而且在当时情况下其全部或部分毁坏、缴获或失去效用提供明确的军事利益的物体，故国际人道法将"物体"分为军事目标和民用物体两种性质。数据要构成军事目标，前提是必须构成"物体"。

鉴于此，否定论的依据主要包括：第一，红十字国际委员会对《第一附加议定书》第五十二条第二款的评注中表示：英文文本使用"物体（object）"一词，意为"眼前的或通过视觉或其他感官可以感知其存在的某种物体；被看到或感知到或者可能被看到或感知到的事物、实体物"……法文文本使用"财物（biens）"一词，意为"可被占有的有形之物"。很明显，无论英语还是法语中，该词均指可见物和有形物，故从补充资料角度看，作为无形物的数据并不符合物体的要求。第二，根据《维也纳条约法公约》第三十一条第一款，条约应依其用语按其上下文并参照条约之目的及宗旨所具有之通常意义，善意解释之，而"物体"一词在韦氏词典中的解释是"可以被感官感知到的实体物"，数据本身无法被感官感知，故也不符合通常意义。第三，部分专家认为，将数据视为物体的主张反映的是"应然法"而非"实然法"。

持肯定论，即认为数据能够并且应该构成军事目标的代表学者为库博·马查克。如果数据本身可被视为军事目标，那么在武装冲突中，数据完全可能被直接攻击（如删除和篡改），但针对民用数据和其他受保护数据的网络行动也会被定性为非法的。[①] 持肯定论的学者大多注意到了如果数据不被视为军事目标会带来的严重后果。一旦数据被排除在物体的范围之外，那么意味着其在任何情况下都不能构成军事目标。不仅如此，由于数据不属于物体，自然也不能被涵盖在民用物体之中，所以针对民用数据的篡改、删除或者盗用会成为国际人道法上的一个盲点。对于持肯定论的学者而言，首先，"物体"一词的通常意义还值得商榷。根据《第一附加议定书》第一百零二条，本协定书原本，阿拉伯文、中文、英文、法文、俄文和西班牙文各文本同样作准。这六种作准文本存在着翻译的差异。比如，在西班牙文中，"unbien"这个词可以被翻译成"商品"和"财产"，且同时可包含有形财产和无形财产。其次，未能将数据解释为一个"物体"将极大地扩大战争中允许的目标类别，这与《第一附加议定书》的目的和宗旨即在武装冲突中最大化地保护平民利益相违背。

[①] Kubo Mačák, Military Objectives 2.0: The Case for Interpreting Computer Data as Objects under International Humanitarian Law, *Israel Law Review*, Vol. 48, 2015, p. 72.

持分类论的代表学者为希瑟·丁尼斯，其认为数据能否被视为军事目标不能一概而论，而是需要将数据分类进行处理。① 数据按照其类型的不同，应该分为内容层面的数据和操作层面的数据。内容层面的数据，例如本文的文本、医学数据库的内容、图书馆目录等，在很大程度上应该被排除在军事目标范围之外。操作层面的数据，或者更常见的是程序数据，本质上是"机器的灵魂"，正是这种类型的数据为硬件提供了执行我们所需任务的功能和能力。

如果数据不被纳入"物体"的范围，则不会被认定为军事目标，也不会被认定为民用物体。对民用数据的删除、篡改行为会成为国际人道法规范的盲点。出于这点考量，《第一附加议定书》订立时"物体"的通常意义可能不包含无形物，但是我们必须知道，条款的通常意义不应该局限于其被订立、签署或者生效时，它的通常意义可以随着时间的变化而演进。另外，"有形"一词是为了区分军事行动中哪些对象可以被直接攻击，并不是为了专门排除无形物所做的限定。即使条约的解释要从文本入手，也不应该忽略《维也纳条约法公约》中规定的其他方法，比如，从条约的目的和宗旨看，将数据包含进军事目标的范围也许更为符合在武装冲突中加强平民保护的宗旨。

4. 网络战中的战斗员认定

国际人道法对涉及人的规定也是二分的，非战斗员即平民。战斗员在从事攻击或者攻击前段的准备行动时，均有义务使自己与平民区别开来。战斗员假装具有平民或非战斗员的身份甚至被视为是背信弃义的行为而被明令禁止。战争相关人员的不同法律定位赋予了他们不同的权利和义务。战斗员有参加敌对行动的权利，一旦被俘则享有战俘待遇，在战场上是合法的攻击目标；平民则恰好相反。对平民以及民用物体的保护是国际人道法相关条约的核心宗旨。国际人道法对于平民的定义是消极的，根据《第一附加议定书》第五十条可概括，所有不是战斗员的人都属于平民。平民居民包括所有作为平民的人。

据了解，一些国家已经建立了负责网络行动的武装部队特别部门。例如，美国建立了美国网络司令部，美国网络司令部已经于2017年从美国战略司令部的子部队升格成为美军第十个联合作战司令部，地位与美国中央司令部等主要作战司令部持平。哥伦比亚则建立了武装部队联合网络司令部，负责预防和打击影响国家价值和利益的网络威胁或攻击。网络战斗员的定义值得被讨论，因为它不仅涉及谁是合法

---

① Heather A. Harrison Dinniss, The Nature of Objects: Targeting Networks and the Challenge of Defining Cyber Military Objectives, *Israel Law Review*, Vol. 48, ISS. 1, 2015, p. 41.

目标的问题，而且会影响一旦被敌方俘虏，谁享有战俘地位的问题。

根据《日内瓦公约》的规定，传统的国际人道法中战斗员分为两类，第一类由"冲突之一方之武装部队人员及构成此种武装部队一部之民兵与志愿部队人员"组成，这种类型一般包括一国武装部队成员。第二类则包括"冲突之一方所属之其他民兵及其他志愿部队人员，包括有组织之抵抗运动人员"这种有组织武装团体。《日内瓦第三公约》第四条第一款吸收了1907年《陆战法规和惯例公约》的精神，形成了习惯国际法，其要求必须符合以下要件：（1）有一为其部下负责之人统率；（2）备有可从远处识别之固定的特殊标志；（3）公开携带武器；（4）遵守战争法规及惯例进行战斗。符合以上条件并且属于冲突一方的非正规部队有资格作为战斗员，且享有战斗员豁免和战俘地位。总结而言，武装部队成员，包括作为它的组成部分之一的民兵与志愿部队成员和有组织的武装团体成员都能成为战斗员。一般认为，《日内瓦第三公约》规定的四个要件同时也是对武装部队成员的隐性要求。有学者提出，要成为合法的战斗员，必须同时满足五个要件，除了上述的四个外，还有一个隐含的要件即"（5）属于冲突的一方"。以上五个要件中，要件（1）（4）（5）属于实质要件，而要件（2）（3）属于形式要件。考虑到网络空间敌对行动的匿名性，实质要件才应该是判断战斗员身份的核心，而形式要件在不同的武装冲突环境中应该可以有所变通。①

第一个要件可以表述为"一定的组织程度"，其要求"有一为其部下负责之人统率"并且有上下级等级关系的存在。在网络战中，组织程度这一要求是不容易满足的，在网络行动中大多数的情况是一个团体有共同的合意但是缺少纪律。如果一个成员忽然决定退出网络攻击或者不再继续参加这个团体的行为没有任何后果，或者一个团体的成员没有感觉到任何上下级关系的存在，不用听从某人的命令，成员间只是分享共同爱好的关系（甚至相互并不认识），那么这样一种结构松散的团体并没能达到所要求的组织程度。在爱国黑客团体中这样的情况尤为普遍。第二个和第三个要件能否在网络空间适用引发了巨大的争议，即"备有可从远处识别之固定的特殊标志"和"公开携带武器"在网络空间是否还有存在的价值。这两个要件与战斗员与平民的区分原则密切相关。这两个要件的目的是排除滥杀和防止战斗员伪装成平民的诈术，结合网络空间的匿名性便可知，一方战斗员不可能区别出坐在任何一台计算机前面的人是否佩戴标志或身着制服。更为重要的是，网络空间并没有

---

① Zhixiong Huang and Yaohui Ying. 'The Application of the Principle of Distinction in the Cyber Context: A Chinese Perspective', *International Review of the Red Cross*, 102, no. 913 (2020), p. 347.

为"公开携带武器"这个要件留出空间，如何界定网络武器已经非常困难，要求公开携带武器（很有可能只是无形的代码，或者是代码的有形载体）是不现实的，故第二和第三个要件在网络空间很可能无须继续适用。"遵守战争法规及惯例进行战斗"作为第四个要件，可继续适用于网络战。需要澄清的是，这项义务是作为一个整体施加给团体的，而不是基于某些特定个人的行为来判断的，但应该明确即使一个团体普遍地遵守了法律，其个人成员也可能因为某些行为而犯下战争罪行。最后一个要件即"属于冲突的一方"，旨在证明发起网络攻击的团体与交战国之间的联系。虽然计算机网络攻击可使用"网络民兵"并且因为能够很轻易地否认归因于一国而对国家很有吸引力，但除非在该团体与国家之间建立关系，否则参与者将不被视为合法战斗员。国家武装部队可以省去证明这种联系的麻烦，但是当谈到有组织的在线团体甚至是个人时，"属于冲突的一方"的证明标准问题并未得到很好的解决。

综上，定义谁是网络战斗员不仅仅是一个法律问题，也是一个对于大多数国家而言极为困难的技术问题。不可否认，与传统的武装冲突相比，平民更容易卷入网络武装冲突。要件（2）和（3）不太适用于网络环境，因此在网络战中可能无须被考虑，但成为合法网络战斗员仍然必须至少满足要件（1）（4）（5），否则，这些攻击者要么继续享受"非战斗员豁免"不受攻击，要么将被视为直接参加敌对行动的平民。目前还没有一种方式能完全清晰地辨别谁是网络战斗员，现有的规则能提供的借鉴意义也较为有限。在这种情况下，优先考虑的应该是尽量减小对平民的不必要伤害，故对网络战斗员做太宽泛的理解不符合国际人道法的宗旨。同时，不能忽视《第一附加议定书》第五十条第一款的提示："遇有对任何人是否平民的问题有怀疑时，这样的人应视为平民。"

5. 直接参加网络敌对行动的平民

毫无疑问，对直接参加敌对行动的概念及其后果的解释构成了在网络空间适用区分原则的最具挑战性的问题之一。近年来，一些国家对平民承包商的使用率飞速上涨，技术革命和"通过外包实现私有化"的综合效应已被用来确保持续的军事实力，同时大大降低了成本。由于平民在网络战中前所未有的参与程度，关于谁是直接参加敌对行动的平民的问题在网络背景中日益重要。如今，大多数网络业务都外包给了网络专家，而这些人通常不是战斗员而是平民。这是因为传统军事人员通常不具备网络行动需要的专业知识和技术专长，进行网络攻击所需的工具也不属于所有国家武装部队的后勤和装备标准。此外，对军队进行网络操作培训并不符合效益成本，除了美国网络司令部等构成正规武装部队的单位外，大多数情况下，平民才是负责进行网络攻击的人。因此，对于直接参加敌对行动的平民进行认定，在网络战中具有较强的实践意义。

根据《第一附加议定书》第五十一条第三款，平民除直接参加敌对行动并在直接参加敌对行动时外，应享受本编所给予的保护，这一规定也被称为"非战斗员豁免"。"直接参加敌对行动"背后的逻辑可以从两种相互矛盾的观点出发：一种观点以安东尼奥·卡塞斯为代表，其认为直接的参加会让平民变得可被攻击，间接的参加则不会。对"直接"这个词必须限制解释，即使这个人可能（不论过去或者将来）和战斗有关，背后的逻辑与确保避免滥杀平民的需要紧密相关。另一种观点以施密特为代表，认为出于保护战斗员和无辜平民的目的，在不好判断的时候，对"直接"一词进行扩大解释，会鼓励平民尽可能远离敌对行动。目前结论离明晰"直接参加敌对行动"的概念还相差甚远。

2009年红十字国际委员会的《国际人道法中直接参加敌对行动定义的解释性指南》（以下简称"《解释性指南》"）虽受到一定争议，但确为直接参加网络敌对行动的认定提供了一个可操作的框架，具有相当程度的参考价值。《解释性指南》对"直接参加敌对行动"这一概念给予了法律解读，一项具体行为必须同时满足以下三个条件才能构成直接参加敌对行动：第一，该行为必须很可能对武装冲突一方的军事行动或军事能力造成不利影响，或者致使免受直接攻击之保护的人员死亡、受伤或物体毁损（损害下限）；第二，在行为与可能因该行为（或该行为作为有机组成部分的协同军事行动）所造成的损害之间必须存在直接的因果关系（直接因果关系）；第三，该行为必须是为了直接造成规定的损害下限，其目的是支持冲突一方并损害另一方（交战联系）。《解释性指南》本身已经初步涉及了电子干扰的手段，对军用计算机网络的电子干扰，不管是通过计算机网络攻击、刺探，以及窃听敌方统帅部，还是为实施攻击传送战术目标情报，都可以满足下限要求。这个叠加的要求，集中在了损害下限、直接因果关系和交战联系三个方面。

对于第一个要件损害下限，一个可构成直接参加敌对行动的行为并不需要实际造成达到该下限的损害，而只要有造成这种损害的客观可能性即可。对于直接因果联系的要求，《解释性指南》的标志似乎过于狭窄，其要求直接因果关系意味着所涉损害必须是在一个因果步骤中造成的。这样狭义的解释在网络空间几乎没有操作的可能，因为网络行动大多都旨在造成第二层级、第三层级甚至更深远的附带损害，并且很有可能不存在直接的人员伤亡，故在网络战背景下，"一个因果步骤"应该被一般国际法上的"近因原则"替换。近因原则作为一项一般国际法原则，包含主观和客观两个方面，主观上要求具有可预见性，客观上要求损害是行为的自然和正常的后果。交战联系要件则并不是一个主观要件,交战联系通过行为来体现,不取决于每个参加个体的主观意图。到目前为止,对于直接参加网络敌对行为没有国际判例,对这个概念的解构尚且停留在学者探讨的层面,未来的国家实践和国际司法判例会大大有助于澄清这个概念。

（四）比例原则

比例原则在网络战中的适用,主要是基于《第一附加议定书》第五十一条第五款和第五十七条第二款的有关内容。如果攻击"可能附带使平民生命受损失、平民受伤害、平民物体受损害,或三种情形均有而且与预期的具体和直接的军事利益相比过分",则该攻击就应受到比例原则的限制而被禁止。比例原则在网络战的适用中面临两个难题:第一,在网络行动中很难确切有效地区分军事目标与民用物体。如前所述,大多数网络基础设施都具有军民两用性质,且攻击军方专用的计算机网络可能会对民用基础设施的正常运行带来严重影响。第二,网络行动的附带损害也难客观量化,所以明确界定可以合理预见的附带损害似乎在操作中存在实际困难。

四、结论

尽管存在着种种技术难题,国际人道法在网络空间的适用已是大势所趋。国际人道法适用于网络战的规则把握在主权国家手里,特别是在于这些国家如何理解相关条款和规则。由于暂时缺少具体的条约和国际判例,目前对此问题的探讨主要是建立在学术观点和零星的国家实践上,亟待进一步澄清和发展。

随着武器升级换代步伐的加快,在 21 世纪我们见证了前所未有的变化。战争、科技和国际人道法相互影响,但在大多数情况下,国际人道法一直处于被动并且落后于战争。许多学者批评国际人道法的不足与滞后,这种看法忽视了法律本身的灵活性和生命力。

事随势迁,而法必变。如何解决现有规则适用于网络战时的捉襟见肘,是国际人道法发展和演变要面临的核心挑战。国际人道法的正式造法进程似乎面临着一些瓶颈。有学者提出可以考虑采用协商起草"第四附加议定书"的方式来专门规范国际人道规则在网络战中的适用①,但似乎并未得到广泛认可。一种蓬勃的趋势是非正式国际造法②似乎绕开了当前的僵局而迂回地推动着国际人道法的发展。当然,除此之外,在制定网络武装冲突的全球性条约前景不乐观的情况下,最务实的选择

---

① Peter Pascucci, 'Distinction and Proportionality in Cyberwar: Virtual Problems with a Real Solution', *Minnesota Journal of International Law*, Vol. 26, No. 2, 2017.

② Janssens, P., & Wouters, J. (2022). Informal International Law-Making: A Way around the Deadlock of International Humanitarian Law? *International Review of the Red Cross*, 104 (920-921), pp. 2111-2130.

是对现有国际条约和国际法原则进行善意且有效的解释，使其富有生命力进而充分发挥作用。

International Humanitarian Law Issues in Cyber Warfare

Abstract: As more and more States attach importance to and develop cyber military strength, the application of cyber technology in today's armed conflicts has become a reality. Because of its anonymity, non-violence and interconnection, cyber technology challenges some of the most basic assumptions of International Humanitarian Law. There is currently a lack of International Humanitarian Law rules that deal specifically with cyber warfare. After more than ten years of discussion, the international community has basically reached a preliminary and positive consensus on the applicability of International Humanitarian Law to cyber warfare, and the support can be found from the jurisprudence level whether from the *Martens Clause*, *Article* 36 *of Additional Protocol I* or the relevant advisory opinion of the International Court of Justice. Therefore, the controversy on the International Humanitarian Law of cyber warfare has gradually move from "whether it is applicable" to "how to apply it". The core controversy of how International Humanitarian Law applies to cyber warfare focuses on four aspects: conflict classification and threshold, the definition of a cyber-attack, principle of distinction and principle of proportionality. The principle of distinction is the most difficult debate, where the identification of military objectives, dual-use objects, cyber combatants, civilians who directly participate in hostilities, and the status of data in cyber warfare need to be further clarified and developed. With grim prospects for a global treaty on cyber armed comflicts, the best choice is to give effective explanation to the International Humanitarion Law so that it can be viable and can be able to play its full role.

Keywords: International Humanitarian Law; cyber warfare; applicability; cyber operation; principle of distinction

国际人道法中的作战场域问题

冷新宇[①]

摘要：作战场域的拓展是军事学及国际人道法面临的新问题。国际人道法中传统的作战场域包括陆、海、空与之对应的规则。随着航空、航天和通信技术的发展，外空、网络、电磁、认知域等新兴场域已被纳入是否应受国际人道法规制的考虑范围。国际人道法处理场域问题的基本思路是在肯定普遍适用规则的同时，针对场域的特点制定或发展场域特定规则。场域拓展与融合是当今军事发展的一大趋势，军事学上联合全域指挥控制理论的提出，是法律意义上场域拓展与融合的技术前提。陆、海、空战规则在当下面临的主要问题是无人装备大量应用导致传统场域规则在评价无人装备时遇到了障碍。外空、网络作为国际人道法意义上的新的独立场域，具有充分的说服力；以当前技术水平和作战样式判断，电磁、认知域不应成为独立场域，只能在作战方式与手段的层面依相应的规则应对。

关键词：作战场域；联合全域指挥控制；联合全域作战；自主武器系统；无人船；无人机

一、作战场域问题的由来

作战场域是当前在国际人道法中被热烈讨论的问题。2011 年以来，美国及北约先后将陆、海、空、外空、网络、电磁及心理作为独立的作战场域。2011 年，美国国防部将网络空间认定为作战场域，网络被描述为"信息环境中的全球域，不依赖

---

① 冷新宇，法学博士，中国政法大学法学院军事法研究所副教授。

空中、陆地、海洋和外空的物理域"。①澳大利亚陆军将场域定义为人类活动和相互作用发生的物理或概念领域，包括海洋（包括次表层）、陆地、空气空间和外空 4个环境域，以及网络空间、电磁频谱和信息 3 个非环境域。② 北约自 2016 年开始将网络认定为独立的作战场域，北约将网络能力界定为一系列复杂的技术，它们被笼统地理解为一种媒介或维度，通过它们可以进行某些类型的活动，在陆地、海洋、空中和外空等领域产生实际影响。③在美国和北约的理解中，作战场域包括陆、海、空、外空 4 个空间领域，以及非三维空间要素构成的网络、电磁、认知领域。作战场域向非三维空间维度扩展是网络技术、通信技术取得长足发展的结果。各国关键信息基础设施的发展使针对数据采取网络行动成为可能。国际人道法在网络领域是否适用及如何适用，成为持续讨论的问题。《塔林网络战国际法手册》（简称"《塔林手册》"）是自 2011 年以来法律编纂的一个重要成果。《塔林手册》反映了编纂者的基本立场和方法论：尽管网络及网络行动相对于陆、海、空、外空领域是全新的领域，但应尽可能用国际人道法的既有规则覆盖这一场域，而非制定全新的国际公约；法律类比适用或扩张解释的方法将得到倚重。因此，网络是否构成国际人道法意义上的场域值得深入讨论。

电磁频谱是否成为作战场域的问题，也与美国及北约的作战行动紧密相关。电磁攻击（对抗）随着雷达及电磁干扰技术的发展而进入国际人道法的视野。美国是传统上最重视电磁攻击的国家，其着眼点为：应当将电磁攻击视为其作战方式和手段，还是将电磁频谱视为独立的作战场域，从而探讨是否有可能制定适用于该领域的专门规则。④ 2018 年后，美国海军倾向于认可电磁领域是与陆、海、空、外空和网络并列的作战场域。⑤无论在军用和民用领域，无线电频谱具有稀缺性，美国海军称：在陆地、海洋、空中、外空和网络领域的作战行动的有效性取决于其控制和利用频谱的能力；频谱是当前和未来战争的核心，它存在高度竞争和拥挤，未来的信

---

① Department of Defense, 'Department of Defense Strategy for Operating in Cyberspace', available at https：//csrc.nist.gov/CSRC/media/Projects/ISPAB/documents/DOD-Strategy-for-Operating-in-Cyberspace.pdf.
② Australian Army, Land Warfare Doctrine 3-0, Operations (2018) 13, available at www.army.gov.au/sites/default/files/lwd_3-0_operations_full.pdf.
③ B. Saul and D. Akande (eds.), The Oxford Guide to International Humanitarian Law (First edition, 2020), at 89.
④ B. Saul and D. Akande (eds.), The Oxford Guide to International Humanitarian Law (First edition, 2020), at 91.
⑤ B. Saul and D. Akande (eds.), The Oxford Guide to International Humanitarian Law (First edition, 2020), at 91.

息中心战争将比以往任何时候都需要更多的接入。① 因此，特定无线电频谱是否构成国际人道法意义上的作战场域是值得讨论的问题。

把心理作为作战场域是北约晚近以来的做法。北约于 2014 年出版《联合心理行动条例》[*Allied Joint Doctrine for Psychological Operations*（*AJP*-3.10.1）]），用于指导各国的心理或认知战。针对心理或认知的重要性，该出版物称："技术、通信和人口的发展都塑造和改变了冲突的性质。信息流现在是如此普遍、强大和不可避免，以至于它与地形或天气一样构成了运行环境的一部分。"②此外，针对心理或认知战的原理，该出版物称："世界上的事件在进入人们的头脑之前都是通过网络作为信息进行传播的；一旦出现信息就会受到先入为主、解释、偏见、议程、调整和可能的再传播。这就是信息环境，它被定义为：信息本身，接收和传递信息的个人、组织和系统，以及人们的认知过程，包括发生在其中的虚拟和物理空间。这个环境包含了传统的、新兴的媒体技术的全部范围，所有这些都为对话提供了新的可能性，包括传递心理行动信息和劝说内容。"③由此可见，在北约的认识中，所谓心理或认知战，是通过改变敌对国战斗员或平民的认知，从而误导其作出错误判断，进而实现己方战略或战术目的的方法。认知域是否构成独立的作战场域由此成为问题。

二、作战场域扩展的军事学逻辑：联合全域指挥控制机制

（一）联合全域指挥控制机制的概念及运用

联合全域指挥控制机制（Joint All-Domain Command and Control，JADC2）是美国国防部近年来推出的新型作战概念。2020 年，美著名智库兰德公司提出关于 JADC2 的详细设想；美国国防部跟进后，认为美军传统的以 C4ISR④ 为特征的战役战术指挥控制体系不能适应信息化时代作战的需要，顺势提出了以多层次、全领域态势感知覆盖和数据驱动为主要特征的联合全域指挥控制体系，同时实现军用通信网络与民用通信网络的融合。JADC2 得到了美国国会的重视，2022 年 1 月 22 日美国国会研究服务处向国会提交了关于联合全域指挥控制背景问题的报告（底稿由美国国防部起草），为争取资金铺路。美国国防部拟通过 JADC2 项目实现其已有子系统的统合，在各领域、各层次终端感知器实现"万物互联"，提升和整合指挥控制系统，

---

① B. Saul and D. Akande (eds.), The Oxford Guide to International Humanitarian Law (First edition, 2020), at 91.
② NATO, Allied Joint Doctrine for Psychological Operations(AJP-3.10.1), September 2014, p. 18.
③ NATO, Allied Joint Doctrine for Psychological Operations(AJP-3.10.1), September 2014, p. 18..
④ "C4ISR"是军事术语，意为自动化指挥系统。其中，"C4"代表指挥、控制、通信、计算机，"I"代表情报，"S"代表电子监视，"R"代表侦察。

实现战场信息"从态势感知设备直接传送至作战单位"的目标。美国国防部当时的项目包括：美国参谋长联席会议执行局出台的JADC2整体战略、美国国防部研究与工程局执行的完全网络指挥、控制和通信项目、美国国防部首席信息官执行的5G通信项目、美国国防部高级研究计划局执行的马赛克战项目、美国空军执行的先进作战管理系统项目、美国陆军执行的"项目融合"等。[①] 从总体上看，既有项目或在各军种建设领域内部提升信息战能力，或在国防部层面就某一类型的问题（如5G通信）展开研究，尚未完全实现其整合目标。预计美国国防部会向其国会争取投入更多资金以实现既定目标。此外，在美国推动下，北约提出"联合全域作战行动"建设目标是在北约内部实现装备、指挥控制体系、操作流程的跨国整合。

推动JADC2的内在动力是，以中心化结构和封闭军用通信网络为特征的既有指挥控制体系延迟了战场信息的传送和下发，影响了美军作战效率的提升。具体而言，美军指挥系统根据空军、陆军、海军等军种的作战需求各自设计和整合，战场信息采集后须发送到各自的中枢系统处理后才能进入决策和作战指令下发阶段，因此总体上不能适应信息化作战需求。[②] 将各军种、各层级、各场域乃至民用网络的信息整合到同一套指挥控制体系之中，实现态势感知、决策和通信的云端化，将大大提升作战效能。美国国防部认为，JADC2依赖的技术包括三大支柱：一是自动化和人工智能技术，二是云计算技术，三是通信技术。[③]

（二）联合全域作战的初步运用

在2022年2月开始的俄乌冲突中，美国及北约作战体系对乌克兰进行了支持，乌方利用移动物联网途径，实现了去中心化的态势感知和信息分发，大大提升了作战效能。笔者将其过程简要归纳为图1。

乌军指挥作战体系效能的提升，应视为对JADC2的初步尝试。其特征初步总结如下：第一，各作战场域实现万物互联；第二，以高速通信技术为骨架搭建、整合指挥控制系统；第三，军用、民用通信网络不再严格区分，典型事件如乌克兰平民可用手机拍照方式实现对俄军作战单元的定位，通过移动终端（如手机应用）传送至后台实现数据分析与融合；第四，提升了获取信息的精准度和作战指令下发的速

---

① Congressional Research Service, Joint All-Domain Command and Control: Background and Issues for Congress, available at https://crsreports.congress.gov/product/pdf/R/R46725 (last visited 10 January 2023), at 10-15.

② Congressional Research Service, Joint All-Domain Command and Control: Background and Issues for Congress, available at https://crsreports.congress.gov/product/pdf/R/R46725 (last visited 10 January 2023), at 4-5.

③ Congressional Research Service, Joint All-Domain Command and Control: Background and Issues for Congress, available at https://crsreports.congress.gov/product/pdf/R/R46725 (last visited 10 January 2023), at 7-9.

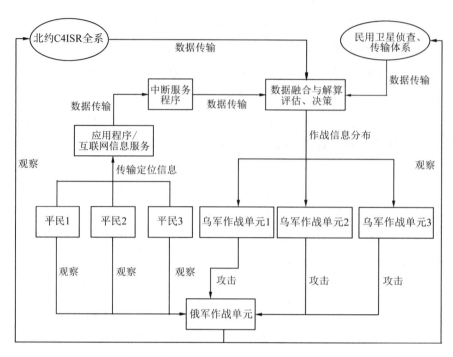

图 1　北约作战体系对乌克兰的支持

度；第五，对数据融合、分析依赖人工智能处理和驱动；第六，JADC2 适用范围扩展至外空、网络等非传统领域，超出了传统的空战、海战、陆战的界限。依赖 JADC2 体系和途径，乌军在武器数量和质量整体处于劣势、部队编成无建制的情况下，依然有能力与俄军对抗，体现了其得到北约支持后在信息领域的优势。

（三）联合全域作战指挥控制机制驱动作战场域拓展

JADC2 的运用完全打破了陆战、海战、空战等场域的界限，交战国在任何场域的作战装备通过通信网络的连接，都可实现双重功能：一是将武器装备作为其所在场域的态势感知终端，获取观瞄的实时数据并通过通信网络分享；二是作为分布式的终端，获取数据后以快捷的方式实现"从观察者到攻击者"的攻击。从 JADC2 的特征可知，不依赖部队的军兵种、层级限制而实现作战信息的去中心流动是其基本诉求，快速感知、快速部署、快速决策、快速攻击是其基本面貌。尽管各国 JADC2 的建设与通合是长期的目标，但趋势已经浮出水面。在 JADC2 的设计之中，作战场域之间不再各自独立，而是相互联系、相互辅助的。这意味着将有更多装备和基础设施被调用，参与到敌对行动之中。一言蔽之，军事需求要求各场域的作战以一个整体运作。与这一现象对应，国际人道法规则应作出相应的调整。

三、新场域和国际人道法规则适用的关系

（一）普遍适用规则和场域特定规则

从作战场域的角度看，国际人道法规则可大致分为普遍适用规则和场域特定规则。大部分国际人道法规则包括大多数与武器有关的条约以及关于文化财产的条约，这些都是普遍适用的，并不具有场域的特异性。场域特定规则构成了对普遍适用规则的补充。这种发展始于战争的最初形态，来源于陆地上的武装冲突，随后是海洋和空气空间中的武装冲突，当下产生了扩展到外层空间和网络等其他运行环境的趋势。①普遍适用规则与场域特定规则之间存在复杂的适用关系，不仅仅应该是一般法和特殊法的关系。笔者认为，包含但不限于以下几种情况。

第一，场域特定规则上升为普遍适用规则。一个著名的例子是远东国际军事法庭对日本军部虐待和杀害盟军空军飞行员事实的认定。在 1949 年《日内瓦第三公约》之前，保护战俘的法律规则主要体现在 1907 年《海牙第四公约》附件《关于陆战法规和惯例的章程》、1949 年《关于战俘待遇之日内瓦公约》（《日内瓦第三公约》），毫无疑问，上述公约都是针对战俘制定的。东京审判审理战俘保护问题的重点之一是杜立特航空队轰炸日本本土后盟军被俘飞行员的问题。如美国政府数次单方面照会日本政府，要求其保护航空队的被俘人员。②日本并没有批准 1929 年的日内瓦战俘公约，但美、英、澳、加等国数次照会日本，要求在对等条件的基础上执行公约中保护战俘的规定。③ 1923 年《空战规则草案》并没有生效，但根据其第三十六条，敌国军事航空器如落入交战国手中，其机组成员和乘客（如果有的话）得作为战俘处理。《空战规则草案》采取的态度是，关于陆战中战俘保护的规则也适用于空战。远东国际军事法庭并没有讨论盟军飞行员战俘保护是适用空战还是陆战规则的问题，甚至在判决简要阐述的可适用的法律规则的部分中，都不包括空战的规则，而只包含对陆战中战俘保护规定的条约［1907 年《海牙第四公约》、1949 年《关于战俘待遇之日内瓦公约》（《日内瓦第三公约》）］。④由此可见，东京审判判断战俘问题并没受到适用陆战规则还是空战规则的影响。此后，根据 1949 年《日内瓦第三公约》第四条，战俘和平民保护问题脱离了场域特异性，成为国际人道法中具有普适性的问题。

第二，不同的场域特定规则之间可能产生法律冲突。典型的例子是属于陆战范

---

① Saul and Akande (eds.), supra note 3, at 78.
② IMTFE Judgment, p.49742a.
③ IMTFE Judgment, p.49712-49714.
④ IMTFE Judgment, p.48455-48457.

畴的占领法规则和海战法之间就战利品或捕获物规则的冲突。根据 1907 年《陆战法规和惯例公约》第四十二条，领土如实际上被置于敌军当局的权力之下，即被视为被占领的领土。占领方在被占领的领土上行使占领法赋予的权力，如急迫军事必要下征收特定财产、取得公共财产的不动产收益等，同时履行占领方义务。有争议的问题是，附属于被占领的领土的领海能否被占领？格劳秀斯在《海洋自由论》中阐述的思想构成了当今国际海洋法的基础，并至今为荷兰政府所坚持：海洋自由的基本立足点是将海洋领域视为全球公域，海洋、海底和海洋上空同时属于所有人，因此没有任何一个国家单独有权决定对海洋或其上空空域的使用，也没有任何一个国家对矿产资源或渔业资源拥有唯一的权利。① 按照上述传统认知，海洋必然不能被占领，不可能适用占领法规则。但《陆战法规和惯例公约》第四十二条中的"领土"显然包含了领陆、领海、领空的基本内涵；同时，第五十四条规定，占领地与中立领土相连接的海底电缆除在绝对必要的情况下，不得予以夺取或毁坏。为保持条约上下文的一致性，法律解释的结果是，占领法至少可适用于属于被占领的领土的领海。② 此外，1913 年《海战法手册》第八十八条也肯定了占领领海的可能性，指出此种情况由适用于陆战的法规及惯例约束。由此，产生的冲突是，占领方在属于被占领的领土的领海内捕获的商船（及其运输物品）应当属于捕获法调整的范围还是陆战规则适用的范围。按照前者，交战方有权提交捕获法院处置；而依照陆战规则，除非基于战争的必要，摧毁或没收敌方财产属于战争罪的范畴（《陆战法规和惯例公约》第二十三条第七款、《国际刑事法院罗马规约》第八条第二款第二项第十三目）。适用哪一条规则，牵涉该行为罪与非罪的区别。

第三，不同场域特定规则之间趋同的问题，即不同领域的场域特定规则就相同的问题依据相同的法律原理作出同质化规定。例如，空战法有划定陆上禁飞区或海上军事禁区的问题。在海战法方面，自纽伦堡国际军事法庭认定德国海军元帅邓尼茨的战争罪（禁止船只进入英国海域并对商船发动无差别攻击）③ 以及英国海军在 1982 年马岛战争中划定军事禁区以来，海战法也确认了对交战方拒止中立国、敌对国船只、军用飞机进入军事禁区的权利。《圣雷莫海战法手册》第一百零六条及

---

① M. van Defensie, Netherlands Maritime Military Doctrine—Publication—Defensie.Nl, 13 February 2014, available at https://english.defensie.nl/downloads/publications/2014/02/13/netherlands-maritime-military-doctrine（last visited 10 January 2023）.

② Marco Longobardo, 'The Occupation of Maritime Territory under International Humanitarian Law', 95 International Law Studies（2019）41, at 327ff.

③ International Military Tribunal, 'Judgment and Sentences', 41 *American Journal of International Law*（1946）172 2017/04/20, at 303-304.

《空战和导弹战国际法手册》第一百零七条都规定了交战方在其设立的"海区"或"禁区"时应顾及中立国权利的义务，均强调不论区域内外适用同一套国际人道法规则。《圣雷莫海战法手册》和《空战和导弹战国际法手册》运用了相同的原理处置"海区"或"禁区"设立后交战国之间、交战国与中立国之间的关系，因而造成了规则的趋同性。

第四，普遍适用规则设定基本原则，场域特定规则在其基础上展开具体规定。如根据《第一附加议定书》第三十五条第三款、第五十五条第一款，交战国被禁止使用对自然环境造成广泛、长期、严重损害的作战方式和手段。《空战和导弹战国际法手册》第 M 节涉及空战行动中对环境保护的问题，第八十八条禁止交战国肆意破坏环境的行为；第八十九条规定交战国策划和实施空战或导弹战行动，应适当考虑对环境的影响。尽管编纂讨论期间国际专家小组对《第一附加议定书》第三十五条第三款、第五十五条第一款是否构成国际习惯法存在异议，①但《空战和导弹战国际法手册》构成了对议定书的具体化。

第五，场域特定规则未能作出规定，利用普遍适用规则进行扩张解释从而填补空白。如在使用和威胁使用核武器合法性咨询意见中，国际法院指出区分原则和比例原则是国际人道法的基本原则，适用于包括核武器在内的所有领域。②

（二）判定是否构成独立场域的标准问题

笔者认为，外空、网络构成国际人道法意义上的独立作战场域，在当前技术条件下，电磁、认知域并不构成独立场域。本文并不否认电磁、认知域的军事乃至战略意义，但国际法规则自身包含范围限制（如《圣雷莫海战法手册》第十四、十五条对海战场域的限制排除了中立国的领海及群岛水域、领土和领空）。尽管国家在新场域的行动或"战斗"可能具有军事上的意义，但既有国际人道法的规则根据其适用范围未必能够涵盖，即便采用扩张解释的方法，也未必适合新场域。笔者认为，军事目标或受国际人道法保护的人员、物体能否在新场域稳定、持续存在，应当成为判断新场域独立性的标准。该标准的内在逻辑是：如果军事目标及受保护人员、物体不能在该场域稳定、持续存在，则利用该场域作战的最终结果仍将返回以三维空间形式展现的传统场域，所谓"新场域"只不过是从三维空间中的一处攻击另一处的实现手段。在此背景下，"新场域"应当作为作战方式和手段来看待，而非为

---

① Harvard School of Public Health (eds.), HPCR Commentary on the HPCR Manual on International Law Applicable to Air and Missile Warfare (2010), at 206.

② ICJ, Legality of the Threat or Use of Nuclear Weapons, Advisory Opinion, 8 July 1996, *ICJ Reports* (1996) 226, para.85.

该"新场域"构建场域特定规则或对既有规则扩展解释以便适应该"新场域"。

理论上，国际法可能诉诸四种途径填补场域特定规则缺失的不足：其一，对已生效条约进行扩张解释或推动条约的类比适用，以便适应新的军事需求；其二，梳理各国实践特别是军事大国的实践，概括国际习惯法的动向；其三，制定适用于新场域的专门条约；其四，加强学术编纂活动，推动在"各国权威最高之公法学家学说"这一国际法辅助渊源层面形成共识。①

四、传统作战场域中人道法规则面临的问题

笔者认为，在联合全域指挥控制成为趋势的背景下，传统作战场域（陆、海、空）适用于敌对行动的规则存在交叉的场景，也存在涵盖范围不足、有待补充的空间。

（一）陆、海、空战的融合与规则交叉适用

陆、海、空等传统场域的人道法规则在其形成之初就存在交叉适用的场景。即便在两次海牙和平会议期间，也不存在纯粹的、各自仅适用于陆战、海战、空战的规则。海战、空战的出现晚于陆战，因此海战与空战规则首先考虑的是将陆战规则中确认的原则扩展适用于本场域的可行性。例如，1907 年《海牙第十公约》旨在解决如何将日内瓦公约确认的原则适用于海战；又如，1907 年《海牙第九公约》用以规制海军舰艇轰击陆上目标的行为。在 1899 年和 1907 年海牙和平会议期间，空中技术不够先进，无法精确地瞄准军事目标，但在第一次世界大战期间，空中作业发挥了关键作用，飞机广泛用于观察、轰炸和"狗斗"（dog-fight）。② 之后空战规则迎来了必要性的讨论。但不可否认的事实是，在西班牙内战及第二次世界大战伦敦大轰炸发生之前，军用飞机出于航程限制，没有被用于单独遂行针对交战国纵深的战略轰炸。早期空军多执行辅助陆军的任务，空战规则由陆战和海战规则类比发展而来。③

军事学的解释给出了更为现实的原因：在网络时代到来之前，多兵种联合作战是常见的态势，军用飞机、无人机、导弹、火炮的攻击是可以相互替换的。④ 美国国防部关于 1991 年海湾战争行为的报告主要讨论了空中轰炸的目标瞄准问题，但没有区分空袭、导弹或火炮袭击的实际来源。⑤ 上述背景解释了《第一附加议定书》

---

① Saul and Akande (eds.), supra note 3, at 93.
② Saul and Akande (eds.), supra note 3, at 84.
③ Saul and Akande (eds.), supra note 3, at 84.
④ Sassòli and Quintin, 'Active and Passive Precautions in Air and Missile Warfare', in *Israel Yearbook on Human Rights*, Volume 44 (2014) (2014) 69, at 5.
⑤ Sassòli and Quintin, 'Active and Passive Precautions in Air and Missile Warfare', in *Israel Yearbook on Human Rights*, Volume 44 (2014) (2014) 69, at 5.

第四十九条第三款试图将涉及陆、海、空三大场域的攻击整合在同一概念体系下的合理性。

将《第一附加议定书》第四十九条第三款与该议定书第五十七条结合在一起解读，容易产生人道法在特定场域缺失的理解。第五十七条是指挥官在发动攻击前对攻击后果是否满足区分原则、比例原则的审慎要求。如果空对空攻击被排除在"攻击"的范围之外，则意味着指挥官也必须考虑空战中军用飞机、民用航空器混同背景下民用航空器被锁定或对民用航空器造成附带伤害的问题。与此相反，《空战和导弹战国际法手册》的编纂者并没有采取狭义的立场，坚持认为针对不同的场域应当适用统一的规则体系。① 红十字国际委员会对《第一附加议定书》的评注认为：敌对飞机之间的敌对行动可能会危及平民，因为导弹可能会失去目标，或者民用飞机在战斗中可能会被混淆；同时，敌对国军用飞机之间的战斗可能会对陆地上的平民产生附带影响（比如飞机坠毁伤害平民或损坏民用物体），因此，预防性措施同样适用于空对空行动是非常可取的。②《圣雷莫海战法手册》采取了广义解释第四十九条第三款的立场，根据手册第三章第六节规定，针对民用飞机的预防措施也在考虑范围之中。太平洋战争以来，航空母舰及两栖攻击舰的广泛运用表明，空战和海战在交战区域呈现融合的趋势；岸基反舰武器的发展也预示由陆对海的攻击（如岸基鱼雷、反舰巡航导弹、反舰弹道导弹）同样需要被考虑进入《第一附加议定书》第四十九条第三款的涵盖范围之内。

综上所述，传统场域间敌对行动产生交叉是由军事科技水平推进的，作战场域产生交叉客观上要求对各场域内的交战采用同一套规则。

（二）无人装备的法律地位问题

无人装备的出现为传统场域某些规则的适用带来了难题，主要可概括为无人装备（无人机、无人船、无人潜航器等）的法律地位如何界定以及如何按照何种场域的规则确定其权利、义务。

无人装备是否具有与军用飞机和军舰同等的法律地位，对于空战和海战法的适用具有重要的意义。空战和海战法存在的基本假设是，交战国拥有实行敌对行动的一系列权利，如攻击、拿捕、临检、封锁、拦截、设置军事禁区等，而且，只有交战国的军用飞机和军舰才有权行使上述交战方的权利。《圣雷莫海战法手册》及

---

① Harvard School of Public Health (eds.), supra note 19, at 125.
② Yves Sandoz, Christophe Swinarski & Bruno Zimmermann (eds.), Commentary on the Additional Protocols of 8 June 1977 to the Geneva Conventions of 12 August 1949, (Geneva and The Hague: ICRC, 1987), at para 2230; Sassòli and Quintin, supra note 24, at 10.

《空战和导弹战国际法手册》均肯定了上述权利。然而，传统场域特定规则并不存在对无人装备法律地位的界定。无人装备能否等同于功能类似的军用飞机、军舰，在理论上存疑。

《联合国海洋法公约》第二十九条规定："为本公约的目的，'军舰'是指属于一国武装部队、具备辨别军舰国籍的外部标志、由该国政府正式委任并名列相应的现役名册或类似名册的军官指挥和配备有服从正规武装部队纪律的船员的船舶。"《联合国海洋法公约》第二十九条对军舰的定义来自对1907年《海牙第七公约》第一至第六条的概括，这些条款涉及将商船改装为军舰从而使其享有交战方权利、履行交战国义务的内容。军舰的定义被认为具有国际习惯法地位。无人船吨位、功能、形态不一，能否被视为海洋法、海战法意义上的军舰存在疑问，核心疑问在于无人船应被视为军舰还是仅仅被视为武器装备。理论上存在的回答包括：第一种思路是以是否悬挂国旗为标志。如2022年版《美国海上行动法指挥官手册》规定，海洋无人装备在任何情况下都是美国政府财产从而享有司法豁免；若悬挂美国国旗，则享有自由航行等海洋法上的权利；若无人船由军官指挥且配备有服从正规武装部队纪律的船员，则不论通过遥控方式还是其他方式指挥，应被视为军舰。① 这一思路本质上是法律的类比适用。第二种思路是以无人船是自行出发前往相关海域执行任务还是由母船（如科考船、航母、两栖攻击舰等）释放后执行任务为标准，前一种情况视为军舰，后一种情况视为母船的武器或海洋装备。② 第一种思路省略了军舰外部标志和船员现役名册的形式要件。詹姆斯·克拉斯卡认为，《海牙第七公约》的起草者不可能设想无人驾驶系统，应该结合当前新兴技术对定义进行重新审视和解释；而《联合国海洋法公约》或任何其他文书都没有要求指挥官和船员实际登船的规定，因此，遥控操作无人船的军事人员与在军舰上服役的船员并没有本质不同，于是，即便形式要件缺失，无人船也可具有军舰的法律地位。③ 美国海军采取上述立场暗示：在平时，无人船享有各类海洋法中规定的航行的自由和权利；而在战时，可全面享有交战国的各项权利。无论是第一种思路还是第二种思路，都扩展了军舰的定义，但这能否被广大沿海国接受尚且存疑。在JADC2体系中，保证通信畅通的前提下，任何无人装备都可能实现态势感知的功能。在此技术背景下，若承认无人

---

① The Commander's Handbook on the Law of Naval Operations, NWP 1-14M/MCTP 11-10B/COMDTPUB P5800.7A, 3-3.
② 1923年《空战规则草案》第四十一条将航空器视为航空母舰的一部分。
③ J. Kraska and R. Pedrozo, Disruptive Technology and the Law of Naval Warfare (1st ed., 2022), available at https://academic.oup.com/book/41919 (last visited 23 November 2022), at 96.

船具有军舰地位,事实上方便了以航行自由、科考自由为名义进行侦查、监听、情报搜集的活动。

与无人船地位问题类似的,还包括无人机地位问题。陆军、空军、海军部队均可装备无人机,因此无人机攻击存在是适用陆战规则还是空战规则的问题。1907年《陆战法规和惯例公约》中不存在陆军武器必须具备外部识别标志(《陆战法规和惯例公约》要求战斗员佩戴从一定距离可以识别的标志)的要求。但在空战规则中,军用飞机以外部标志表征自身的国籍和军用属性是强制性要求(1923年《空战规则草案》第三条),其内在思路与海战法要求军舰必须有外部标志一致,空战法也认为只有军用飞机才能全面行使交战国在战争法中的权利(《空战规则草案》第十三条)。空战法还要求军用飞机机组成员若离开飞机,必须佩戴从一定距离可被识别的标志(《空战规则》第十五条)。军用飞机及机组成员的外部表征问题很难依照统一标准处理,无人机既可以是RQ-4全球鹰无人机这样翼展达到民航客机水平的尺寸,也可以是手抛式的单兵装备,甚至是更小的体积,对于后一种情况要求配备外部标志没有实际意义。从无人机操控的原理观察,飞行控制、武器控制以及目标识别可以由单一控制站的操作员完成,也可以基于分布指挥控制原理,由C4ISR网络中其他部门人员(可能属于平民)完成。这一现状对落实《空战规则草案》的要求提出了挑战。① 按照《空战和导弹战国际法手册》第一百四十七条,无人机可被用于执行空中封锁;同时,第三十九条规定交战国采取预防措施的义务同样也适用于无人机的场景。《空战和导弹战国际法手册》暗示,RQ-4、MQ-9这样的无人机地位等同于军用飞机,本质上也属于法律类比的范围。

除了存在适用陆战、海战、空战规则的技术性障碍,在与中立国的关系上,无人船、无人机还带来无害通过权的问题。沿海国是否有意愿确认无人船、无人机的无害通过权,目前存疑。《中华人民共和国海警法》第二十五条确认了中国海警机构在中国管辖海域划定海上临时警戒区的权力,船舶、人员禁止在临时警戒区通行和停留。若承认无人船、无人机的无害通过权,将严重侵蚀中国海警的权力,不利于国家安全。

五、国际人道法意义上独立的新作战场域

(一) 外空

外空是空气空间在三维上的自然延伸,虽然外空不属于任何国家的领土范围,

---

① I. Henderson J.Dulk and A.Lewis,' Emerging Technology and Perfidy in Armed Conflict', 91 *International Law Studies* (2015) 468, at 477.

但在外空部署武器、进行敌对行动或战争支援活动是完全可能的。

与JADC2体系相适应,态势感知和信息传输设备在陆、海、空、外空广泛分布,由此带来敌对行动发生范围向外空扩展的问题。空间物体被用于支援作战,或者空间物体本身就是部署在外空的武器时,将无可避免地带来国际人道法规则适用范围的扩展。《外空条约》第四条仅包含禁止在外空部署大规模杀伤性武器的规定,并不能覆盖用于作战支援的空间物体和属于常规武器的空间物体。空间物体成为军事目标的现象表明,国际人道法在外空的适用箭在弦上。考察既有法律规则,国际人道法在外空的可适用性存在一些障碍:《第一附加议定书》第四十九条第二款对"攻击"的空间范围进行了限制,即适用于陆战、空战、海战以及适用于从海上或空中对陆地目标进行的攻击。对空间物体的攻击以及以空间物体为起点对陆地、海上、空中目标的攻击并不在范围之内。该问题对国际人道法在外空的适用而言具有中枢性,若回答是否定的,则可能从整体上排除了国际人道法在外空的适用。应当注意,《第一附加议定书》第四十九条第三款强调本段的规定不影响适用于海上或空中武装冲突的国际法规则。此立场表明第四十九条第二款对适用空间范围的限制秉持开放性态度。类似的场景也曾出现在国际法院关于核武器合法性的咨询意见中,国际法院的态度是技术中性立场的体现,对于解释国际人道法基本规则适用于外空具有重要借鉴意义。红十字国际委员会在其就联合国大会第75届会议第36号决议所述问题向联合国秘书长提交的立场文件中称:"必须强调的是,国际人道法适用于任何在武装冲突背景下进行的军事行动,包括发生于外层空间的军事行动,无论引发武装冲突的诉诸武力行为是否为《联合国宪章》(诉诸战争权)下的合法行为。"[1]这一立场显然突破了《第一附加议定书》措辞的限制。

星链卫星用于支援作战,带来的技术性问题应当得到进一步解释。

一是星链卫星数量众多,用昂贵的反卫星武器在物理上将其摧毁效费比极低,不具有成本优势,因此交战国自然会考虑物理摧毁手段之外的打击手段。《塔林手册》认为,网络行动造成数据的删除、修改等后果,引起目标应有功能丧失的情况也应算作"攻击"的范畴。[2] 此外,《第一附加议定书》第五十二条第二款规定,

---

[1] ICRC, 'The Potential Human Cost of the Use of Weapons in Outer Space and the Protection Afforded by International Humanitarian Law: Position Paper Submitted by the International Committee of the Red Cross to the Secretary-General of the United Nations on the Issues Outlined in General Assembly Resolution 75/36, 8 April 2021', 102 *International Review of the Red Cross* (2020) 1351, at 1355.

[2] M. N. Schmitt (ed.), Tallinn Manual 2.0 on the International Law Applicable to Cyber Operations (2nd ed., 2017), available at https://www.cambridge.org/core/product/identifier/9781316822524/type/book (last visited 3 December 2022), at 437.

军事目标只限于由于其性质、位置、目的或用途对军事行动有实际贡献，而且在当时情况下其全部或部分毁坏、缴获或失去效用提供明确的军事利益的物体。其中，"失去效用"一词为"攻击"的类型扩展至以数据为目标的软杀伤、军事目标扩展至包含数据在内的无形物体提供了可能性。① 笔者认为，在 JADC2 体系下越来越多民用物体、空间物体提供态势感知能力并用于支持作战行动的情况下，将网络攻击视为可被国际人道法评价的作战方式是可行的。

二是有必要以动能杀伤方式摧毁空间物体后，将产生大量危及安全的空间碎片。② 作战造成空间碎片问题是否构成环境污染并引发国家责任及个人刑事责任在历史上并未被详细讨论。《外空条约》第九条规定了缔约国保护外空及地球环境的审慎义务，但该环保义务是否涉及作战方式和手段未有明确界定。《第一附加议定书》第三十五条第三款禁止交战方使用对自然环境构成广泛、持久、严重损害环境的作战方法或手段；第五十五条第一款禁止交战方使用影响人的生存与健康的、对自然环境构成广泛、持久、严重损害的作战方法或手段。前南斯拉夫问题国际刑事法庭对北约在科索沃战争中使用贫铀弹及轰炸塞尔维亚化学工厂的调查报告表明，《第一附加议定书》第五十五条第一款构成国际习惯法。③ 此外，《国际刑事法院罗马规约》第八条第二款第二项第四目将损害自然环境行为纳入战争罪的范围。在《第一附加议定书》中，由于第四十九条第三款对"攻击"范围的限制，空间碎片问题是否受到第三十五条第三款及第五十五条第一款的规制，存在疑问。若以避免国际人道法适用破碎化为目标，则应承认空间碎片问题也在自然环境损害的范围之内。

（二）网络

网络是否构成国际人道法意义上独立的作战场域是争论不休的问题。关键问题是，在网络领域是否存在独立于三维空间场域的军事目标或受保护物体，而数据是关于网络争论的核心。各国远未形成一致共识。

在北约联合作战指挥体系中，网络结构自下而上分为物理层、逻辑层、网络人格层，见图2。

---

① Knut Dörmann, 'Applicabilty of the Additional Protocols to Computer Network Attacks', paper delivered at the International Expert Conference on Computer Network Attacks and the Applicability of International Humanitarian Law, Stockholm, 17-19 November 2004, 6, accessible at http://www.icrc.org/eng/resources/documents/misc/68lg92.htm, date of visit: February 28, 2022.

② ICRC, supra note 32, at 1353.

③ ICTY, Final Report to the Prosecutor by the Committee Established to Review the NATO Bombing Campaign against the Federal Republic of Yugoslavia, para.15.

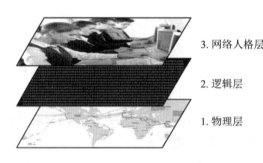

图 2　北约联合作战指挥体系网络结构图①

位于物理层的实体，例如硬件组件，与地理位置绑定。该层中的有形组件包括计算机、服务器、路由器、集线器、交换机、布线等对数据存储、数据处理和数据传输至关重要的设备。它还包括数字传感器、武器系统、指挥控制系统（C2）和关键基础设施等其他设备或系统的集成信息和通信技术组件。②逻辑层的实体是表现在代码或数据中的元素，如固件、操作系统、协议、应用程序以及其他软件和数据组件。逻辑层离不开物理层，信息通过有线网络或电磁频谱流动。③网络人格层并不是由真实的个人或组织构成，而是其虚拟身份的表征，虚拟身份可以是电子邮件地址、用户标识、社交媒体账号或别名。④按照这一分类，对物理层、逻辑层和网络人格层的攻击均有军事上的意义：对物理层和逻辑层的破坏，引起网络或计算机系统在物理上的毁损，或虽未受物理毁损但失去运作功能；针对网络人格层的攻击，可能引起数据的删除、修改、失去效用等后果，虽然可恢复，但数据错误或丢失引发严重后果也是可能的。对网络人格层的攻击，也可能作为认知战的手段。综上可见，在北约网络行动的体系中，并不排斥将攻击数据作为作战手段。

学理上的争议主要在于数据能否被看作国际人道法意义上的物体，进而被识别为军事目标或民用物体。与此对应的问题是，"攻击"的概念在《第一附加议定书》第四十九条第一款中被定义为"暴力"的行为，对纯粹数据的攻击能否算作"暴力"的范围。国际人道法上数据是否能被视为物体，向下延伸将影响国际刑法中战争罪的定罪（主要涉及攻击民用物体、无急迫军事必要毁损、扣押敌对方财产），二者

---

①　'AJP-3.2, Allied Joint Doctrine for Cyberspace Operations (Edition A)', 53, at 23.
②　'AJP-3.2, Allied Joint Doctrine for Cyberspace Operations (Edition A)', 53, at 23.
③　'AJP-3.2, Allied Joint Doctrine for Cyberspace Operations (Edition A)', 53, at 23.
④　'AJP-3.2, Allied Joint Doctrine for Cyberspace Operations (Edition A)', 53, at 24.

存在联动关系：如数据构成物体，则战争罪保护的范围将大大拓展。①

在《塔林手册》的编纂过程中，少数专家认为，数据只要满足国际人道法对军事目标的定义，且对数据的攻击能够为交战的一方带来军事上的优势，就可以单独作为军事目标。② 与此对应，"攻击"的概念应当扩展至对数据的删除、修改、毒化、失去效用等表现形式。然而，《塔林手册》采取的立场是，不承认数据具有物的属性，因而数据既不能算作军事目标，也不能成为民用物体。北约网络合作防御卓越中心特邀国际专家组的理由是，数据不是有形物体，因此不在根据《第一附加议定书》相关文本通常定义的范围之内。③ 手册总主编迈克尔·施密特为补充说明《塔林手册》的立场辩称：仅仅带来某种不方便的网络攻击并没有被国际法所禁止，在这方面找不到相应的国家实践与支持，而在武装冲突之中平民的日常生活遭受到各种不便是频繁发生的事情，④ 因而不能任意扩大军事目标的范围。反对者如克努特·多尔曼认为，不导致物理毁损的事实判断数据与是否构成军事目标是不相关的，只要根据《第一附加议定书》第五十二条第二款规定的要素判断，毁坏、缴获或使其失去效用能够为交战方提供确定的军事利益，那么该数据就应该被认定为军事目标，而且军事目标定义规定了毁坏、缴获、失去效用三种提供军事利益的途径，这一规定暗示以何种方式使军事目标丧失其功能并不重要。⑤

笔者认为《塔林手册》的立场是错误的，理由有以下几点。

第一，《塔林手册》将问题简化为条约解释，从而忽视了《第一附加议定书》第四十九条第一款具有习惯法属性的背景，国际习惯法的内容可能随着时间推移扩大适用范围。

第二，即便军事目标乃至物体概念的界定属于条约解释的问题，《塔林手册》忽视了演化解释的方法，依据这种动态的解释方法，数据完全可能被纳入军事目标、物体概念的范畴。

第三，忽视了物体的财产属性及国际人道法保护财产的方法。例如，《陆战法

---

① Simon McKenzie, 'Cyber Operations against Civilian Data', 19 *Journal of International Criminal Justice* (2021) 1165, at 1165-1192.

② Schmitt (ed.), supra note 33, at 437.

③ Schmitt (ed.), supra note 33, at 437.

④ Michael N Schmitt, Cyber Operations and the Jus in Bello: Key Issues, 87 (2011) *International Law Studies* 93, p. 95.

⑤ Knut Dörmann, 'Applicability of the Additional Protocols to Computer Network Attacks', paper delivered at the International Expert Conference on Computer Network Attacks and the Applicability of International Humanitarian Law, Stockholm, 17-19 November 2004, 6, accessible at http://www.icrc.org/eng/resources/documents/misc/68lg92.htm.

规和惯例公约》第二十三条第七款禁止交战方在无急迫军事必要的情况下毁损和扣押敌对方财产；第五十三条将对于被占领的领土上现金、基金、有价证券等财产的行为也纳入了规制范围。由此可见，国际人道法保护财产的方法并不以有形财产为限度。倘若数据本身具有财产属性，或者数据的篡改、失效可能带来巨大经济损失，试问国际人道法是应将该数据作为民用物体对待，还是选择不置可否？在网络成为交易途径、数据成为财产载体，抑或数据本身就是财产（如以区块链技术为基础的数字货币）的趋势下，保护数据的必要性应得到加强而非减弱。

综上所述，国家的军事需求要求网络的物理层、逻辑层、网络人格层都应在国际人道法的规制之下，数据以及数据财产应当受到国际人道法的单独保护，而非作为有形物体的一部分受到保护。笔者由此认为，数据在网络领域构成稳定、独立存在的军事目标或受保护物体，因此网络可被视为独立的作战场域，国际人道法未来应发展针对网络的场域特定规则。

网络作为独立场域的观点与保守派的观点并不完全相左。保守派否认网络作为独立场域的可行性，但认为网络用于支持动能攻击的情况下可构成作战方法。①《第一附加议定书》第三十五条规定，交战国选择作战方法和手段的权力不是毫无限制的；根据《第一附加议定书》第三十六条，以网络为作战方法或手段也应受到缔约国的审查。

六、国际人道法意义上存疑的新作战场域

（一）电磁域是否构成独立作战场域

无线电频谱具有不可替代的军事价值是广为认可的事实：首先是无线电频谱及相关技术对军事通信具有重要作用；其次是无线电频谱在导弹、无人机飞行控制、制导领域具有重要作用；最后，电磁干扰是常用的军事压制手段。电磁领域技术作为作战方法是国际人道法可以评价的领域。电磁领域技术还可能预示着武器技术的发展，从区分原则、比例原则、避免不必要痛苦等角度对其进行评估也是可行的，晚近以来定向能武器（如微波武器用于烧毁无人机）得到长足发展，是电磁领域技术快速迭代的结果，北约认为定向能武器也属于电磁作战的形式。② 按照《第一附加议定书》第三十六条规定，定向能武器或利用电磁领域技术的作战方法，应当受到合法性审查。

尽管如此，许多人认为，陆、海和空是目前被确认的三个作战场域。迄今为止，

---

① 'Symposium Report: Digital Risks In Armed Conflicts; 10.2019; 500', (2018), at 13.
② NATO, JP-3-13.1, Electronic Warfare, 2007, p. I-9.

还没有新的人道法分支适用于电磁域这一较新的技术领域。①按照这一观点，所谓作为独立场域的电磁域并不存在。笔者赞同上述观点（外空、网络除外）。依据本文提出的构成新场域的标准，笔者采取的思路是：通过对电磁作战类型的分析，校验电磁作战的形式仅仅是作为作战方法，其最终保护或毁坏、缴获、失去效用的目标仍然是陆、海、空、外空、网络场域的军事目标或民用物体，还是在某个无线电频段保护、毁坏、缴获或失去效用了。若属前者，电磁域可构成独立的作战场域；若属后者，则国际人道法应将电磁战视为最终作用于其他场域的作战方法或手段。北约联合出版物《电磁战》（JP-3-13.1, *Electronic Warfare*, 2007）归纳了电磁作战的主要形式，除定向能武器作为武器考察外，其他形式包括：抗电磁干扰措施、电磁欺骗、电磁增强措施、电磁干扰、电磁阻塞、电磁脉冲、电磁（频段）伪装、电磁探测、电磁侦察、电磁辐射量管控、电磁频谱管理等行为。②上述所有电磁战形式都旨在保护、毁坏在陆、海、空、外空、网络等场域存在的军事目标或民用物体或使其失去效用。电磁脉冲、电磁干扰、电磁阻塞等形式只能形成对部分或全部电磁频段的使用障碍，而不能形成对部分或全部电磁频段持久、稳定地占有；而且，电磁频谱无法如军事目标一样被毁坏、缴获或失去效用。综上可见，尽管美国及北约政策体现了电磁频谱资源的稀缺性，但目前电磁域并不是独立的作战场域，国际人道法没有必要制定专门的场域特定规则。

（二）认知域是否构成独立作战场域

将物理域、信息域、认知域三者并列并加以研究，是军事学研究的领域之一。③本文并非要讨论军事学意义上的概念，而是要讨论军事学意义上的"认知域""认知战""心理战"等是否能够被国际人道法规则评价，是否有必要构成独立的作战场域，从而依据其特性设置适用于认知域的国际人道法规则。在北约《联合操作安全与欺骗条例》（*Allied Joint Doctrine for Operations Security and Deception*）中，《孙子兵法》被引用，用以说明战略或战术欺骗的历史渊源。④ 在北约的认知中，认知域、心理战或网络战有一定的关联性。当前北约联合作战指挥体系中，认知域及认知战处于讨论的起步阶段，尚未在联合作战层面形成统一的标准化流程，心理战行动的

---

① Saul and Akande (eds.), supra note 3, at 92.
② NATO, supra note 47, at I-9-11.
③ 门洪华、徐博雅：《美国认知域战略布局与大国博弈》，《现代国际关系》，2022 年第 6 期，第 1—11 页；余远来、陈茜：《认知域作战的致效机理与策略选择》，《思想理论战线》，2022 第 4 期，第 128—139 页；刘慧燕等：《全媒体环境下推进认知域作战装备发展的几点思考》，《国防科技》，2018 年第 5 期，第 40—42 页。
④ AJP-3.10.2, Allied Joint Doctrine for Operations Security and Deception (Edition A), p. 49.

流程可能在一定程度上起到指导认知战的作用,以等待认知战实操流程的完善。

当前的研究认为,认知战指向的目标是人的大脑,通过改变对信息的认知在宏观上改变敌对国的信息环境,制造认知混乱。在军事学意义上,北约支持的研究将认知战与心理战、网络战等进行了详尽的比较,如表1所示,"×"代表存在交叉。

表1 认知战与部分作战样式比较,"×"代表存在交叉①

特征	心理战	电子战	网络战	信息战	认知战
使用大众趋势/数据			×	×	×
处理思想和行为	×				×
极强的公众影响力			×		×
对信息传播的兴趣	×	×		×	×

由此可见,认知战、网络战、心理战是基于不同的标准和特征对作战方法的表述,各自切入点不同,由此产生交叉在所难免。网络战可以成为心理战、认知战的实现手段;心理战关注通过错误信息的传播影响敌对方武装部队,形成欺骗效果;认知战则把传播对象扩展至敌对国全民,并试图从根本上影响其思维和行为方式。认知战的目的主要在于两点:一是影响敌对国社会稳定,全面制造社会混乱;② 二是影响目标受众,通过操纵目标受众对周围世界的看法和理解,使受众对某一问题产生共鸣,促使受众以有利于己方的方式行动。③在认知战被升级为独立的作战样式

---

① Bernal et al., 'NATO'S Cognitive Warfare: An Attack on Truth and Thought', NATO, Fall (2020) 2021, at 10. 53. Ibid., at 12-18.

② Bernal et al., 'NATO'S Cognitive Warfare: An Attack on Truth and Thought', NATO, Fall (2020) 2021, at 10. 53. Ibid., at 18.

③ Bernal et al., 'NATO'S Cognitive Warfare: An Attack on Truth and Thought', NATO, Fall (2020) 2021, at 10. 53. Ibid., at 19.

之前，将认知战视为心理战的一个类型似无不妥。基于传播学、心理学原理，认知战的形式包括：重复曝光、确认偏误、情感启发、聚类错觉、标签效应等。① 不论军事学是将认知战作为独立作战样式理解，还是将其视为心理战的一部分，利用媒体及网络操控的优势地位，是认知战得以顺利展开的前提。北约的研究认为，认知战的后果可以在三个潜在的层面上找到：第一，对心理、关系、动机维度的影响，或通过播种怀疑或巩固确定性，或造成慢性后果；第二，在网络领域通过直接分解或诱导人类错误，影响网络、网络携带的信息或人机交互界面；第三，直接针对个人认知能力，特别是那些认知能力被长期改变的人。②

对认知战还存在另一种认识，即将人类大脑看作作战的战场，因此，除了基于传播学、心理学原理创设的形式，还包括利用脑机科学机制强行改变人类大脑的认知。③ 在脑机科学成熟之前，这一理解实为远景设想。但有必要强调，国际人道法历来反对引起过分伤害和不必要痛苦的作战方法和手段（《第一附加议定书》第三十五条第二款）。倘若脑机科学改变人脑认知的认知战方式落地，是否符合国际人道法的基本要求，将成为必须严肃对待的问题。

有一个典型的心理战实例：在第四次中东战争中，埃及通过外交和军事的欺骗行动，成功诱使以色列坚信阿拉伯国家军队缺乏团结、指挥糟糕；此后，埃及在1973年10月6日成功地对以色列发动了突然袭击。④ 上述事件表明，所谓认知战或心理战，并未超出战略或战术欺骗的范畴。

战略或战术欺骗在国际人道法中对应的是诈术（诡计）的问题，根据《第一附加议定书》第三十七条，诈术本身被国际人道法所允许，只不过国际人道法严格区分了诈术与背信弃义的作战方法。《联合操作安全与欺骗条例》从风险规避的角度也强调了诈术和背信弃义作战方法的区别。⑤ 有必要注意的是，采取背信弃义的作战方法且导致敌对方伤亡结果的才构成《国际刑事法院罗马规约》中的战争罪。⑥

---

① 余远来、陈茜：《认知域作战的致效机理与策略选择》，《思想理论战线》，2022年第4期，第128—138页。

② B. Claverie and F. du Cluzel, 'The Cognitive Warfare Concept', Innovation Hub Sponsored by NATO Allied Command Transformation（2022）2022, at 8.

③ B. Claverie and F. du Cluzel, 'The Cognitive Warfare Concept', Innovation Hub Sponsored by NATO Allied Command Transformation（2022）2022, at 4..

④ supra note 51, at 42.

⑤ B. Claverie and F. du Cluzel, 'The Cognitive Warfare Concept', Innovation Hub Sponsored by NATO Allied Command Transformation（2022）2022, at 1.

⑥ B. Claverie and F. du Cluzel, 'The Cognitive Warfare Concept', Innovation Hub Sponsored by NATO Allied Command Transformation（2022）2022, at 49.

由于该款战争罪作为结果犯的定位,背信弃义行为与敌对方伤亡结果之间应当存在因果关系,《塔林手册》认为因果关系应当用近因原则来评价。①

未来在认知战领域的背信弃义的作战方法,可能来自生成式对抗网络(Generative Adversarial Network,GAN)技术。生成式对抗网络自 2014 年被提出后取得了迅速发展,该模型是一种无须大量标注训练数据学习深度表示的方法。具体而言,该模型受博弈论中的零和博弈启发,将生成问题视作判别器和生成器两个网络的对抗和博弈:生成器从给定噪声中(一般是指均匀分布或者正态分布)产生合成数据,判别器分辨生成器的输出和真实数据。生成器试图产生更接近真实的数据,相应地,判别器试图更完美地分辨真实数据与生成数据。由此,两个网络在对抗中进步,在进步后继续对抗,由生成式对抗网络得到的数据也就越来越逼近真实数据,其工作原理如图 3 所示。

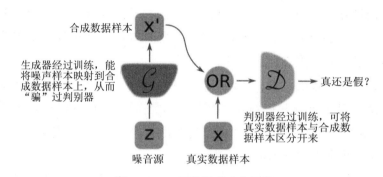

图 3 GAN 网络模型示意图②

生成式对抗网络在视频、图片领域拥有广泛的应用前景(其应用前景包括生成人脸照片、图像转换、图像混合、图片修复等),经过充分训练后能够产生以假乱真的图片和视频。虚假图片和视频的传播用于认知战,有可能带来背信弃义的作战方法的问题,未来发展前景值得观察。由此可见,未来诈术和背信弃义的作战方法之间的区别变得模糊,背信弃义的作战方法导致伤亡的可能性增加。

综上所述,认知、情感、心理的变化属于主观维度范畴。据此,认知域并不构成独立的作战场域。而且,迄今为止没有任何一次军事行动的实例表明认知域能够形成可被人道法规则界定为军事目标的东西,在三维空间中以使用暴力为特征的"攻击"在认知域并无映射。针对人的意识、认知、情感等主观属性的存在,以区

---

① Schmitt (ed.), supra note 33, at 493.
② A. Creswell et al., Generative Adversarial Networks: An Overview, available at https://www.semanticscholar.org/reader/6e36fc1485e e735796a6ac39ff8155bb2c4f7017 (last visited 9 January 2023), at 2.

分原则、比例原则等为基本原则的国际人道法并无适用的可能。针对所谓认知域或心理战，国际人道法也以背信弃义的作战方法为欺骗性作战方法设置了红线。尽管认知域不构成人道法意义上的场域，但认知战作为传统场域中的作战方法仍然应受到约束。

综上可见，仅数量有限的国际人道法规则可用于规制认知战。尽管如此，认知战并非处于国际法的真空，不干涉内政原则、审慎义务等仍然在认知战达到适用门槛条件的时候发挥制约作用。[1]

七、结论和展望

作战场域在国际人道法中并非新的问题，但随着外空、网络、电磁、认知等领域越来越具有军事价值，各个国家在这些领域的行为能否用国际人道法规则进行评价，成为频繁出现的问题。历史上国际人道法规则起源于陆战，然后逐步向海战、空战扩展，这一趋向致使学界思考外空、网络、电磁、认知等领域是否能够作为独立作战场域的问题。独立场域提示研究者应当注意内在方法逻辑：独立作战场域意味着该场域与普遍适用规则相比存在特殊性，因此逻辑上演进的结果，要么针对新场域制定场域特定规则，要么对普遍适用规则作出适应新场域的解释或类比适用。非空间维度场域的出现，为厘清普遍适用规则与场域特定规则之间、不同场域特定规则之间的关系带来了一定程度的困难。

技术的演进，尤其是航空航天技术和通信技术的发展，使交战国在同一指挥控制体系内调动各传统场域和新场域的资源、形成联合作战的态势成为可能。在联合全域作战体系下，各场域之间态势感知能力大大加快，且作战信息流动速度大大加快，摆脱了以往依附于军队建制、以中心化为特征的指挥控制体系的束缚，向以动态决策、分布式、扁平化、高响应性、动态决策为特征的新指挥控制机制演进。军事学意义上联合全域指挥控制机制的提出，必将引起法律适用层面的难题。本文以场域内军事行动能否被国际人道法评价为出发点，考察了传统场域、新独立场域（外空、网络）及存疑的场域（电磁域、认知域）的状况，得出以下结论。

第一，传统场域面临的主要挑战是各场域特定规则的交叉重叠及无人装备在陆战、海战、空战规则中寻求恰当定位的问题。

第二，外空、网络领域内军事目标、军事行动有其存在的独立功能和价值，能够为交战国带来独立的军事优势，因为构成独立的作战场域，有必要制定新的场域

---

[1] T. van Benthem, T. Dias and D. B. Hollis, 'Information Operations under International Law', 55 *Vanderbilt Journal of Transnational Law* (2022) 1217, at 1255-1268.

特定规则,或延伸普遍适用规则的内涵,以回应挑战。

第三,电磁域、认知域在当前技术条件下不构成法律意义上的独立场域。尽管如此,国际人道法中关于作战方法和手段的规则仍然对电磁攻击(干扰)、认知域作战(心理战)有约束力。

形成新的场域特定规则可能需要经历长期的努力,长期性是由国际法独特的形成机制决定的。条约缺位的情况下,法律解释和法律编纂提供了另一种弥合规则空白的路径。此外,《第一附加议定书》第三十六条对缔约国施加了审查作战方法和手段合法性的义务,马顿斯条款也要求国家的行为受到人性原则和公众良知的制约。上述发现提示学界和实务界,新作场场域出现导致的法律空白可以得到填补。

On the Operation Domain in the International Humanitarian Law

Abstract: The expansion of domain where warfare applies is a new issue faced by both military science and International Humanitatrian Law (IHL). The traditional domains of IHL include land, sea, airspace with their respectively applicable rules. With the development of aviation, aeronautic and communication technologies, emerging domains such as Outer Space, Cyber Space, Electromagnetic Spectrum and Cognitive domain have been included in the consideration whether they should be regulated by IHL. The fundamental approach of IHL in dealing with domain issues is to formulate or develop domain-specific rules based on the characteristics of the domain while affirming universally applicable rules. The expansion and integration of domains is a major trend in military development to date. The notion of Joint All-Domain Command and Control in the sense of military science is the technical prerequisite for domain expansion and integration in the sense of IHL. The main problems currently faced by land, sea and air warfare is that the large-scale application of unmanned equipment has caused obstacles in assessing unmanned equipment by traditional domain rules. It is sufficiently convincing that Outer Space and Cyber Space serve as new independent domains of IHL. Meanwhile, the Electromagnetic Spectrum and Cognitive Domain should not be deemed independent domains in light of current development of technology and combat pattern. They could only be regulated by IHL rules concerning methods and means of warfare.

Keywords: operation domain; joint all-domain command and control; joint all-domain operation; autonomous weapon system; unmanned surface vehicle; unmanned arial vehicle

无人机国际人道法问题研究

朱 路[①]

摘要：无人机已从情报搜集工具转变为武器，其执行的任务从"定点清除"扩展到各类军事行动，虽然目前是合法武器，但朝着自主武器系统发展将会使其性质越来越难以判断。由于能够提供更多信息，无人机推动了"数据驱动的战争"的出现，也应该更能区分战斗员与平民，更能符合比例原则。然而，一方面由于处理信息能力不足和评价具体攻击合法性标准的提高；另一方面因为信息保密以及选择目标人员的标准背离法律规则，无人机攻击似乎总在违反国际人道法。平民操作者进行无人机攻击会成为"非法战斗员"，理论上也会影响其在国际人道法中的权利。无人机给国际人道法带来的最大挑战在于责任无人承担，应通过增强预防措施规则的法律效力和强调指挥官责任予以应对。

关键词：无人机；定点清除；国际人道法；非法战斗员；数据驱动的战争

一、从"定点清除"到"无人机战争"

无人机，也称无人驾驶飞行器或遥控飞机，为方便起见，本文一概称之为无人机。无人机的"无人"是指人不在机舱中而在地面或其他地方，通过远程控制系统操控飞机，并非真的"无人"。另一个不同于有人驾驶的飞机的地方在于，无人机的"飞行员"（假如还能这么称呼的话）通常不是一人或两人，而是多人，甚至几十人、上百人，每人各有分工、各司其职，如飞行控制、导弹操作、信息传输、图像处理、情报分析、指挥决策等。20世纪50年代，美国空军率先研发无人机，后

[①] 朱路，法学博士，首都经济贸易大学法学院副教授。

在越南战争中使用第一款具有实操性的无人机"萤火虫"进行战术侦察活动。20世纪70年代，以色列也开始研发无人机并在80年代初取得突破，随后，美国一方面购买以色列的技术；另一方面加大研发力度并在世界范围领先。

由于技术所限，无人机数十年来只是用于情报收集、监视和侦察（Intelligence, Surveillance, and Reconnaissance, ISR）。随着科技进步，近十年来无人机开始武装化，外挂导弹、炸弹等对特定目标进行空袭，即"定点清除"。无人机定点清除始于2001年"9·11"事件后小布什政府在阿富汗和伊拉克进行的"反恐战争"，于奥巴马政府时期（2008—2017）达到顶峰，不仅无人机的行动区域扩展到巴基斯坦和也门等非战区，而且攻击频率激增，仅在奥巴马执政的第一年，无人机攻击次数就已经超过小布什执政8年期间的总和。[1] 2019年3月6日，特朗普取消了奥巴马政府时期制定的要求每年公布在战区外进行无人机攻击造成的平民和武装分子伤亡数字的规定，增加了无人机行动的自由度。[2] 2022年10月7日，拜登收紧政策，要求无人机攻击不仅需要明确目标身份，而且需要总统批准才可进行。[3] 凭借无人机定点清除，美国击毙了恐怖组织首领，但也造成了大量平民伤亡，引发美国国内和国际社会的广泛关注和巨大争议。

2022年2月24日，俄乌冲突爆发，双方频繁使用无人机进行各种军事行动，"无人机战争"拉开序幕。无人机不仅被用来进行传统的情报、监视和侦察任务，还被用于电子战（向特定地区发送警告短信）、导航定位（引导导弹、多管火箭弹打击重要目标），以及直接攻击目标和进行自杀式袭击。2022年3月4日，俄罗斯"猎户座"察打一体无人机首次亮相，使用导弹摧毁了乌军地面军事设备和弹药库；3月13日，俄罗斯第二款察打一体无人机"前哨-R"使用导弹摧毁了乌军的一门火箭炮。俄罗斯还使用了"天竺葵"、"天竺葵-2"、"立方体"和"柳叶刀"巡飞弹无人机（又称自杀无人机），其一体化战斗部包含光学导引头和内置炸药，既可由操作者引导，也可自己发现目标。与导弹、炸弹相比，自杀式无人机能够在杀伤区域停留相当长的时间（目前滞空时间可达数十分钟），巡飞、跟踪或等待目标，而且成本比导弹、炸弹低得多，这就意味着使用防空系统对其进行拦截在经济上很

---

[1] Scott Shane, 'C.I.A. to Expand Use of Drones in Pakistan', December 4, 2009, https://www.nytimes.com/2009/12/04/world/asia/04drones.html, last visited on March 11, 2021.链接已失效。

[2] Wesley Morgan, 'Trump Scraps Requirement to Report Some Air Strikes', March 6, 2019, https://www.politico.com/story/2019/03/06/trump-civilian-deaths-drone-strikes-1207409, last visited on March 11, 2021.

[3] Katie Bo Lillis, 'Biden Finalizes New Rules for US Drone Strikes', October 7, 2022, https://www.cnn.com/2022/10/07/politics/drone-strikes-counterterrorism-white-house-biden-new-rules/index.html, last visited on May 11, 2023.

不划算，而且由于无人机低空低速飞行，雷达反射面积小，红外线信号弱，不易被雷达识别，拦截实效并不理想，① 如果大量同时使用（"蜂群战术"），则更是如此，即便其中部分遭到拦截，未被拦截的无人机也可以继续对目标造成破坏。乌军主要使用土耳其产的察打一体无人机 TB-2。在蛇岛争夺战中，TB-2 接连摧毁岛上的俄军阵地和军事设施，击沉俄军运输船和巡逻艇，表现抢眼。乌军也使用了美制的"弹簧刀"和"凤凰幽灵"自杀式无人机追踪和猎杀俄军的坦克、自行火炮等高价值目标，2022 年 12 月 5 日、26 日，俄战略轰炸机基地两次遭到乌军自杀式无人机袭击。2023 年 1 月 1 日晚至 2 日凌晨，俄对乌发动大规模无人机袭击，乌共击落 39 架攻击型无人机和 2 架无人侦察机，乌总统泽连斯基表示，俄计划通过长时间的无人机袭击来"耗尽"乌克兰。

另外，人工智能的发展使无人机有成为自主武器系统（Autonomous Weapons Systems，AWS）的可能。部分或完全脱离人工操作和干预，自行寻找、锁定和打击目标的无人机的研发一直在持续进行，尤以欧盟"神经元"（nEUROn）项目最具代表性。该项目于 2003 年由法国牵头发起，多国参与。这款内置武器的"无人作战机"（Unmanned Combat Aerial Vehicles，UCAVs）的目标为在"隐形"状态下执行空对地亚音速任务。2012 年 12 月 1 日，"神经元"原型机进行了首次试飞；2015 年 2 月 26 日试飞满 100 次，在 9 月 2 日进行的首次内置弹舱发射武器试验中，"神经元"投掷了一枚 250 公斤重的炸弹。2016 至 2019 年，"神经元"还进行了海上军事行动测试。承包项目的法国达索飞机制造公司称，所有测试均实现了预期目标。②

完全自主的无人作战机出现在战场可能仍需要较长时间，但无人机战争已经迫在眉睫。从国际法的角度来看，无人机主要涉及国际人道法，也不同程度地涉及诉诸战争权和国际人权法。下文将从 3 个方面对无人机本身的法律性质及其对战争的影响、无人机操作者的法律地位和无人机攻击目标的区分原则展开讨论。

---

① 例如，2022 年 12 月 26 日，5 架朝鲜无人机越界飞入韩国，并在韩国首都首尔、仁川江华郡等地上空飞行约 7 小时，其中一架无人机不仅进入首尔市西北端的恩平区，还飞到首尔汉江以北的龙山附近，拍摄韩国总统府青瓦台周边地区后返回，光天化日之下，朝鲜无人机如入无人之境，韩军防空系统的漏洞暴露无遗。韩国空军 12 月 26 日出动战斗机、攻击直升机、轻攻击机等展开应对，雷达在乔桐岛以西海岸捕捉到无人机后，韩军直升机发射了 100 多枚 20 毫米口径炮弹，但未能击中目标。27 日下午，韩国军方误将仁川江华郡的一群鸟当作朝鲜的越境无人机，出动 20 架军机进行追捕，上演了一出乌龙事件。当天，韩国军方为其未能击落朝鲜无人机而道歉。韩国的参谋长联席会议此前曾否认朝鲜无人机飞越青瓦台，但 2023 年 1 月 5 日证实朝鲜无人机曾进入青瓦台所在禁飞区的北端。

② 'Programme Milestones', https://www.dassault-aviation.com/en/defense/neuron/programme-milestones/, last visited on May 13, 2023.

二、无人机的法律性质、"数据驱动的战争"与信息悖论

国际人道法的基本原则包括区分原则、比例原则、禁止不必要痛苦原则（也称禁止过分伤害原则）和军事必要原则，其中最重要的是区分原则，它要求在战争和武装冲突中始终对战斗员与平民、军事目标与民用物体加以区别。区分原则是国际人道法的逻辑前提和价值基础。如果在战争和武装冲突中不进行区分，国际人道法也就没有存在的必要了。发动战争会使用各种方法（methods）和手段（means），前者是指使用的武器，后者是指使用武器的方式。考察特定武器本身合法与否，需要首先检验该武器是否符合区分原则，是否能以特定军事目标为对象，满足这个门槛要求后，才接着考察是否会造成过分伤害或不必要痛苦等问题。考察使用武器的方式的合法性同样如此。

尽管作战方法和手段常常并列使用，但武器本身的合法性与使用方式的合法性是两个不同的概念。合法的武器可以以不合法的方式使用，不合法的武器以什么方式使用都不会合法。武器本身是否合法取决于其固有特性，某些武器无论以何种方式使用都很难甚至无法区分战斗员与平民，这种不分皂白的武器会被国际法宣告为非法并予以禁止，如集束弹药；而某些武器无论怎样使用都会造成不必要痛苦，那些多余的、额外的痛苦不能增加使用方的军事利益，是徒劳和不人道的，这类武器也会被国际法宣告为非法并予以禁止，如膨胀子弹、燃烧武器、激光致盲武器等。结合这两方面可以发现，无人机既不是不分皂白的武器，也不是导致不必要痛苦的武器：无人机的主要武器载荷是导弹和炸弹，导弹和炸弹不仅是合法武器，而且激光制导的导弹具有很高的打击精准度，理论上具有更强的区分能力。因此，从法律性质来看，无人机目前是合法武器。如果人工智能科技的进步使得无人机有朝一日能成为自主武器系统，其法律性质将复杂许多，甚至有可能对以人类为制度基础的国际人道法构成根本性挑战。

理论上，无人机更能符合区分原则和比例原则的要求，因为它能长时间对目标进行跟踪、监视、侦察，能掌握更多与目标相关的信息，所以能更好地区分战斗员与平民、军事目标与民用物体，也能更好地权衡攻击预期的具体和直接军事利益以及附带的平民伤亡与民用物体损失。不仅如此，使用无人机进行军事行动的主要优势就是操作者的绝对安全（及零伤亡带来的国内政治影响），操作者在距离实际行动地点千万里的地方遥控指挥无人机，毫无性命堪忧之恐惧，操作者心理压力小得多，据称这能使操作者有更大的概率做出更理性的决定，从而更可能减少战争的损害。然而，事实并不像无人机的拥趸所说的那么简单、那么理想，美国的无人机定点清除行动就频繁造成包括儿童在内的大量平民伤亡，这可以从无人机引发的战争性质的变化和信息悖论来解释。

　　无人机给战争带来的改变在于推动了"数据驱动的战争"的出现，无人机带来了"遥控战争"的说法只抓住了问题的表象，未能触及实质。当代战争和武装冲突越来越多地依赖摄像头、传感器等设备，1990 至 1991 年的海湾战争是人类历史上第一次普通人可以通过电视收看战争实况的战争。21 世纪美军的重要军事行动可以通过摄像头、夜视仪等实时呈现在长官眼前，长官据此随时发出最新指令，2011 年 5 月 1 日（美国东部时间）美军特种部队海豹突击队在巴基斯坦阿伯塔巴德将本·拉登击毙时即是如此。无人机的技术进步使得战争更加依赖以数据形式呈现的各种信息和情报，这一方面是因为无人机最强大的能力就是情报收集；另一方面是因为决策者和实际战斗地点在现实中是分离的，决策者往往只能参考数据。如果说以往的战地指挥官会为情报太少而感到烦恼，现在的指挥官则为情报太多而感到困惑。信息过少可能难以或者无法区分战斗员与平民、军事目标与民用物体，但信息过多不一定会有利于区分。信息悖论表明，关键的不是信息的数量而是信息的质量，这充分体现在无人机领域。2012 年 4 月，美国空军部长称美军无人机搜集的海量视频和静态图片之多，令人"无法承受"，还得"数年"才能筛选和分析完。①

　　如何分析、处理和利用无人机收集的海量信息至关重要。对于要在很短时间内（甚至是一刹那间）作出决策的操作者而言，直接分析如同潮水一样涌来并持续增加的信息几乎是不可能的。尽管目前电脑处理信息的能力并不理想，分析也并不总是可靠，但操作者往往还是只能选择相信。操作者过度依赖电脑最典型的例子当属 1988 年 7 月 3 日的伊朗航空 655 号班机空难事件，配备了"宙斯盾"战斗系统的美国海军导弹巡洋舰文森斯号将伊朗客机 655 号识别为 F-15 战斗机，经军官确认后发射了两枚 SM-2MR 地对空导弹将其击落，导致 290 名乘客和机组人员遇难。必须承认的是，技术会进步，电脑的分析能力也会提高，数据的质量可能也会提高，但将技术作为解决问题的不二法门（技术决定论）、将数据作为遵守国际人道法的法宝显然偏离了重点，而且不当地减轻或转移了人类（从操作者到指挥官）应尽的注意义务。

　　无人机信息的片面性加剧了其过剩的问题。无人机的信息过剩实际上只是一种假象，只是片面过剩。无人机搜集的信息是鸟瞰式的，这种垂直视角的信息应结合水平视角的、来自地面的信息综合判断人和物的性质，因为同样的事情从空中和从

---

① Spencer Ackerman, 'Air Force Chief: It'll Be "Years" Before We Catch Up on Drone Data', April 5, 2012, https://www.wired.com/2012/04/air-force-drone-data/, last visited on March 12, 2020.

地面看可能会有不同甚至相反的判断。试想在武装冲突地区一群少年拿着玩具枪打闹，从无人机的角度来看他们疑似武装人员，而从地面的角度看则可以比较容易、清楚地确认其平民地位，但假如指挥官完全参考来自无人机的信息，或在作出决定之时地面信息未能及时送达，那么这群少年很可能被定性为战斗员而被攻击。更不用说在一些国家和地区，如也门、阿富汗、巴基斯坦等，还有着持枪的传统习俗，在特定的节日和场合（如婚礼、庆典、聚会等）可能还会朝天开枪表示庆祝。因此，即便一个人手持真的武器也不能自动证明该人是战斗员。而且，从理论上看，无人机提供的信息数量增加也会提高比例原则适用于无人机攻击时的评价标准，从而提高了合法性的门槛。比例原则的两个衡量指标，一是具体和直接的军事利益，二是附带平民伤亡和民用物体毁损，判断具体攻击是否符合比例原则无法通过某种公式简单地输入数据得到结果，只能一事一议地根据当时的情形判断。具体攻击是否符合比例原则，主要取决于指挥官当时可以得到的信息，可参考的信息越多，就越能区分战斗员与平民、军事目标与民用物体，越能降低平民死伤或民用物体毁损的程度。因此，无人机提供的大量信息反而可能不利于为攻击的合法性辩护。概言之，"数据驱动的战争"中，使用无人机时过度依赖和相信数据很可能增加违反国际人道法的概率，与无人机的支持者所声称的恰恰相反。

三、情报机构人员、私营军事安保公司人员和作为"非法战斗员"的无人机操作者

在武装冲突中，如果进行军事行动的无人机操作者是一国武装部队成员，其战斗员身份将使操作无人机的行为本身免于任何法律争议，但无人机是先进而复杂的设备，不仅对操作者的专业技能要求很高，而且往往会涉及大量操作者，而这些人往往并非都是武装部队成员。以美国为例，其中型无人机"捕食者"和"死神"在进行攻击时，大约需要160到180人操作，大型无人机"全球鹰"在飞行时则需要300到500人操作。2015年11月，美国空军和两家公司（其中一家是"捕食者"和"死神"的制造商）签订合同，公司人员负责每天操作2至10架"死神"无人机进行"战斗空中巡逻"（Combat Air Patrols，CAP），这是美国空军第一次使用平民执行空中作战任务，尽管美国空军声称公司人员只进行情报收集、监视和侦察活动，但仍然引起了美国国内对此种做法的合法性质疑和反对。[①] 美国无人机定点清除的执行主体是美国中央情报局和美军，尽管有关详情仍是机密，无法获知准确数

---

① W.J. Hennigan, 'Air Force hires civilian drone pilots for combat patrols; critics question legality', November 27, 2015, https://www.latimes.com/nation/la-fg-drone-contractor-20151127-story.html, last visited on July 22, 2023.

据，但美国中央情报局无疑是执行美国定点清除行动最重要的主体之一，而美国中央情报局雇用了大量私营军事安保公司人员操作无人机，以至于出现了"无人机的私有化"。可是美国中央情报局只是情报机构，不属于军队，不具有战斗员地位，只是国际人道法中的平民。平民参加无人机攻击的行为会直接影响其在国际人道法中的地位，因为平民享有国际人道法给予的免受直接攻击之一般保护的权利是以不"直接参加敌对行动"为前提的，一旦进行此种活动，平民将在此期间丧失保护并成为合法攻击目标。而且，平民首先无权直接参加敌对行动，如此行事的平民将成为"非法战斗员"或"无特权交战者"，被俘时不仅无权成为战俘（战斗员最主要的特权之一），还会因直接参加敌对行动受到审判（即使没有违反国际人道法）。

关键问题是如何判断平民操作者在进行无人机攻击时是否以及何时构成直接参加敌对行动。然而，直接参加敌对行动在国际条约中没有被定义，也缺乏判断标准。2009 年红十字国际委员会发布了《国际人道法中直接参加敌对行动定义的解释性指南》（简称"《解释性指南》"），试图解决直接参加敌对行动这个国际人道法中最为困难且至今未获解决的问题。虽然该文件本身存在一些理论上的问题与漏洞，而且不具有法律效力，但它试图通过新概念和新标准从实质上推进平民和战斗员的界定，代表了国际人道法在平民和战斗员问题上的最新努力和进展，而且为直接参加敌对行动概念的构建指明了方向，并提供了逻辑框架和分析工具，因此具有重要的参考价值。

根据《解释性指南》，一项具体行为要构成直接参加敌对行动，必须同时满足 3 个条件，即损害下限、直接因果关系和交战联系。损害下限是指"行为必须很可能对武装冲突一方的军事行动或军事能力造成不利影响，或者致使免受直接攻击之保护的人员死亡、受伤或物体毁损"。直接因果关系要求"在行为与可能因该行为（或该行为作为有机组成部分的协同军事行动）所造成的损害之间必须存在直接的因果关系"。交战联系意味着"该行为必须是为了直接造成规定的损害下限，其目的是支持冲突一方并损害另一方"。用这 3 个条件来分析无人机攻击可以发现：第一，无人机或是可能（已经）对武装冲突一方的军事行动或军事能力造成不利影响，或是可能（已经）导致平民死伤和民用物体毁损，因此满足损害下限的要求。第二，无人机与造成的损害之间存在直接因果关系，如果不是无人机攻击，损害不可能发生，也满足直接因果关系的要求。第三，无人机攻击正是意在通过对武装冲突一方造成损害，以削弱对方能力并增强己方优势，故存在交战联系。可见，无人机操作者在进行攻击时，损害下限、直接因果关系和交战联系 3 个要件均已具备。按照《解释性指南》对直接参加敌对行动时间范围的界定，无人机操作者在具体攻击的"直接实施和构成该行为有机组成部分的准备工作"阶段构成直接参加敌对行动。因此，从理论上来说，如果不是军人，无人机操作者在准备和实施攻击时，将构成直接参加敌对行动并丧失国际人道法给予的免受直接攻击的一般保护。

私营军事安保公司人员在国际人道法中具有何种地位，一般需要根据其与雇佣国的关系、进行的活动类型并结合具体情境逐例判定。如果将私营军事安保公司人员纳入一国的武装部队，他们当然就成为国际人道法中的战斗员，但现在极少有国家这么做。大部分时候，大部分私营军事安保公司人员只是国际人道法中的平民。因此，私营军事安保公司人员在操作无人机进行攻击时，和情报机构人员一样，都是正在直接参加敌对行动的平民。私营军事安保公司人员在武装冲突中的另一种可能类别是《日内瓦第三公约》第四条（子）款第四项规定的"伴随武装部队而实际并非其成员之人"，此类人群虽然不是战斗员，但也可以成为战俘，其中有两点需要注意：一是这种身份并不是自然获得的，必须经过雇佣国发放有关证件的形式来给予；二是该项规定所列举的例子中，"如军用机上之文职工作人员、战地记者、供货商人、劳动队工人或武装部队福利工作人员"，没有一个涉及使用武力，确切地说是远没有涉及使用武力。因此，应该将不在列举范围内的人员理解为只包括进行后勤活动、不具有军事相关性的人员。如果私营军事安保公司人员不进行任何军事活动，只是维持部队的运行，例如准备和提供食物、保洁或者修路等，是可能获得"伴随武装部队而实际并非其成员之人"地位的，但如果参加军事活动特别是直接参加敌对行动，如进行无人机攻击，将其归于"伴随武装部队而实际并非其成员之人"就过于牵强了。

四、"特征攻击""个性攻击"和无人机攻击目标的区分

在武装冲突中，如果无人机攻击的是战斗员和军事目标，这个行为本身不存在任何法律争议。由于军事目标和民用物体的区分、军民两用物体能否以及何时可被攻击不是无人机攻击独有的问题，下文将聚焦人员的区分问题，即在无人机攻击中平民的区分问题。实际上，也正是无人机攻击引发的平民伤亡才使无人机受到公众和学界的普遍关切、质疑和反对。迄今为止，鲜有无人机攻击公开过全面、准确的信息，几乎所有信息都被列为机密，即便是同一起攻击，不同机构进行的伤亡统计之间也存在很大差异，这就造成了除了为无人机攻击辩护的声音外，国际法学界甚至无法明确判断无人机攻击是否合法的尴尬局面，而媒体渲染的平民死伤惨状使得民众和舆论在激愤的同时，更难以信任国际人道法和国际法。因此，确定无人机攻击的对象是不是平民极其重要。

然而，国际人道法中并没有关于平民的直接定义，平民是通过排除、反向的方

式来界定的，即通过规定什么样的人不是平民来定义平民。国际人道法中，与平民概念相对应的是战斗员，即"有权直接参加敌对行动"的人员。要成为战斗员，最初需要满足 4 个条件，即 1907 年《陆战法规和惯例公约》附件《关于陆战法规和惯例的章程》第一条规定的"一、由一个对部下负责的人指挥；二、有可从一定距离加以识别的固定明显的标志；三、公开携带武器；四、在作战中遵守战争法规和惯例"。"民众抵抗"（Levée en masse）即"未占领地的居民，在敌人迫近时……自动拿起武器以抵抗入侵部队……公开携带武器并尊重战争法规和惯例"，也可以成为战斗员。1949 年的《关于改善战地武装部队伤者病者境遇之日内瓦公约》（《日内瓦第一公约》）、《改善海上武装部队伤者病者及遇船难者境遇之日内瓦公约（《日内瓦第二公约》）、《关于战俘待遇之日内瓦公约》（《日内瓦第三公约》）又将战斗员扩展至满足上述 4 个条件的有组织抵抗运动人员和"自称效忠于未经拘留国承认之政府或当局之正规武装部队人员"。1977 年的日内瓦四公约《第一附加议定书》第四十三条第一款回应了殖民地争取独立运动的呼声，在争议中删去了对从一定距离加以识别的固定明显的标志和公开携带武器的要求，只要求"冲突一方的武装部队是由一个为其部下的行为向该方负责的司令部统率下的有组织的武装部队、团体和单位组成，即使该方是以敌方所未承认的政府或当局为代表"，而且受内部纪律和战争法规惯例的约束。可见，平民本身就是一个模糊而复杂的概念，将平民与战斗员进行区分已经具有一定的难度，但这只是第一步，因为接着还要区分直接参加敌对行动的平民和未如此行事的平民，如上一部分所述，前者将在直接参加敌对行动期间成为合法攻击目标，而后者仍享有免受直接攻击的一般保护。

但现实往往会比理论分析更复杂，真实情况往往也就更不理想。无人机攻击中区分平民的做法与理论分析相距甚远。作为美国无人机定点清除行动最主要的执行主体之一，美国中央情报局进行无人机攻击时采用了两种人员识别标准，即"特征攻击"（signature strikes）和"个性攻击"（personal strikes），[①] 前者是指将符合某些标准的但身份不确定的人作为目标，后者是指将身份已知的恐怖分子头目作为目标，其中特征攻击在美国中央情报局的无人机定点清除行动中占绝大部分。或者说，个性攻击又叫"高价值个人攻击"（high-value individual strikes），其目标是"发射导弹前就已经有把握地确认了身份的恐怖分子头目"；特征攻击又叫"人群杀戮"

---

① 将"personal"翻译为"个性"并非误译，尽管"个性"对应的通常是"personality"。之所以如此，是因为"personal"的诸多中文含义，如"个人的，私人的；私生活的；人身攻击的，针对个人的；亲自的；身体的，容貌的"，都不太适合本文的语境：翻成"个人攻击"，可能不知所云；翻成"针对个人的攻击"固然准确，但不够精练。因此，将其意译成"个性攻击"似更合适。

(crowd killing),针对的是"有某些特征,或者有与恐怖活动相关的基本(defining)特点的人群,但其身份未知"。① 也有消息指出,特征攻击是指"完全基于其行为模式(patterns of behavior)而攻击武装分子"。② 尽管可以对特征攻击和个性攻击有一些大致认识,但几乎所有细节都仍是机密,关于谁能够选择目标、确定目标的具体标准等信息,绝大部分来自美国官员模棱两可的陈述。可以确定的是,特征攻击比个性攻击的目标要多得多,因为个性攻击是对有名有姓的具体个人的攻击,而特征攻击是按照特定的行为模式对所有符合条件的人进行攻击,按照特征攻击被界定为战斗员的人数远超出按照个性攻击确定的人数。

就特征攻击和个性攻击而言,无论其发生在哪种类型的武装冲突中,区分原则都必须首先适用,其次才涉及以比例原则评估具体攻击的合法性。恐怖分子不是国际人道法中的概念,国际人道法中只有战斗员和平民两大类别。由于恐怖分子所处的常常是松散的、非正式的、流动的结构,在国际性武装冲突中,几乎不可能满足武装部队的构成要件,比如在负责任统率之下、有内部纪律要求和遵守战争法规惯例等。在非国际性武装冲突中,恐怖分子也几乎不可能成为持不同政见武装部队的成员,而有组织武装团体成员身份又难以判定。因此,尽管看起来有些反常识,但无论是在国际性武装冲突还是在非国际性武装冲突中,恐怖分子更可能被视为平民,如此的话,定点清除恐怖分子要想合法,首先就得证明他们正在直接参加敌对行动。

美国政府认为,至少有14种"特征"足以保证区分原则,即计划攻击、运输武器、处理炸药、基地组织营地、基地组织训练营、已知的恐怖分子活动地区中的达到参军年龄的男性、和已知的武装分子勾结、在基地组织控制的阿拉伯半岛乘坐卡车的武装男性、基地组织控制地区的"可疑"营地、前往冲突地区的武装男性团体、运作基地组织营地、训练以加入基地组织、"促进者"(facilitators)、休息区。然而,细致分析的话会发现这14种"特征"可以分为3类,即合乎国际人道法、绝不合乎国际人道法以及可能合乎也可能不合乎国际人道法。例如,计划攻击、运输武器、处理炸药、基地组织营地、基地组织训练营这5种属于合乎国际人道法的"特征";已知的恐怖分子活动地区中的达到参军年龄的男性、和已知的武装分子勾结、在基地组织控制的阿拉伯半岛乘坐卡车的武装男性、基地组织控制

---

① Daniel Klaidman, *Kill or Capture: The War on Terror and the Soul of the Obama Presidency*, Boston: Houghton Mifflin Harcourt, 2012, p. 41.
② Greg Miller, 'At CIA, a convert to Islam leads the terrorism hunt', March 24, 2012, https://www.washingtonpost.com/world/national-security/at-cia-a-convert-to-islam-leads-the-terrorism-hunt/2012/03/23/gIQA2mSqYS_story.html, last visited on March 11, 2021.链接已失效。

地区的"可疑"营地这 4 种属于绝不合乎国际人道法的"特征";而前往冲突地区的武装男性团体、运作基地组织营地、训练以加入基地组织、"促进者"、休息区这 5 种"特征"是否合乎国际人道法则取决于具体情况,取决于美国政府如何解释这些"特征"。①

不论具体的"特征"是否能归入某个特定的类别,即是否符合国际人道法或者取决于具体情况,可以确定的是,美国提出的所谓特征攻击和个性攻击是想代替国际人道法中的有关规范。个性攻击不是定点清除独有的特点,攻击一个已知身份的目标古已有之,美国也不是目前唯一如此行事的国家。相比之下,特征攻击的目标高度保密,几乎没有任何公开的信息,不合乎国际人道法的可能性更大,瑕疵也更多,因为攻击不是针对被确定为威胁美国国家安全的具体个人,而是基于一套经过观察的、被认为足够重大以至于可以满足授权进行致命行动的行为和指标。美国政府没有披露什么行为能够使得特征攻击正当化,也没有就此问题提供任何指引。实际上,即使有无人机提供的海量监视情报,考虑到第二部分提及的信息处理能力短板和信息悖论,美国中央情报局能否准确区分有组织武装团体成员和直接参加敌对行动的平民令人存疑,甚至能不能断定一个人是恐怖分子都成问题。美国国务院官员曾向白宫发牢骚说美国中央情报局用来确定恐怖分子的"特征"标准过于宽松,以至于有这么一个笑话,说当美国中央情报局看见三个人在做跳跃运动时,就觉得那是一个恐怖分子训练营。② 武装分子、恐怖分子的确会经常身着平民服装、隐匿于平民之中,这也确实提高了区分恐怖分子和平民的难度,但美国中央情报局甚至都没有尝试做出区分。特征攻击实际上将冲突地区所有达到参军年龄的男性默认为战斗员,除非有明确情报证明此等人员不具有持续作战职责或当时没有直接参加敌对行动。不仅如此,美国司法部还认为,只要具有基地组织成员身份、"涉及对美国造成立即威胁的有关武力攻击活动",就构成"立即的"威胁,从而可以对其使用武力。③

在武装冲突中,一个人是恐怖组织的成员并不必然意味着该人会成为国际人道法中的合法目标,与恐怖组织或恐怖分子有实际接触或有某种联系也不能认定有关

---

① Kevin Jon Heller, '"One Hell of a Killing Machine": Signature Strikes and International Law', *Journal of International Criminal Justice*, Vol. 11, Issue 1, 2013, pp. 94-103.

② Jo Becker & Scott Shane, 'Secret "Kill List" Proves a Test of Obama's Principles and Will', May 29, 2012, https://www.nytimes.com/2012/05/29/world/obamas-leadership-in-war-on-al-qaeda.html, last visited on March 12, 2021.链接已失效。

③ Department of Justice, 'Lawfulness of a Lethal Operation Directed Against a U.S. Citizen Who is a Senior Operational Leader of Al-Qa'ida or an Associated Force', November 8, 2011, p. 8.

人员成为合法目标。能不能成为合法目标，完全取决于有关人员的行为在国际人道法中的性质。也就是说，符合恐怖分子的"特征"，不一定就认定该人成为国际人道法中的合法目标，反之亦然。符合国际人道法中合法目标的"特征"，不一定意味着该人是恐怖分子，况且国际人道法中首先根本不存在"恐怖分子"这个单独的人员类别。美国中央情报局认为"可疑的"某些"特征"实际上在当地并不可疑，相反，这些"特征"可能只是日常生活的一部分。特征攻击不仅对"特征"的界定宽泛，而且判定目标造成"立即的"威胁的标准也十分宽松。特征攻击如果不是完全不符合国际人道法，至少也是在大部分时候不符合，因为它无法恰当区分平民和战斗员，而且"本身的不确定性也可能违反比例原则"。① 不仅如此，"无人机攻击规模之大以及明显依据基于'生活方式'之分析而对人群作出的宽泛分类，不禁让人质疑在任何个案中是否曾严格适用过选择目标的规则。"②

尽管无法直接证明无人机攻击的高精准度、低平民伤亡率只是神话，但旁证仍具有一定的说服力。例如，前美军特种部队高级法律顾问在接受路透社采访时曾说："基于我自己的军事经历，根本不可能只有这么少的平民被杀了。你杀一个坏人，你得预期 1.5 个平民死亡，因为从那么高的地方杀戮，总会有'哎呀糟了'的因素。"③ 即使是美国军方，也都曾力促美国中央情报局在巴基斯坦的无人机定点清除行动要克制一些，得"更有选择性"。④ 实际上，"对真正的武装分子的特征攻击准确性可能十分低，美国中央情报局无人机攻击杀害的人里面有高达 1/4 被标为'其他军事分子'，而这是通过旁证识别的，并没有直接证实这些目标真正是谁。"⑤ 由于美国在武装冲突中以其预先认定的"恐怖分子"身份为标准打击恐怖分子，而不是考察直接参加敌对行动或持续作战职责，导致战争"变得十分宽泛而且平民的风

---

① Kristina Benson, 'Kill "em and Sort it Out Later:" Signature Drone Strikes and International Humanitarian Law', *Pacific McGeorge Global Business & Development Law Journal*, Vol. 27, Issue 1, 2014, pp. 41-42.
② Helen Duffy, *The 'War on Terror' and the Framework of International Law (Second Edition)*, Cambridge: Cambridge University Press, 2015, p. 422.
③ Adam Entous, 'Special Report: How the White House learned to love the drone', May 19, 2010, https://www.reuters.com/article/us-pakistan-drones/special-report-how-the-white-house-learned-to-love-the-drone-idUS-TRE64H5SL20100518, last visited on March 11, 2021.
④ Adam Entous, Siobhan Gorman and Julian E. Barnes, 'U.S. Tightens Drone Rules', November. 4, 2011, https://www.wsj.com/articles/SB10001424052970204621904577013982672973836, last visited on March 11, 2021.
⑤ James DeShaw Rae, *Analyzing the Drone Debates: Targeted Killing, Remote Warfare, and Military Technology*, New York: Palgrave Macmillan, 2014, p. 37.

险尤其大"。① 越来越多的证据显示，美国的无人机攻击给阿富汗等地的平民造成了"恐怖效应"，持续的监视和似乎随意的攻击不仅限制了民众的出行，还阻碍了民众之间的交流，特别是因为聚集、聚餐等社交活动有招致轰炸的危险，从而破坏了民众之间的信任，削弱了社会的凝聚力。②

无人机的精确打击能力与能否将平民伤亡最小化没有必然的联系，特征攻击并没有充分区分战斗员和平民。最令人遗憾的是，平民伤亡统计数字可能永远无法精确。无人机攻击后即使有军事调查，也通常是空中监视而不是进行有目击证人证词和法庭证据的地面调查，从空中无法看出被毁坏的建筑中有多少尸体。即使有地面调查，尸体被压在废墟之下或者被炸得支离破碎，也使得死者的具体数量和身份难以被确切探明。概言之，特征攻击可以轻易地将平民混淆于战斗员，从而规避区分原则和比例原则以及攻击的合法性等问题。

五、应对与结论

无人机从纯粹的侦察工具演变到武器化用了几十年，但不到20年其用途就从定点清除特定目标扩展至应用于多种战斗任务和场景。无人机战争时代已经到来，当代战争和武装冲突更广泛、更深度地使用无人机可能比预计的快。无人机目前是合法的武器，其引发的法律争议主要在于操作者是否具有合法的地位，以及被攻击人员是不是合法的军事目标。无人机操作者如果是平民，无论是情报机构人员还是私营军事安保公司人员，都有可能成为"非法战斗员"或"无特权交战者"，被俘时不能成为战俘，而且会因直接参加敌对行动而被起诉。但这只是纯粹的理论推断，在现实中没有丝毫实现的可能：无人机操作者与无人机的攻击对象在地理位置上相隔千万里，恐怖分子、有组织武装团体成员等也没有实时追踪并攻击无人机操作者的技术能力。何况美国中央情报局和私营军事安保公司人员操作无人机在美国是常态，至多是引起了关切和争议，尚无任何无人机操作者为其攻击行为承担无论是美国国内法还是国际法中的责任。美国声称其"反恐战争"打击的对象是"非法战斗员"，而进行"反恐战争"的竟然也可能是"非法战斗员"，这确实是一个巨大的讽刺。但无人机带来的最大的舆论冲击、给国际人道法带来的最大挑战，则是使用无人机攻击具有事实上的豁免权，违法责任无人承担。

---

① Rebecca Mignot-Mahdavi, 'Rethinking Direct Participation in Hostilities and Continuous Combat Function in Light of Targeting Members of Terrorist Non-State Armed Groups', *The University of Manchester Legal Research Paper Series* No. 21/24, 2021.

② Patrick J. Keenan, 'Drones and Civilians: Emerging Evidence of the Terrorizing Effects of the U.S. Drone Programs', *Santa Clara Journal of International Law*, Vol. 20, No. 1, 2021-2022, pp. 1-47.

预防措施和指挥官责任在应对无人机产生的问题方面有较大的可行性。具体说来，第一，应增强预防措施规则的法律效力。预防措施规则是指在攻击时采取预防措施减少附带的平民人身伤亡和民用物体毁损。根据《第一附加议定书》第五十七条的规定，预防措施除了规定根据区分原则查明目标能否被攻击、根据比例原则是否发动攻击以及其他将平民人身伤亡和民用物体毁损最小化的措施外，还特别要求"在选择攻击手段和方法时，采取一切可能的预防措施，以期避免，并无论如何，减少平民生命附带受损失、平民受伤害和民用物体受损害"。虽然红十字国际委员会在其编纂的《习惯国际人道法》中认为预防措施规则已上升为原则并具有国际习惯法的地位，但在多数国家看来，预防措施仅仅是国际人道法的一种规则，不是原则，也更不是基本原则。预防措施规则更多地停留在理论层面，实际运用较少。也正因如此，在应对无人机问题上，预防措施规则具有较大的潜力。无人机不是进行攻击的唯一手段，其他方法如地面部队、战斗机等都能够进行同样的攻击，如果"采取一切可能的预防措施"意味着完全不使用无人机进行攻击，那只有在国际社会形成共识并通过国际法认定无人机本身非法的情况下才可能出现。将"采取一切可能的预防措施"理解为在使用无人机攻击的同时尽可能将附带损害最小化更合理，因为将附带损害最小化与武器是否合法完全无关。如果预防措施规则的法律地位和效力得到实质增强（期盼其能够成为国际人道法的基本原则也许太遥远了些），那么预防措施规则将可能较为有效地应对无人机给国际人道法带来的挑战。

第二，应强调指挥官责任。二战后，指挥官责任学说与实践得到长足发展，进行违反国际法的某些犯罪行为的人应承担个人责任，个人地位、不违反国内法、政府或上级命令等均不能作为免责的理由。尽管由于缺乏信息而无法准确判断具体无人机攻击的合法性，但某些无人机攻击很大可能构成战争罪，进而引发个人的刑事责任问题。只要无人机仍是武器，或只要在攻击前仍需要人类确认，那就只有人而不是机器应该承担责任。国际人道法要求指挥官"防止在其统率下的武装部队人员和在其控制下的其他人破坏"日内瓦四公约及《第一附加议定书》的行为，保证这些人员了解其国际人道法义务。如果了解到这些人员将从事或已经从事违反国际人道法的行为，应采取必要措施防止行为的发生，并在适当时"采取纪律或刑事行动"。如果部下将从事或已经从事违反国际人道法的行为，而指挥官"知悉或有情报使其能对当时情况作出结论"，并"不在其权力范围内采取一切可能的防止或取缔该行为的措施"，指挥官应承担相应的刑事或纪律责任。无人机攻击行动和所有其他军事行动一样，都由指挥官指挥和决策，如果能够加强指挥官责任并通过国际刑法予以实现，在现在以及将来国际人道法都可能较好地解决无人机问题。

有许多关于无人机的"神话",但许多未必属实。无论如何,美国无人机定点清除行动造成的大量平民伤亡是不争的事实,只是其中有诸多法律上的问题存在争议。从更宏大的视角来看,无人机给当代武装冲突带来的最深刻的影响并非使战争"遥控化",而是使战争"数据驱动化"。过度依赖数据使得操作者有了方便的理由减少自己的应尽义务、推脱责任,增加了无人机攻击违反国际人道法的可能性。如同大部分新武器一旦问世就难以被国家放弃一样,禁止无人机(哪怕是冒出这个念头)需要远超常人的想象力。何况相比于已被禁止的武器,无人机具有非常明显的民用化特点,民用无人机不仅早已是日常消费电子产品,而且在日常生活中也起着越来越重要的作用。因此,考虑如何应对无人机给国际人道法带来的挑战更务实,也更能维护国际人道法和国际法的效力和权威,促进国际人道法和国际法的发展。

A Research on Drones in the International Humanitarian Law

Abstract: Drones have transformed from intelligence collection tools into weapons, and their missions have expanded from "targeted killing" to various military operations. Although they are currently legal weapons, the development towards autonomous weapons systems will make it more and more difficult to judge their nature. Drones facilitated the emergence of "data-driven warfare" by providing more information and should be better able to distinguish combatants from civilians and be more consistent with the principle of proportionality. However, drone attacks always seem to violate International Humanitarian Law, due on the one hand to insufficient capacity to process information and to rising standards for evaluating the legality of specific attacks, and on the other hand to the confidentiality of information and the departure of criteria for selecting targets from legal rules. Civilian operators undertaking drone attacks would constitute "unlawful combatants" and it will theoretically affect their rights under International Humanitarian Law. The biggest challenge that drones pose to International Humanitarian Law is that no one assumes responsibility, which should be addressed by strengthening the legal force of the rules of precautionary measures and emphasizing command responsibility.

Keywords: drones; targeted killing; International Humanitarian Law; unlawful combatants; data-driven warfare

实务与案例

小天使基金项目影响力分析

王跃春[①]

摘要：本文简要梳理小天使基金项目的缘起，重点呈现历经 4 个国家五年规划，小天使基金是如何发展、变迁的。同时运用《中国慈善家》影响力慈善研究院研发的影响力分析框架，对小天使基金的运作、产出、成果和社会效益、影响力进行分析。鉴于关键成果资料与数据的缺失，本案例报告中的影响力评估仅以分析框架呈现，重点分析小天使基金在促进完善儿童大病医疗保障、推动儿童白血病防治、提供慈善资源救助儿童大病、撬动中央彩票公益金等方面所发挥的影响，并为小天使基金今后的发展提出建议。

关键词：小天使基金；项目评估；影响力分析

中国红十字基金会发起设立的小天使基金是中国第一个救助白血病儿童的专项基金，自 2009 年首获中央专项彩票公益金拨款资助后，已成为中国救助规模最大的儿童大病救助专项基金。截至 2023 年 11 月，该基金累计救助白血病儿童 6.3 万名，产生的社会价值与影响更是远超救助数据，正是我们观察公益慈善事业如何解决社会问题、推动社会进步的最佳案例。

一、小天使基金项目的缘起

2005 年 6 月 27 日，41 岁的孙靖在北京某宾馆服下安眠药，留下遗书，希望捐遗体筹钱救治自己的儿子。孙靖在昏迷中被人救下。他的儿子小海栋 14 岁，患急性白血病已 1 年，因病辍学，由于医疗费太高昂而放弃了治疗，此次从山东来北京，

[①] 王跃春，《中国慈善家》杂志社副社长、影响力慈善研究院院长，红十字国际学院客座研究员。

只是为了最后看一看天安门、长城。孙靖不忍儿子受苦，于是采用了自杀的方式来换取儿子生存的可能。

小海栋父子的故事次日登上《新京报》头版，引发全社会关注。搜狐网制作了"救救白血病儿童"专题，连续邀请孙靖、《新京报》记者、医学专家等做客直播间，与网友互动。一个突发事件揭开了残酷现实：全国每年新增白血病患者3万~4万人，其中50%是儿童。虽然白血病并非不治之症，特别是儿童白血病，通过化疗、骨髓移植等方式，80%~90%可以得到缓解，60%~70%可以被治愈，但治疗过程长（2~3年），治疗费用昂贵（30万~100万元），加之当时儿童医保尚未建立，大量白血病儿童及其家庭都面临无钱治病、放弃治疗的困境。

在《新京报》、搜狐网等媒体的共同策划和推动下，中国红十字基金会于2005年6月30日宣布建立中国第一个救助白血病儿童的专项基金——小天使基金。时任中国红十字基金会秘书长王汝鹏做客搜狐直播间向社会募捐。

取名"小天使"有两层含义：第一，这些患白血病的孩子，都是可爱的小天使，是祖国的花朵和未来；第二，每一个奉献爱心、捐助白血病儿童的人，他们是爱心天使，为白血病儿童带来福音。

此刻小天使基金还是一个空壳，账上一分钱都没有，但作为公益机构理应积极承担社会责任，改善最易受损群体的境况，关注和保护人的生命与健康，这是中国红十字基金会的使命。现在很多公益机构也想做这样的事情，但是大家有顾虑、害怕，想做而不敢做，为什么？因为白血病儿童的医疗费用非常高昂。比如说希望工程救助一个失学儿童，400块钱就可以帮助他上完小学。帮助一个贫困大学生，2 000元、4 000元就可以解决他的生活费用。这些事情很好号召，大家捐助起来也比较容易承受。但是治疗白血病的费用非常高昂，好不容易筹来了二三十万元，可能还不够一个人的医疗救助费用。所以很多公益机构想做而不敢做。中国红十字基金会为什么决定做这件事情？基于这样一种考虑：白血病儿童的状况，现在确实令人忧虑，每年以3万到4万人的速度递增，而且50%都是儿童，儿童是祖国的花朵和未来，关注他们，就是关注未来。这种时候总是需要有人来振臂一呼，通过某一种公益行动来激发社会的关注，引起大家的重视。哪怕筹集的资金只能救助一个孩子，那也值得做。也可能你救助这一个孩子对于上百万的白血病儿童来讲是百万分之一，但对于一个具体的患者来讲，挽救了他的生命，这就是百分之百。

——王汝鹏在搜狐直播间讲述为什么要设立小天使基金。

小海栋成为小天使基金救助的第一个患儿，2005年11月在原海军总医院接受了骨髓移植，2006年1月，因出现排斥反应和并发症抢救无效去世。小海栋离世的遗憾并没有终止小天使基金的脚步。自项目发起至2023年12月，小天使基金累计救助贫困家庭的白血病儿童6.7万人，彩票公益金及社会捐赠累计拨付约21.38亿元，成为中国迄今救助规模最大的儿童大病专项基金。小天使基金作为一个因突发社会新闻引发的公益项目，其影响力还远不止于此。

二、小天使基金的18年（2005—2023年）

小天使基金的18年历经国家4个五年规划，成为检视社会进步的一个微小却具体的视角。

（一）"十一五"前期，社会广泛关注与无力承受的社会需求

小天使基金设立于2005年6月，是中国第一个救助白血病儿童的专项基金。通过媒体的持续关注和动员，获得社会广泛关注，许多名人先后成为小天使基金的代言人。至2005年12月，小天使基金已收到社会各界捐款160万元，已有来自山东、河北、湖北、江西、山西、广东、甘肃等7个省的12名贫困白血病儿童得到基金的资助并接受治疗。从该基金成立至2009年，通过动员社会力量，共募集社会捐款2 205万元，累计救助了564名来自贫困家庭的白血病儿童。

小天使基金成立初期，没有明确的救助标准，根据救助对象的实际情况和捐赠者意愿行使救助。有些患儿因受到广泛关注，定向捐款较多，救助金额在10万元以上；大多数患儿每人获得1万~2万元的救助。而当时主流救贫济困项目如希望工程、新长城等，救助金额最多也只有每人每年2 000元。

随之而来的困难是，小天使基金的善款募集远远满足不了求助对象的需求。截至2008年年底，已有4 000多名符合救助条件的患儿登记在档等待救助，且求助人数每天都在增加。

（二）"十一五"后期，小天使基金成功申请5 000万元中央彩票公益金

2009年2月16日，时任国务院总理温家宝在天津火车站遇见来自张家口的2岁白血病儿童李瑞，得知其家里无钱治病，当场捐出1万元，并嘱咐工作人员安排该患儿进京治病。此事引起全社会对儿童大病救助的广泛关注。随后温家宝总理与网友在线交流时提及"要广泛发动群众，建立儿童大病救助金制度，这件事情可以立即做起"。之后，中国红十字基金会通过中国红十字会总会向财政部报送《关于申请国家彩票公益金资助"小天使基金"救助贫困白血病患儿的报告》。

2009年全国两会期间，时任中国红十字会副会长、中国红十字基金会理事长的全国政协委员郭长江联合多名委员递交提案，建议从国家彩票公益金中安排部分资

金支持贫困白血病儿童救助项目。同年 7 月 1 日，财政部《关于 2009 年安排中央专项彩票公益金支持红十字事业的通知》（财综函〔2009〕42 号），同意安排 5 000 万元中央专项彩票公益金资助小天使基金救助贫困白血病患儿，当年共资助患儿 1 615 名。这是中央专项彩票公益金首次用于儿童大病救助，也是第一次在国家五年规划实施后期追加开支，并通过向社会组织购买服务的方式救助白血病患儿。2010 年，财政部再度安排 5 000 万彩票公益金资助小天使基金。此后的"十二五""十三五""十四五"，中央专项彩票公益金资助小天使基金救助贫困白血病患儿成为惯例，安排金额逐年增加。

彩票公益金注资后，小天使基金明确救助额度：接受化疗治疗的患儿，救助 3 万元；进行骨髓移植手术的患儿，救助 5 万元。此标准沿用至今。小天使基金的救助不分白血病病型，覆盖全国，填补了国家医疗保障和慈善救助的空白。

（三）"十二五"期间，小天使基金实现规范透明运作

据 2013 年中国公益研究院的一项统计，2010—2012 年的 3 年间，申请小天使基金救助的患儿人数是实际获得救助人数的 2 倍，因此引发的社会事件伴随着小天使基金的成长。2009 年发生的志愿者骗取截留救助款案①和 2011 年发生的一位申请不到救助的患儿父亲在中国红十字基金会办公室对工作人员实施暴力行为案②，意外加速了小天使基金的规范透明运作。

"十二五"期间，中国红十字基金会小天使基金获得彩票公益金 3.66 亿元，累计救助白血病儿童 11 686 名。救助资金不能满足求助需求，小天使基金的资金使用一直存在"寅吃卯粮"的现象，当年救助资金入不敷出，常常需要借用下一年度的资金。因此，患儿排队等现象一直存在，"十二五"期间患儿积压数量总共为 5 700 人。

为提高执行效率，让患儿及时得到救助，自 2013 年起，中国红十字基金会利用全国各地的红十字系统资源，推动申请资料初审及票据审核权下移，至 2019 年年底，已覆盖全国（除了西藏、福建）。小天使基金形成了规范的救助流程。患者主要通过各省红十字会进行申请资料的递交，各省红十字会负责审核以及资助款的拨付。患儿需通过各级红十字会的层层审核递交申请，评审通过后提交《资助告知书》回执、病情材料和治疗票据，省红十字会对资助材料进行审核后提交中国红十

---

① 《红基会志愿者截留善款受审》，2010 年 11 月 26 日，京华时报，https：//news.ifeng.com/c/7fZ8AuPvWeE，最后访问时间：2023 年 11 月。

② 《劫持红基会员工嫌疑人：愿下跪致歉　希望别人不学自己》，2011 年 4 月 27 日，新京报，https：//news.ifeng.com/c/7fZcgr325M1，最后访问时间：2023 年 11 月。

字基金会终审。2022年年底开始，直接从中国红十字会总会零余额账户拨付至患儿个人账户。依托中国红十字会庞大的救助网络，中国红十字基金会的白血病救助从申请、审核、患者输送、回访等方面实现了白血病救助的全流程管理。

2011年的郭美美事件重创红十字系统的声誉，中国红十字基金会主要通过以下途径实现财务管理的规范透明。

第一，制定专门的基金管理制度，先后制定了《中国红十字基金会小天使基金资助管理暂行办法》和《中国红十字基金会小天使基金资助管理暂行办法补充规定》，对资金来源、资金管理、资助申请程序、评审程序、监督办法等作了详细规定，以保证基金专款专用。第二，每年定期提交彩票公益金项目结案报告，接受财政部审查。第三，每年开展外部独立财务审计。2011年4月，审计署对2009、2010年度小天使基金彩票公益金项目进行了全面审计，对该项目的执行及资金使用情况表示满意。第四，定期在中国红十字基金会官网公示捐赠额度和受益人名单，随时接受社会的监督。

按照严格的财务管理，小天使基金的管理费用始终控制在1%左右，98%以上的资金都直接用于患儿救助，这在整个慈善公益行业都是不多见的。

（四）从"十三五"到"十四五"，小天使基金实现专业化发展

"十三五"期间，小天使基金总共获得8.04亿元中央专项彩票公益金资助，累计救助2.8万名白血病儿童，救助规模远超国内任何其他儿童大病救助项目。一个突出的特点是，向小天使基金求助的患儿遍布全国各地，各省的分布情况与当地白血病儿童的数量成正相关，相关系数高达0.9，即白血病儿童数量较多的地区，救助患儿人数也较多。这说明救助人数地域分布合理，有效响应了各地实际需求。据中国公益研究院测算，2019年我国约有1.1万名0~14岁的白血病儿童需要慈善救助，2019年度小天使基金救助了5 563名患儿，仍有许多患儿得不到及时治疗。

"十三五"期间，在原有资金救助的基础上，中国红十字基金会动员社会资源引入心理支持、营养辅助、专业陪护、健康干预、课题研究等人道关爱服务，拓展小天使基金的资助效益。如与企业合作推出衍生项目"英雄能量包"，提供陪伴玩具、书籍等患儿住院期间的用品，为患儿提供积极的鼓励，也为家长减轻压力。

2016年中国红十字基金会编撰出版《小天使医典：儿童白血病康复指引》，赠给获得救助的患儿，用于指导患儿及家长白血病科学治疗和护理知识。

小天使基金还开通了医院"直通车"资助模式，即患儿通过医院直接递交申请资料，并获得资助资格。资助款通过医院直接用于患儿治疗，实现急症的实时救助，帮助筹措治疗费用有困难的家庭，缩短救助款的支付流程。救助医院最开

始只有北京的 2 家医院，目前全国已有 38 家医院，救助规模大幅增长，实现"申请即救助"。

从 2021 年起，白血病儿童救助年龄由 0~14 岁扩大到 0~18 岁，当年获得中央专项彩票公益金支持 2.8 亿元，资助 8 649 名白血病儿童（包括"十三五"期间已申请待救助的 2 000 多名儿童）。截至 2023 年 11 月，已完成当年拨付的 2.3 亿元彩票公益金的救助审核，7 074 名白血病儿童获得救助，实现"当年申请、当年获助"。据中国公益研究院预测，以"十四五"期间每年 1.41 万名需慈善救助的白血病儿童数量计算，小天使基金的救助覆盖率已达到 70%。

三、小天使基金的项目评估

2009—2021 年，小天使基金项目每年接受第三方评估，评估成绩持续在 90 分以上，全部获得"优"的评价。这在中国的慈善组织中是罕见的。

从 2010 年开始，中国红十字会总会每年委托第三方机构制作年度彩票公益金项目绩效评价报告，从项目决策、项目管理、项目绩效 3 个维度对彩票公益金项目进行绩效评定，白血病、先天性心脏病患儿救助项目一直排名第一。

自 2014 年起，小天使基金与天使阳光基金的绩效评价报告单列，评价维度增加为项目投入、过程、产出和成果 4 个维度。如 2015 年度的评估报告中指出：对受救助家庭回访发现，患儿医疗总费用中可报销金额加上社会救助金额占到 79%，家庭自付比例降至 21%（同期平均自付比例超过 50%）。

2016 年度的评估报告中绩效指标体系进一步完善。报告也指出：与国家彩票公益金投入相比，社会募集资金仍显不足，并且呈逐渐下降的趋势，尤其是白血病救助资金，与 2011 年 1 076 万元相比，2016 年仅 113 万元，下降幅度较大。国家彩票公益金并没有给项目增加社会捐献资金。造成这种现状的主要原因，一方面是彩票公益金注入，资助患儿增加，项目团队更多忙于执行项目，缺乏足够的人手和精力去进行社会筹资；另一方面，有彩票公益金支持后，项目团队筹款压力减少，再加上 2011 年郭美美事件等的影响，使得社会捐款部分金额并没有出现增长趋势。

2020 年度的评估报告对上述问题的改进提出了肯定：在做好彩票公益金项目执行工作的前提下，中国红十字基金会积极推动"英雄能量包""小天使医典"等公益衍生品；通过企业捐赠、定点医院合作等方式撬动社会捐赠，分别在轻松筹、滴滴公益基金会、腾讯乐捐等公益平台开展众筹活动，并联合 30 个省级红十字会共同开展发放和推广活动，扩大彩票公益金的社会影响力。本项目带动社会资金投入的作用良好，2020 年撬动社会大病救助资金高达 3 784 余万元，资金带动率为 26%。

2021 年度的项目绩效评价体系已按决策、过程、产出、效益四大一级指标，细化为 9 个二级指标、23 个三级指标。特别是资金管理过程和资助效率方面，评估严格，效果明显。评估显示，当年运行的"彩票公益金项目管理系统（天使云）"有效提高了项目资助效率，患儿从申请救助到拨款最短耗时 35 天，平均 94.5 天。项目管理成本仅占总成本的 2%。该评估体系中的"社会效益"虽然占到了 30% 的比重，但评价指标设计与评估仍然简陋，如影响力评估只停留在项目知名度和宣传传播上，"资助对患儿的作用"缺乏科学的测量指标。

总结历年评估的缺失与遗憾，是对救助患儿的后续治疗、康复、家庭、学业（就业）情况的回访或调查数据、信息的全面缺失，不利于对项目成效、影响力作进一步的评估与评价。鉴于此，建议中国红十字基金会委托专业机构对小天使基金的所有受益患儿做一次全面的回访调查，这将为总结"中国最大儿童大病救助项目"的社会价值，发挥其社会影响奠定基础。

四、小天使基金的影响力分析

（一）项目产出

分析指标：项目的直接交付物有哪些？直接受益人和间接受益人分别是谁？项目产出是否可望发挥长期作用？

小天使基金自 2005 年 6 月设立至 2023 年 11 月，累计救助白血病儿童 63 160 名，累计拨付救助款 20.2 亿元人民币。其中，向社会募资 6 662 万元（含网名为"一只平凡的小猪"的爱心人士于 2022 年年底捐赠的 2 400 万元，尚未全部使用），中央专项彩票公益金拨付 19.7 亿元。项目为 6.3 万个贫困家庭减轻了经济负担。

2009 年至 2023 年 11 月获中央专项彩票公益金救助的 6.2 万名白血病儿童中，约 9 072 人接受了骨髓移植，占受救助患儿的 15%，5.3 万名患儿接受了化疗治疗。

（二）项目成果、成效

分析指标：项目使受益人发生了哪些变化？（这些变化存在于福利、知识、态度和能力诸多维度，需要具体问题具体分析）

小天使基金的设立目标是为了减轻白血病儿童的医疗费用负担、减少患儿因无钱治病而放弃治疗、降低患儿家庭因病返贫的程度。因此，该项目的直接成果指标首先是获救助患儿的实际治疗率、治愈率、五年存活率、家庭返贫情况、受教育情况等数据。

虽然自 2009 年中央专项彩票公益金注资以来，中国红十字基金会每年委托第三方机构对小天使基金进行绩效评估，其中包括"家长满意率""社会效益""资助对患儿的作用"等分项，且评估结果基本都是满分，但上述评估只限于救助金发放到患儿账户的情况，无关患儿的实际治疗、治愈情况和家庭经济状况等。而中国红十字基金会除了每年在发放救助款后的回访，基本没有对获救助患儿的康复状况做出回访和调查。因此，作为影响力评估框架中至关重要的"项目成果"，在小天使基金项目中目前是个空白。

造成这个空白的现实原因有 3 个：一是专项基金工作人员的全部精力被救助金的审核、发放工作占据（中国红十字基金会小天使基金的专职工作人员平均仅有 3.5 人），18 年来除了当年救助对象的电话核实回访（由地方红十字会志愿者完成）和有限的几次个案回访外，无力进行专业的跟踪回访。二是白血病儿童家长在获得救助后，普遍不希望再受打扰，无论治愈与否，都不希望被公之于众。三是由于救助金额远远少于患儿家庭实际负担，又因患儿家长多有"患儿拿到救助金后仍然没有救过来"的经历，工作人员普遍害怕回访打扰患儿家长。得到救助与治愈保命之间无法画上等号，担心救助规模与实际治愈率无法成正比，始终是大病救助项目的一个"心魔"。

（三）项目影响力

分析指标：项目给受益人带来哪些深刻而长远的变化？这些变化是不是受益人的长期福祉、潜力发展以及权利的维护和实现？项目给产生社会问题的机制/环境带来了哪些深刻而长远的变化？各级公共政策的变化有哪些？社会文化环境（利益相关群体认知）的变化有哪些？产生这些成果的原因有哪些？项目的贡献有多大？

1. 作为中国第一个儿童大病救助慈善基金，小天使基金促进了中国儿童基本医疗保障和大病医保体制的建立与完善

这一影响力的产生与专项基金长达 18 年的专业运行、较大的救助规模密不可分，同时也与中国红十字基金会在此过程中通过媒体传播、发起专项研究、组织举办论坛活动、多渠道建言献策、发挥慈善组织的政策倡导作用密切相关。据不完全统计，中国红十字基金会在儿童白血病、儿童大病方面委托研究机构调研并发布的专项报告和规划方案有 8 个（有 6 个报告与此有关）；2013 年还举办了"首届中国儿童大病救助论坛"，尝试打造中国公益组织儿童大病救助协作平台，进而建立政府、公益慈善组织的无缝对接机制。

2005 年小海栋事件发生、小天使基金创建时，我国尚未建立现代意义上的儿童医疗保障制度，儿童处于社保体系的空白地带，儿童看病依赖父母的公费医疗、劳保体系和农村合作医疗，绝大部分的儿童大病治疗要靠自费，成为家庭的沉重负担。2004 年和 2007 年开始的新型农村合作医疗与城镇居民医疗保险才将儿童纳入基本医保。2010 年，国家对儿童白血病、先天性心脏病率先开展儿童重特大疾病医疗救助试点，为贫困家庭患儿提供住院补偿。从 2013 年起，儿童重特大疾病医疗救助从

2个病种扩大到22个。2012年之后，各省市相继出台大病医疗保险保障政策，儿童大病可对医保报销后的自付费用进行二次报销。至2020年，国家再次提高大病医疗保险的报销比例到60%，明确全面落实起付线降低并统一至居民人均可支配收入的一半。小天使基金的18年见证了儿童医疗保障制度的逐步完善。据《中国红十字基金会中央专项彩票公益金大病儿童救助项目"十四五"规划研究报告》，"十四五"期间，白血病儿童的医疗费用经基本医保和大病医保报销以及接受医疗救助后，自付费用平均为8.17万元，约占治疗总花费的27%，与2019年9.97万元、占总花费的36%相比，负担显著降低。2013年的研究报告中自付负担平均为11.6万元，占总花费的58%。（白血病的治疗时长为2~3年，以上数据为每年的医疗负担。）

2. 小天使基金推动儿童白血病治疗与防治的进步

2005年小天使基金设立时，儿童白血病的治愈率为60%~70%。至2020年，《中国儿童白血病年报》（全国436家医疗机构参与了数据上报）数据显示：急性淋巴细胞白血病占儿童白血病的73%；抽样估计我国0~14岁儿童白血病发病率为34.3/百万；急性淋巴细胞白血病、急性髓系白血病及急性早幼粒细胞白血病儿童5年总体生存率分别为90%、78.2%及94%；其中急性淋巴细胞白血病的5年生存率较2019年提升10%。儿童白血病的总生存率提高至90%以上。最新发布的儿童急性淋巴细胞白血病CCCG-ALL-2020方案着重精准的个体化治疗，有望进一步提高疗效并同时降低治疗并发症，使总生存率再提升3%~5%，有望达到世界先进水平。

3. 从小天使基金到"红十字天使计划"，影响并带动更多慈善资源参与儿童大病救助

小天使基金的成立开创了我国公益医疗领域专项基金救助模式的先河，也开启了中国红十字基金会跨越式发展的新时期。以小天使基金为样板，中国红十字基金会随后复制了一系列专项救助基金，并启动"红十字天使计划"。

"红十字天使计划"于2005年8月宣布启动。其宗旨和目标是：长期关注贫困农民和儿童的生命与健康，广泛动员国内外的社会资源，以所募资金和医疗物资，资助贫困农民参与新型农村合作医疗，对患有重大疾病的贫困农民和儿童实施医疗救助，协助政府改善贫困乡村的医疗卫生条件，捐建农村博爱卫生院（站），培训农村医护人员，促进我国农村医疗卫生事业健康发展。"红十字天使计划"首先在中国红十字会确定的"新农合"试点县范围内资助1万名贫困农民参加新型农村合作医疗，从制度上保障他们的健康权益；捐建3所农村博爱卫生院（站），改善当地乡村的医疗卫生条件；同时设立小天使基金，募集专项资金对贫困家庭的白血病

儿童提供人道医疗救助。

4. 小天使基金撬动中央专项彩票公益金救助儿童大病，促进了社会公益资源的有效再分配

财政部连续 14 年累计批复近 18 亿元中央专项彩票公益金给小天使基金，用于救助贫困家庭的白血病儿童，这是一种特殊的政府购买服务，实现了社会公益资源的再分配，对公益慈善事业的影响重大。

五、对小天使基金未来发展的思考与建议

小天使基金会变成单一的彩票公益金的执行机构吗？据北京师范大学中国公益研究院测算，"十四五"期间，儿童白血病医疗费用平均负担为：2 年 56 万元，28 万元/年，医保报销 14.6 万元，大病保险报销 7.5 万元，自付医疗费 8.2 万元/年，加上家庭其他误工、异地看病、营养费等支出，100% 的农村白血病儿童和 80% 的城镇白血病儿童需要慈善救助。因此，如每年新增 0~18 岁白血病儿童人数为 1.4 万左右，其中就有 1.1 万人需要慈善救助。按当前的救助规模，小天使基金每年执行的彩票公益金已能够覆盖绝大部分需要救助的儿童。

从案例中我们一方面可以看到小天使基金作为彩票公益金执行机构所发挥的作用；但另一方面也说明，在儿童大病救助体系中，健全的医保政策和政府兜底救助才是至关重要的。社会问题出现时，公益慈善组织先行先试，发挥社会倡导、政策影响的作用，往往与救助本身同等重要。所谓政治是慈善的延续，发挥慈善的杠杆作用，正是如此。

小天使基金不应忘记设立的初心：所有白血病儿童及时得到救治，不会因为医疗费负担而耽误或放弃治疗；康复后能够继续学业、健康成长。作为一个公益慈善组织，中国红十字基金会在做好直接救助的同时，还应发扬过往的优良传统，持续进行儿童大病保障政策的调研与倡导，根据已有的救助实践与数据，建议中国红十字基金会对小天使基金过往的救助对象进行一次科学的全面普查，推动政府不断完善儿童医疗保障，推动儿童医保实际报销比例的提高和儿童大病医疗保险的全覆盖。

此外，小天使基金不应弱化或放弃向社会募资。2021 年，该专项基金的社会捐赠资金总额只有 76.8 万元。加大社会募资力度的意义有三：第一，专项彩票公益金 3 万~5 万元的一次性救助只能用于患儿实际医疗费的报销，而患儿及其家庭走出困境还需要其他物质、精神层面的救助。第二，儿童白血病治疗技术的进步，同样需要公益慈善的力量来支持，但国内几乎没有公益机构涉足。第三，小天使基金可以通过加强社会面募资，让更多企业和个人关心关注白血病及其他儿童大病，在儿童大病救助方面更快形成社会共识，推动相关政策早日落地。

2022年年底,"一只平凡的小猪"个人向慈善机构捐款1.38亿元,其中2400万元捐给了小天使基金,中国红十字基金会说服捐赠人用其中的2000万元设立了"人道关怀金项目",另外400万元用于向受助白血病儿童发放"英雄能量包"和《小天使医典》手册。

人道关怀金项目帮助白血病儿童家庭缓解异地就医交通住宿、营养补充等经济压力。根据项目宗旨和捐赠人意愿,该项目将向在2023年"中央专项彩票公益金大病儿童救助项目"中接受资助且实施了造血干细胞移植的白血病儿童资助人道关怀金,标准为10 000元/人;对于小天使基金往年资助的且2023年以来实施了二次(或三次)造血干细胞移植的患儿,人道关怀金资助标准为20 000元/人。截至2023年12月5日,人道关怀金已拨付6批914人共计985万元。根据2023年已获小天使基金资助患儿7 074人,其中进行骨髓移植的患儿有1 572人,可预估全年人道救助金的支付总额在1 800万到2 000万元。

人道关怀金项目所针对的难点问题,正是中国红十字基金会在调研中发现的:白血病儿童家庭非医疗支出高、现有彩票金救助无法支持;患儿白血病复发,二次骨髓移植求助无门。人道关怀金的拨付衔接小天使基金的资助,无须家长再提供票据证明,增加了骨髓移植患儿的资助标准。中国红十字基金会自2022年设计了这一项目方案,并发动红十字系统进行社会募资,但效果不佳,仅筹到900多万元,无法实现全国覆盖。"一只平凡的小猪"的捐赠到位后,中国红十字基金会说服了捐赠人将捐款用于支付人道关怀金,受到患儿家长的欢迎,小天使基金也因此建立起千人的患儿家长群。

人道关怀金项目的实施从一个侧面说明,面向社会募资,与彩票公益金救助相衔接,解决白血病儿童的更多实际困难,需要小天使基金未来持续发力。

Impact Analysis for Little Angel Fund Project

Abstract: This article presents a concise chronicle of the Little Angel Fund project, focusing on its development and modifications during four consecutive five year forward planning programme of China. Simultaneously, it evaluates the operation, outputs, outcomes, and social benefits of the Little Angel Fund, while also analyzing its impact using the methodology provided by the Impact Philanthropy Institute of *China Philanthropist*. Due to insufficient information and data on specific results, the impact assessment in this case report is presented solely as an analytical framework. It focuses on evaluating the impact of the Little Angel Fund in enhancing children's medical protection against major illnesses, facilitating the prevention and treatment of children's leukemia, providing charitable resources for children with major illnesses, and supporting the public welfare funds from national lottery. Furthermore, recommendations are provided for future development of the Little Angel Fund.

Keywords: Little Angel Fund; project evaluation; impact analysis

气候灾害与香港社区的备灾服务

杨绮华①

摘要：本文强调气候变化对全球各地产生了重大影响，香港作为高度都市化的城市尤其面临挑战。劏房社区的居民是一个特别脆弱的群体，其居住条件恶劣，特别容易受到高温天气的影响。为了提高劏房社区居民应对灾害的能力，香港红十字会推出了备灾服务项目，通过提供节能家电设备、举办环保工作坊、关注灾害安全问题等措施，帮助居民增强应对能力，建立韧性社区。同时，备灾服务项目也关注香港较偏远的社群，如薄扶林村和大澳等地区。这些社群由于地理位置和环境特点，更容易受到气候变化和自然灾害的影响。项目通过增加社区意识和教育活动、备灾培训和演习、建立群体支持协调机制等措施，提高居民对灾害风险的认识，增强应急响应能力，加强社区内的群体合作和组织能力。

关键词：备灾服务；劏房社区；应对能力；韧性社区

一、项目背景：气候变化，极端高温

气候变化对全球各地的影响，在今天与日常生活息息相关。据联合国警告，从全球暖化到全球沸腾，气候变化成为当今全球所面临的最重大挑战之一。气候变化所导致的极端天气带来的影响已逐步告诉我们情况不容忽视，使香港增加了许多社会需求并提高了灾害准备的重要性。香港作为一个高度都市化的城市，其地理位置、城市发展和人口高度密集使其面对气候变化的影响时更具挑战性，尤以社区为甚。

有数据显示，香港是亚洲最频繁受自然灾害影响的城市，② 随着气候变化越来

---

① 杨绮华，香港红十字会社区备灾服务高级经理。
② Sustainable Cities Index, ARCADIS, 2015.

越明显，更多人感受到大自然带来的灾害是无可避免的，而且需要加强防范。可是，在不同的条件下，有些人受气候变化的影响是更加明显的。这取决于暴露于受灾因素的概率的高低，例如房屋建在地震带的地方，遇到地震的概率就会提高。或是当风暴潮来临时，如果位处低洼地区，就会增加遇到水灾的概率。至于人群的脆弱性水平如何，关键在于回应灾害的能力如何，例如是否掌握足够的灾害信息、是否知道如何在危急情况下逃离，以及是否有支援网络等。

香港红十字会曾调查市民应对灾害的能力，分为预备程度及信心2个方面。调查结果显示，25%的公众认为未来5年香港整体面临高风险灾害，75%的公众未就应对灾害或紧急情况做好准备，也有近60%的公众未有足够意识预备逃生包。"社会资本"是影响应对灾害的预备程度和信心的重要因素，而社会资本的意思是包括社区在内的支持方法和网络，而这正是直接影响人群和社区脆弱性的关键。

2023年7月5日，全球共同经历了有记录以来最炎热的一天。近年香港的酷热天气（33摄氏度或以上）日数屡破纪录，2023年全年有42次酷热天气警告，是历年来最高的。香港天文台在2023年创立了"极端酷热天气"指标，如气温达到35摄氏度或以上，就会发出相应警告，提醒市民要加强防暑措施。劳工处也公布了新指引，订立了3个级别的"工作暑热警告"，按照指数水平发出不同级别警告，建议从事不同劳动的市民调整作息时间。这些指引需要不断修正，以适应气候环境的改变。

二、项目紧迫性：脆弱环境"雪上加霜"

2003年所记录的酷热天气的天数比10年前多出一倍。在如此高温的天气下，居住在劏房的居民生活极不容易。劏房是指将原有的住宅单位分割成数个单位出租，人均面积约6平方米，略比一个停车位大，一般常见于香港的旧式大厦内，根据《中华人民共和国香港特别行政区行政长官2023年施政报告》，现有超过20万人居住在劏房。劏房的居住环境及卫生状况通常欠佳，由于不合规格的住屋结构及空气的不流通，室内温度往往比室外气温更高，而湿度和二氧化碳密度也高于合适水平，这种情况令居住在劏房的街坊①在高温天气下苦不堪言。

劏房是香港城市社区里常见的不适切居所，卫生条件不理想，也容易受高温和火灾威胁。香港红十字会为减缓气候灾害，建立韧性社区，为劏房街坊提供合适的家电和开办一系列的环保工作坊，增强他们应对灾害的能力。我们收集的环境数据显示，劏房的居住条件恶劣，导致居民出现身心问题。如何协助劏房居民在有限资

---

① "街坊"为粤语，意指居民。

源下渡过难关，是刻不容缓的工作。

大部分于劏房发生的火灾都是致命的，原因是这些房屋大都使用不合规格或残旧的电器，加上欠缺消防设施。当发生火警时，居民的处境往往非常危险。除了外在因素威胁着生命安全和健康，有研究指出，很多劏房居民都有失眠、头痛、过敏等状况，容易受到不同程度的情绪困扰，心理健康绝对是需要正视的问题。

三、项目目标和效果：增强能力，建立韧性

根据红十字会与红新月会国际联合会对于"韧性社区"的定义，韧性社区是指通过建立社区内11个功能和社会维度，让社区在面对灾害时有充足能力和知识作好准备，并在灾后更快地复原过来。香港红十字会参考红十字会与红新月会国际联合会的"韧性社区"维度及社区为本的方法，为超过700户居住在劏房的居民提供减缓气候灾害的"共建气候韧性"社区项目。为了让项目对社区带来更长远影响，在接触社区之初，邀请居民进行参与式需求评估，了解气候变化对社区带来的各种程度的影响，以及掌握社区拥有的资源和网络。

项目收集了劏房林立的地区中不同年龄层次和性别的居民的考察结果，结合合作伙伴的专业意见，设计多元化活动和培训内容。例如从节省资源的角度，举办维修家电课程，让街坊学习电工知识，往后可自行处理简单的维修，延长家电寿命，环保之余也更省钱。也有一系列环保工作坊，包括用香茅和食用油制作驱虫皂、回收竹竿制作台灯、用厨余果皮制作环保酵素作为清洁剂、以价廉又新鲜的食材设计健康餐等。另外还组织外游活动，带领街坊到郊外农场和海岸等地方，学习大自然与灾害的关系。这些活动除了提高居民环保低碳知识水平外，更提供机会让居民互相认识，建立社区联结和互助支援的基础。

改善劏房居民生活环境是项目的主要目的。通过更换或添置能源效益更佳的冰箱、洗衣机、抽湿机、电灯、电风扇和电磁炉等，减低室内温度、湿度；增加光线，令居住环境更舒适，减低气温对健康的影响。同时项目亦为居民于家中配备烟雾感应器、灭火毯，更换合格的插头等，并与街坊一同设定逃生路线，增加居民应对火灾的各项条件。有居民因香港红十字会"共建气候韧性"社区项目获赠循环扇，为劏房环境降温，使用循环扇时更可调低冷气温度，省电又省钱。小风扇有助保持空气流通，降低室内温度。比起石油气炉，电磁炉是比较省钱、安全的选择。

为了设计更有针对性的减灾措施，香港红十字会于项目过程中在其中29个劏房户家中安装环境传感器，收集各种环境数据，包括室内温度、相对湿度、二氧化碳密度和光线水平等，进一步了解这些"不适切房屋"的具体环境。调查发现：

（1）室内温度：超过一半的劏房的室内温度高于理想水平，个别住户室内温度

超过 33 摄氏度。（2）相对湿度：超过 65% 的劏房的相对湿度高于理想水平。（3）二氧化碳密度：超过一半的劏房的室内二氧化碳密度过高，部分更达严重程度，会引致头痛、恶心、呼吸困难等问题。（4）光线水平：所有劏房室内光线水平都不足，长时间居住会损害居民视力，使人疲倦并困扰情绪。

这种恶劣的居住环境，加上气候变化和越来越频繁的极端天气事件，对居民的安全造成更高的风险，大大增加住户的脆弱性，直接影响他们的身心健康。如何协助他们在有限资源下渡过难关，是刻不容缓的工作，故此我们建议住户可以：

（1）更有效地使用空调。空调温度可调高，搭配使用风扇，勤清洗空调。（2）做好隔热。选购防紫外线及隔热窗帘，在窗户上贴隔热膜，防止阳光直射。（3）保持空气流通。打开窗户，最好配合循环扇，将风扇向上调校至 45 度角。（4）家电节能。选用 LED 灯，选购高能源效益的家电。（5）降低湿度，配置抽湿机。

未来，我们将会继续在这些劏房进行适切的减灾工作，当极端天气发生得更频繁、情况更严重时，我们必须从多方面做好准备。不论是硬件设施还是知识技能，在个人、家庭，以至社区层面，都要包含减灾和气候适应的元素。除了预备逃生包、制订应急计划、分享备灾应用知识、在有需要时协助他人，还要推动市民关注气候变化议题，从改变日常习惯入手，推广重用、回收、减少购买不必要的东西，长远实践可持续生活，这样才能帮助社区长远面对气候和灾害的挑战。

四、项目延伸：心安是吾家

气候变化除了增加劏房居民的生活挑战外，在香港这个人口密集的城市中，还有另外一些"隐性"群体，分散在不同的偏远角落，当面对各种天气灾害时，成为"城中隐灾-社区备灾能力建设计划"项目的主角。家，本应是让人感到安稳平静的地方。可是，当家的四周面对不同灾害风险时，人们应怎样自处呢？2022 年，香港红十字会社区备灾服务走进了不同的较偏远社群，包括薄扶林村和大澳，通过讲座、社区活动、家访、培训、演练、建立社区备灾小队，增强居民的备灾意识及知识，再结合各种灾害减缓和气候适应工程，改善社区受灾的程度和脆弱性，建立社区韧性的重要基础。

薄扶林村是香港一个历史悠久的乡村，大约在 17 世纪就已经建村，因着悠久的历史而被列入中国文化遗产名单，但随着社会发展，薄扶林村正受社会、经济、环境变迁、人口老化的威胁。由于处于山脚位置，薄扶林村内大部分房屋为寮屋①，

---

① "寮屋"在香港是指非法占地而建的临时居所。

依山而建，结构简陋，村内欠缺规划，房子之间的通道狭窄且陡斜，令村内老人出行非常不便。下雨时这些通道往往变成小型瀑布，屋内甚至出现雨水倒灌，让居民置身险境。

所幸"各人自扫门前雪"的想法在薄扶林村并非主流，村民会在风季前自发清理屋外明渠，也会留意湿滑的石阶是否会令村民跌倒。这种对整个社区的人文关怀，是村子的地理环境及历史文化的延伸。村民理解到守望相助及自发自律才是保护家园的不二法门。2022年，我们连同义务工程师团队来访，与村民一起商讨改善环境的工作。2023年暑假前，我们与一帮年轻工程师、村内街坊、老师傅，合力将村中唯一的公共空间换上更具疏水功能的砖头，减缓了2023年两次极端天气引发的水浸。

位于香港另一边的大澳也是一个有悠久历史的渔村，坐落在小岛上，以在河道中建造的木结构的棚屋而闻名，吸引不少本地和外地游客到访。然而，正因为地理位置和环境的特质，大澳居民长期受到水灾威胁，当雨季遇上台风季，或潮汐上涨的日子，都需要启动区内的紧急应变机制。

面对大澳常发水灾这一情况，2022年我们与一个专门研究海洋环境的团体，参考生态科学家的见解，加入以"自然为本"的方法减缓水浸的研究，在一些容易发生水灾的地点，用笼子载入收集回来的蚝壳，建成蚝笼，放置在海底，减缓海水的冲力，并推迟海水冲上岸的时间。使用这种以"自然为本"的方法，亦同时吸引海洋生物生长在这些蚝笼中，增加海洋的生物多样性。短短几个月的时间，蚝笼已有效减低该地点百分之三十的水力，生物多样性亦大有增长。然而这个方法需要更长时间的投入，持续收集数据，并增加蚝笼的安放位置，才可以进一步扩大成效。

要有效提高大澳社区的备灾能力，除了通过上述软件和硬件的工作外，社区不同利益相关者的参与也必不可少。我们在项目中的一个重要的作用是，让社区不同利益相关者联系起来。例如我们联系到一帮关心大澳发展的年轻人，把大澳生态的知识分享给中学生，令同区的中学生既对社区有更深的了解，又会思考如何继续参与建立社区韧性的工作。另外，我们也联结了大澳不同的利益相关者参与项目设计和执行，包括各同年龄层的居民、渔民、义工、文化组织、专业团体等，增加他们参与的机会，对项目有更强的认受性，从而增加社区发展的可持续性。

在项目推行的过程中，我们向项目利益相关者收集了不同的深刻的经历：

有大澳的社区伙伴分享了自己的经历。大澳的棚屋住了很多独居长者，他们的子女往往都在区外工作、居住。当风暴来临时，有部分子女未必能够及时回大澳帮助父母。因此在刮台风期间，子女都会担心居住在棚屋的高龄父母。红十字会在提高街坊备灾工作方面花了很多心思。在刮台风前的寻常日子,都会探访水浸高危户,教他们使用逃生包,制订逃生路线以及提供临时庇护中心的信息。所以,居民的备灾意识明显提升了,很多街坊善用临时庇护中心。产生如此成效,除了有赖政府、紧急救援及地区团体的努力外,红十字会备灾工作也是其中一个重要因素。

五、结语

很多不适切居所的结构是用铁皮和木头建造的,不断的修修补补是居民的日常。2022年发生的十号飓风和黑色暴雨,让有些居所严重漏水。有街坊把香港红十字会赠送的大帆布重新在房顶铺好,解了燃眉之急。但随着年纪渐长,很多长者已经有心无力。因此从社区中组织各年龄层的村民,建立互助网络,是令社区有效面对灾害影响的关键。

在较偏远地区开拓"自然为本"减灾工程,放置蚝笼于海底,减低了水力并增加了海洋生物多样性。联结专业团体的义务工程师在常发水灾的社区更换疏水砖,有效令雨水不再积聚。气候变化令天气更极端,更多人因此受到影响,各方的投入更是不容忽视。我们进一步研究、推动"自然为本"的减灾方案,开拓可持续发展的可能性,使该方案成为建立韧性社区的重要因素,让市民更有能力应对灾害。

Climate Disasters and Disaster Risk Reduction Services in Hong Kong's Communities

Abstract: The article highlights the significant impact of climate change worldwide, with highly urbanized cities like Hong Kong facing particular challenges. Subdivided housing communities are particularly vulnerable, given their poor living conditions and susceptibility to extreme heat. To enhance the residents' ability to cope with disasters, the Hong Kong Red Cross has launched community resilience services. These initiatives include providing energy-efficient household appliances, organizing environmental workshops addressing disaster safety issues, and other measures to help residents build resilience.

Furthermore, the services also focus on Hong Kong's communities in remote locations, such as Pok Fu Lam Village and Tai O. These communities are more susceptible to the impacts of climate change and natural disasters due to their geographical locations and environmental characteristics. The project aims to raise residents' awareness of disaster risks, enhance their emergency response capabilities through community awareness and education activities, disaster preparedness training and drills, and establish mutual support and coordination mechanisms to strengthen collaboration and organizational capacity within the communities.

Keywords: disaster preparedness and resilience services; subdivided housing; coping ability; resilient communities

中国红十字会备灾系统与现代物流企业合作模式探讨

张剑辉　郑　华　蒋　畅[①]

摘要：为有效改善运营模式和提高资源配置效率，中国红十字会应急物流仓储体系需要加强与现代物流企业的深度合作，优势互补，融合促进，共同发展，合作共赢。双方合作的定位可以以公益性合作为主、市场化运营为辅；在合作方式上以物流企业援助援建为主，充分提高红十字会应急物流仓储的软硬件建设和管理水平。红十字会应急物流仓储规划和枢纽节点设计等要充分依托国家及现代物流企业"十四五"发展规划，实现全国统筹规划、合理布局。进一步加深与现代物流企业的信息化合作，实行大数据互联互通、信息共享，统一数据分析、深度学习、训练、推理，形成算法模型，为智慧应急物流仓储奠定基础。

关键词：红十字会；备灾系统；现代物流；合作模式；智能化

中国红十字会（本文简称"红十字会"）应急物流仓储体系应当加强与现代物流企业的深度合作，优势互补，相得益彰。双方合作的定位可以以公益性合作为主、市场化运营为辅；在业务重点上以普通应急物资物流仓储合作为主，以医药物流仓储为辅；在合作方式上以物流企业援助援建为主，充分提高红十字会应急物流仓储的软硬件建设和管理水平。具体关键环节体现在应急物流仓储体系建设，引进现代物流企业的智能化、科技化、无人化、信息化等创新技术和产品等方面，为智慧应

[①] 本文系红十字国际学院"南丁格尔"人道救护教研中心的课题研究报告。课题负责人为张剑辉、郑华，执笔人为蒋畅。

急物流仓储提供支撑。

一、红十字会与现代物流企业进行深度合作的背景

21世纪以来我国应急物流仓储管理体系不断完善，但依然存在物流企业主体作用发挥不充分、运作组织化水平不高、应急物资储运分离等问题。在物流业新一轮科技应用加速、大型头部网络型物流企业综合服务能力不断增强的背景下，应从制度设计层面明确大型头部网络型物流企业在应急物流仓储体系中的主体地位和作用，引导其深度参与红十字会应急物流仓储预案制定与演练、应急物流仓储运营平台搭建和应急物流仓储基础设施建设，按照多方协同、与国家物流枢纽网络一体布局原则，构建形成平急结合、储运一体、科技智能、响应敏捷、运作高效的现代应急物流仓储体系，提高红十字会应对突发事件的物资保障能力。

（一）企业的物流网络化服务能力不断增强

历经40多年的市场化改革，我国物流市场主体企业经历小、散发展阶段后正逐步走向集中。特别是党的十八大以来，在物流产业高速扩张的带动下，在互联网等科技手段的驱动下，我国物流企业整合加快，物流市场主体的规模化、网络化发展趋势更加明显。大型头部物流企业在全国业务网络的扩张中，逐步建立了覆盖全国的干支仓配一体的物流网络，已经具备深度参与应急物流仓储运作的强大能力。

（二）企业的资源支配与运营能力较为成熟

应急物资一般涉及医疗物资、救援物资、生活必需品、生鲜食品、粮食等，在上述领域，我国形成了一批全国布局的网络型大型头部企业。在救援物资方面，截至2019年年底，顺丰速运业务覆盖全国335个地级市、2 834个县区级城市，拥有近1.8万个自营网点，干支配车辆超过13万辆，且大部分为自有资源，具备进行大规模应急物流仓储运作能力；中国邮政拥有全国覆盖最广的干线运输和末端配送网络，自有运输车辆超过11万辆，能够面向全国所有乡镇开展应急物资运输。在医疗物资方面，国药物流、九州通医药物流均已在全国大部分省区市布局，能够提供药品等专业化的应急医疗物资仓配服务。总体上，我国物流各细分领域日益壮大的大型头部网络型物流企业，具备各类应急物资大范围、大规模紧急调运服务能力，正成为我国应急物流仓储运作的重要依靠和力量。

（三）抗击疫情中显现了企业的主力军作用

新冠疫情在武汉集中暴发时，大型头部网络型物流企业在应急物资物流保障方面发挥了重要作用。中国邮政物流确保武汉业务不中断，在保障医疗物资调运的同时，兼顾城市生活消费品的配送。顺丰速运第一时间开通至湖北武汉等地的特殊救援通道，集中力量为国内外慈善物资公益运输开辟绿色通道，临时增开多条至武汉的国内货运航班，保障医疗物资供应。应湖北省新型冠状病毒感染疫情防控指挥部的紧急要求，京东物流承建了湖北省应急物资供应链管理平台，利用京东集团平台优势快速调集口罩等资源，采用"公铁空组合发运+本地仓配一体化"服务方式，及时满足了全国医疗救援物资的发运需求。九州通医药物流入驻武汉市红十字会防控物资仓库后，发挥其专业优势，实现了药品和医疗物资的快速分发。中国国家铁路集团有限公司发挥铁路大运量、非接触优势，开通上海、广西、黑龙江至武汉的集装箱专列，满足了大米、肉类、水果等生活物资的紧急保障。大型头部网络型物流企业勇于担当社会责任，在应急物流仓储服务中的运作能力已充分彰显。

二、红十字会与现代物流企业合作的主要思路

红十字会加强、深化与大型头部网络型物流企业的合作，主要体现在以下几个方面。

（一）在红十字会应急制度体系中，明确大型头部网络型物流企业在应急物流仓储体系运作中的主体地位和作用

当前红十字会应急物流仓储体系的顶层设计中关于物流企业的相关内容较少，涉及物流企业参与应急物流仓储体系构建、提供应急物流仓储服务的责权利规定更不多见。应结合当前我国物流市场运行情况，充分调动大型头部网络型物流企业的积极性，发挥其全国网络优势和强大的物流服务能力，在应急物流仓储体系的顶层设计中明确物流企业参与应急物流仓储运作的主体地位和作用，制定红十字会购买应急物流仓储服务的相关标准，保障物流企业参与应急物流仓储体系构建和应急物流仓储运作的合法权益。

（二）吸纳物流企业充分参与红十字会应急物流仓储预案制定和演练，提高应急运行质量

应急物流仓储的突发性、不确定性、集中爆发性等特性要求针对各种突发情况做好应急预案，并选择适当的地区、特定情境进行演练。应改变当前红十字会相对独立编制应急物流仓储预案的方式，发挥大型头部网络型物流企业在全国物流业务拓展、物流解决方案制定、物流运营平台搭建方面的综合优势。在预案制定的过程中，让大型头部网络型物流企业充分参与，提高应急物流仓储预案的可操作性和实战价值。在演练过程中，将大型头部网络型物流企业纳入演练体系，避免应急物流仓储演练与应急物流仓储实际运作"两张皮"，全面提高应急物流仓储的运行质量。

（三）引导大型头部网络型物流企业参与红十字会应急物流仓储运营平台搭建，提高协同能力

加快适应物流行业信息化、网络化、科技化、智能化、无人化浪潮，应急物流

仓储运营平台的搭建是现代应急物流仓储体系构建的重中之重。我国电商物流企业、快递企业等大型头部网络型物流企业的全国网络扩张过程中在物流运营平台搭建、客户供需信息对接等方面积累了丰富的实践经验，应吸引其参与红十字会各类应急物流仓储运营平台的搭建。同时，加强大型头部网络型物流企业物流运营平台与应急物流仓储运营平台统一数据标准、预留信息接口，确保突发事件下应急物流仓储运营平台与大型头部网络型物流企业物流运营平台快速互联进入实战状态，增强红十字会与企业应急物流仓储运作协同能力，提高应急物流仓储响应速度。

（四）支持大型头部网络型物流企业参与红十字会应急物流仓储设施建设，提高设施利用效能

充分发挥大型头部网络型物流企业在全国已经构建的相对完善、服务能力强大的物流网络优势，通过红十字会购买服务或财政补贴方式，在大型头部网络型物流企业进行全国网络拓展的过程中，引导其在区域中转基地、分拨中心内划出一定区域给红十字会应急物流仓储设施。该区域平时为企业经营所用，在应急保障期间迅速转换为应急物资仓配中心。这既实现应急物资储运配与大型头部网络型物流企业服务网络空间一致，又将有限的资金用在最大化提升综合应急物流仓储运作能力上，避免低水平重复建设，显著提高应急物流仓储设施利用效能。

（五）推动红十字会应急物资储备基地嵌入企业物流仓储枢纽规划设计，实现集中化和网络化发展

改变红十字会物资储备基地和应急物资储备基地主要分布在物资产地或者远离交通枢纽、物流枢纽的现状，在红十字会物资储备基地和应急物资储备基地新建、改扩建的过程中，充分利用大型头部网络型物流企业在物流规模化运作过程中已形成的由物流枢纽、全国示范物流园区、骨干冷链物流基地、铁路货运场站等构成的骨干物流基础设施网络，将新增红十字会应急物资储备基地尽可能设置在上述物流节点。利用头部企业物流枢纽等节点设施形成的干支仓配一体物流运作系统，推动形成红十字会应急物流仓储基础设施网络，实现突发事件下的应急物资快速调运，提升应急物资储备基地的运作效能，更高效保障红十字会应急物资供应。

三、现代应急物流仓储体系建设

（一）应急物流仓储配送枢纽点的选址

目前，很多物流配送网络结构以行政区划为基础，割裂了物流整合，不利于优化物流资源配置和降低物流成本，不利于实现物流专业化和规模化，导致资源浪费。为了使救灾物流网络实现分类分级的应急管理体制，充分发挥应急指挥机构的功能，从配送站点中正确选取合适点加以改造扩建，提升合适点为枢纽点，指挥整个应急

物流仓储网络。

应急物流仓储网络枢纽点选址是应急物流仓储网络的构建基础，能够影响救灾工作的有效性，主要具有以下几个特点。

1. 在设施选址时都要按需求点实施各个因素评估，并按照结果对其分类

一般情况下，由于突发事件难以预测，其在各个地点的突发可能性和影响范围都是不同的，事前可以通过对需求点的人口密度、地理位置、交通条件、经济价值、区域联系等方面作出评价，再考虑和突发事件可能发生的概率相联系，对需求点发生灾害的风险进行评估分类。

2. 对应急调配设施的选址需要分散实现

突发事件发生后，需要在第一时间组织大量救援物资运往受灾点来减轻灾害的影响，因此应急配送站点必须分散设置，使其覆盖更广的受灾范围，这样才能更加有效地保证灾害发生后能够尽快调用更多的应急物资。同时，对于应急调配设施的选址可以考虑一定范围的超额覆盖，这样可以更合理地服务受灾点的需求。

3. 应急救援设施的选址目标

一般来说，应急救援设施选址决策时需要考虑这些方面：成本最小化、利益最大化、选址合理化和服务需求最大化。然而在一般情况下难以使全部目标达到最优化，各目标之间存在着一定的矛盾，这时就需要考虑采用多目标函数决策的方法来解决。

(二) 基于轴辐式结构的应急物流仓储网络设计

轴辐式物流网络系统，即中枢辐射式物流系统，是一种基于大型物流配送枢纽站集中中转配送的系统。在此物流系统中，物流的运输不是直接从配送站运到需求点，而是将其运输到枢纽点集中后统一调控、合理安排，打破行政区域的限制，进行组织分散运输。另外，通过枢纽点集中配置物流资源，可以更好地利用轴辐式物流网络结构所带来的大规模网络流经济收益，降低成本和时间，提高应急配送站点的车辆配送范围，提高救援工作的水平和效率。

物流运输的效率很大程度上依赖物流网络结构，应急医药品物流网络配送站的位置及容量因素是影响物流网络结构的重要方面。首先应根据现实情况确定应急配送站点，并结合各站点的地理、交通、经济等因素确定流通路线，形成以各条件相对优越的配送站点为中心、其他周围配送站点为四周环绕的二元结构。在此基础上，建立各个枢纽点之间的协调联系，形成各枢纽点衔接配合的网络结构，使救灾运输工作融入各站点相互依赖又统一的结构，在突发事件发生时有效有序地开展不同层次的救灾工作。

轴辐式物流网络系统的优点主要为：在一般的物流网络结构中，由于单条线路的需求量不大，使得运输车辆满载率不高，经常产生空车返回的现象，物流配送成本较大；而在轴辐式物流网络结构中，枢纽点之间的运输以支线运输为基础，对物资进行汇集和中转，运输量较大，可以提高车辆的运输满载率，降低单位运输成本，可以使物流车辆、设施、设备等资源配置更加合理，有效减少从业人员数量，降低人工和管理成本。枢纽点和普通配送点的任务分配明确，符合物流组织的特点，执行效率高，便于宏观调控和统一调度指挥，极大地促进物流网络资源的整合，间接地推动一个区域的经济快速发展。

（三）应急物流仓储车辆调度的模式分析

针对目前很多应急物资配送不切合实际需求，盲目选择应急物资的规格和品类等问题，应急工作人员应该在第一时间清楚各类应急物资的需求层次，在此基础上根据突发事件的阶段不断展开相应的物资配送，这样可以更好地利用现有的应急物资进行更为高效的救灾工作，极大地提高应急工作效率。

1. 突发事件前期应急物流仓储调度问题分析

突发事件导致各类基础设施遭到不同程度的损坏，正常的社会和经济生活受到影响。灾后的若干小时，是黄金救援时间，最紧迫的任务就是分秒必争，抢救生命，减少人员伤亡。时间就是生命，应急品配送得越快越及时，获得救助的灾民就越多。受灾点的灾民大部分都有不同程度的受伤，大部分人已经身心俱疲，另外在转移过程中伤者可能会发生不同程度的感染，使得伤势更加严重，如果得不到及时的药品救助，很有可能会危及生命。有些药品由于自身的特殊性，需要在第一时间输送到受灾点，超过一定的时间造成的损失会很大。在如此紧急的情况下，需要考虑带有时间约束的输送问题。很多资料表明，如果因为一些因素耽误了车辆配送时间，人员伤亡和经济损失可能会大量增加，受灾区群众的情绪可能失控，可能导致社会秩序严重混乱。如智利地震，在受灾区康塞普西翁市，相关部门不能在一定时间内及时救援，导致该市的受灾区严重缺乏食物和药品，灾民的情绪爆发，对当地的两家食品店进行哄抢。

在此阶段，应急救护需求快速增长，由于突发事件的突发性和不确定性，不仅难以作出有效应急决策，而且一些交通和信息设施的毁坏让车辆配送难以发挥有效的作用。所以，要在最短的时间获取灾区信息和向受灾点有效供应物资，应急物流仓储就显得特别重要。突发事件前期，第一目标就是全力救人，此时急需大量的应急品。由于受灾点对应急品的需求非常紧迫，一般情况下在进行应急总时间最少和出救点最少之间的目标决策时，几乎不考虑第二个目标。应急总时间最少是将各种应急医药品从出救点运输到受灾地区的首要目标，车辆路径模型应以运输总时间最少为目标。

2. 突发事件后期应急物流仓储车辆调度模式分析

本阶段的主要任务是恢复受灾点正常生活，减少突发事件带来的损失。突发事件后期的灾害发生频率渐渐平缓，救援的任务是转移安置灾民、防范疫情发生等。这个时间段内面临的主要问题是安置大部分没有地方休息、养病、情绪恐慌的伤员。除了要保障他们生活上的必需品，还要特别注意他们居住环境的卫生和防疫工作。此时，应急品的运输主要包括两个方面：一是大量初期伤者的后续治疗药品和一些刚刚搜救出来的伤员的急救药品；二是保障受灾点生活的顺利开展的物品。突发事件后期的应急品车辆调度中将建立受灾点物品需求满意度最大的目标函数，考虑后期应急品需求的层次性和车辆调度的复杂性，将最大程度调度方案依照其阶段性展开，使应急品分配得更有效和得到更高的客户满意度，减少资源浪费，降低应急经济成本。这时考虑双边时间窗问题尤其重要，应急品有特殊性、时效性和不可替代性，应急品要充分发挥作用，必须及时送达受灾点，否则会耽误最佳救治时间，但也不能过早送达，因为过早送达可能浪费救灾的运输力，且过早送达会因恶劣的灾区环境不能保证物品的安全性。所以，如果应急品在受灾点最需要的时候送达，满意度会达到最高；若送达在最满意时间段之前或前后，满意度会较低；但要是送达时间过晚致使应急品失效或受污染，严重影响到救灾工作的进行，客户则会不满意。

（四）智慧应急物流仓储系统的建设要点

1. 建立基础数据库

建立内容全面丰富、科学准确、更新及时且能够实现共享的信息数据库是企业信息化建设和智慧应急物流仓储的基础。尤其是数据采集挖掘、商业智能方面，更要做好功课，对数据采集、跟踪分析进行建模，为智慧应急物流仓储的关键应用打好基础。

2. 推进业务流程优化

目前传统物流企业存在业务流程信息传递迟缓，运行时间长，部门之间协调性差，组织缺乏柔性等问题，制约了智慧应急物流仓储建设的步伐。企业尤其是物流企业需要以科学发展观为指导，坚持以客户的利益和资源的节约保护为出发点，运用现代信息技术和最新管理理论对原有业务流程进行优化和再造。企业物流业务流程优化和再造包括观念再造、无边界组织建设、工作流程优化（主要指对客户关系管理、办公自动化和智能监测等业务流程的优化和再造）。

3. 重点创建信息采集跟踪系统

信息采集跟踪系统是智慧应急物流仓储系统的重要组成部分。信息采集跟踪系统主要由 RFID（射频识别）系统和 Savant（传感器数据处理中心）系统组成。每当识读器扫描到一个 EPC（电子产品编码系统）标签所承载的物品的信息时，收集到的数据将传递到整个 Savant 系统，为企业产品物流跟踪系统提供数据来源，从而实现物流作业的无纸化。而物流跟踪系统则以 Savant 系统为支撑，主要包括对象名解析服务和实体标记语言，进行产品生产物流跟踪、产品存储物流跟踪、产品运输物流跟踪、产品销售物流跟踪，以保证产品流通安全，提高物流效率。另外，要做好智能订单管理。推广智慧应急物流仓储的一个重点就是要实现智能订单管理，一是让公司呼叫中心员工或系统管理员，接到客户发（取）货请求后，录入客户地址和联系方式等客户信息，员工或管理员就可查询、派送该公司的订单；二是通过 GPS（全球定位系统）/gpsOne（移动定位技术）定位某个区域范围内的派送员，将订单任务指派给最合适的派送员，而派送员通过手机短信来接受和执行任务；三是系统还要能提供条码扫描和上传签名照片的功能，提高派送效率。

4. 积极推广战略联盟

智慧应急物流仓储建设的最后成功需要企业尤其是物流企业同科研院校、研究机构、非政府组织、各相关企业、IT（互联网技术）公司等通过签订协议契约而结成资源共享、优势互补、风险共担、要素水平双向或多向流动的战略联盟。战略联盟不仅具有节省成本、积聚资源、降低风险、增强物流企业竞争力等优势，还可以弥补建设物流企业所需资金、技术、人才之不足。

5. 制定危机管理应对机制

智慧应急物流仓储的建设不仅要加强企业常态化管理，更应努力提高危机管理水平。企业尤其是物流企业应在物联网的基础上建设智能监测系统、风险评估系统、应急响应系统和危机决策系统，这样才能有效应对火灾、洪水、极端天气、地震、泥石流等自然灾害，瘟疫、恐怖袭击等突发事件对智慧应急物流仓储建设的冲击，尽力避免或减少对客户单位、零售终端、消费者和各相关人员的人身和财产造成的伤害和损失，实现物流企业健康有序发展。

6. 将更多物联网技术集成应用于智慧应急物流仓储

物联网建设是企业未来信息化建设的重要内容，也是智慧应急物流仓储系统形成的重要组成部分。目前在物流业应用较多的感知手段主要是 RFID 和 GPS 技术，今后随着物联网技术不断发展，激光、卫星定位、全球定位、地理信息系统、智能交通、M2M（机器对机器，一种数据算法模型）等多种技术也将更多集成应用于现代物流领域,用于现代物流作业中的各种感知与操作。例如温度的感知用于冷链物流,侵入系统的感知用于物流安全防盗,视频的感知用于各种控制环节与物流作业引导等。

(五)智慧应急物流仓储的发展方向

在智慧应急物流仓储思维系统方面,目前已经全面进入数字化阶段,物流企业都开始重视物流数据收集、分析与应用,基于大数据预测的前置布仓技术让物流实现了先行,缓解了"双十一"等物流高峰阶段的物流配送压力。基于数据分析的物流全程优化运筹为企业物流发展"插"上了"翅膀"。但考察各个公司物流系统,包括先进的智慧应急物流仓储系统,目前智慧应急物流仓储思维系统能够做到"自主决策",实现软件定义物流的系统还很少见。目前中国智慧应急物流仓储思维系统正在从数字化向程控化演进,未来演进方向是智能化。

在智慧应急物流仓储信息传输系统方面,随着物联网技术的应用,以条码为基础的自动识别技术、卫星导航追踪定位技术、RFID识别技术、部分传感技术得到了普遍应用,互联网开始延伸到实体网络,推动了物流业务流程透明化发展。经过调查发现,目前物流信息传输正处于物联网技术逐步普及、物流末端神经网络初步形成的阶段,需要进一步向全面深化链接与信息融合的CPS(信息物理系统)方向演进,实现信息联网、物品联网、设备联网、计算联网、控制联网,全面进入互联互通与虚实一体的智慧世界。

在智慧应急物流仓储执行系统方面,目前物流自动化技术获得了快速发展,配送终端的智能货柜、无人机、机器人技术开始进入应用阶段,自动驾驶卡车、地下智慧应急物流仓储配送系统等技术成为关注热点。笔者认为,目前智能执行系统正在从机械化、自动化向智能硬件全面发展演进,未来演进方向是系统级和平台级的智能硬件组网应用,实现执行系统全面无人化与智能化。

四、从自动化立体仓库到"无人仓"的演进

近年来,随着国家经济的发展以及人们生活水平的提高,电子商务迅速发展,电商订单数量急速增长,面对如此多的任务量,如何根据客户的需求将商品快速、准确地配送到客户手中,是物流亟待解决的问题之一。智慧应急物流仓储系统将自动化技术引入传统的人工物流系统,在降低差错率、提高物流服务效率以及减少人力成本等方面实现优化,提高物流服务质量。京东商城对物流服务非常重视,抛开与第三方物流公司合作的模式开启自建物流系统的模式,率先提出"夜间配""极速达""限时达"等物流配送服务。特别是2016年京东无人仓库的首次亮相,更是实现了物流行业的无人化和智能化,这一举措的实施极大地加快了商品的物流服务速度，也为特殊节日中物流订单暴涨提供了支持与保障。

（一）自动化技术在京东无人仓库中的应用分析

京东的无人仓库公司，是全球首个全流程的无人仓库公司，可以实现货物入库、分拣、包装、存储以及配送等环节的无人化和智能化。无人仓库的作业环节主要包括入库作业、存储作业、订单拣选作业以及打包作业等，其中涉及的自动化设备主要有物流机器人、机械臂、自动穿梭车等。

1. 自动化入库作业

（1）自动化运输系统。自动化运输系统在入库作业中连通自动化立体库，可以实现货物的高效入库。在无人仓库系统中以感知技术为基础，自动化运输系统与机器人系统需要进行有效的配合方可实现无人仓库系统的自动化。目前在京东的昆山无人仓库中，自动化运输系统可实现自动卸车、自动供包与自动分离的功能。

（2）自动化入库机器人。在入库装箱中，京东还采用了六轴机器人（6-Axis robot）进行入库作业，六轴机器人的特点是适用于拾取大件物品。六轴机器人高2米左右，最大的臂展2.7米左右，重约1.7吨，可搬运货物的重量在165公斤以内，搬运效率较高，搬运单次的动作8到12秒，相比于人工作业，效率可以提高30%。

2. 自动化存储系统

在京东的无人仓库中，其自动化存储系统是多层穿梭车自动化立体仓库，由8组穿梭车立体仓库系统组成，可同时存储商品6万箱。穿梭车速度最大为6米/秒，吞吐量高达1 600箱/时，可大大节省人力和空间成本。取货的时候可以实现从"人到货"到"货到人"的转变，同时解决了跨通道作业以及作业节奏不均衡等问题。

3. 自动化订单拣选作业系统

（1）自动化搬运机器人。在上海的京东无人仓库中，京东使用了3种不同型号的智能搬运机器人执行任务，分别为Shuttle货架穿梭车、AGV智能搬运机器人、Delta分拣机器人。其中，Shuttle货架穿梭车可高速行走在货架间并进行货架间的货物存取，其空载峰值速度为6米/秒，且具有根据货物大小进行自动适配的功能；AGV智能搬运机器人的特点是灵活小巧，具有电量低时自动充电的功能，所以能够为京东的仓储货架释放更多的有效利用空间。另外，防撞传感器和无线通信模块被嵌入AGV机器人车身，因此AGV机器人可在京东仓库复杂的工况环境中轻松自如地工作。Delta分拣机器人是京东无人仓库中的重要设备，适用于小件商品的分拣。为了对新商品进行高效识别，在Delta机器人中配备了图像识别设备。

（2）自动化识别技术。在京东物流昆山无人分拣中心，RFID电子标签技术也应用在其中，可进行发货订单的识别，保障了发货准确性。该技术是一种非接触式自动识别技术。RFID 电子标签技术可以存储相关数据的标签，通过 RFID 读写装置对标签进行数据读取，也可以写入数据。相比于条码信息，RFID 电子标签技术读取距离远，而且不受障碍物影响，但其标签成本限制应用场景。

（二）无人仓库的技术难点剖析

1. 码垛算法

对于码垛机器人来说，实现货物的抓取并非难事，京东六轴机器人的特点在于通过对所有托盘数据进行分析和码垛算法，实现托盘上货物的精确合理摆放；无人叉车同样基于码垛算法，通过分析商品长、宽、高，摆放方向（向上/下）等件型及重量信息，生成码垛垛型，即摆放姿态，进行合理码放。

2. 任务调度

搬运机器人的任务分配、最短工作路径的规划、避免碰撞等都需要在海量数据上依靠整体优化算法实现。目前，京东主要与斯坦福人工智能实验室等合作研究独特算法，最大化机器人的作业效率。

3. 存放算法

此处"存放"就是货品摆放，通过大量算法实现畅销商品的合理摆放，用数据指导立体仓库的存放策略、多辆机器人作业次序；通过算法保证机器人尽快出货，同一订单商品尽量保证短时间在窗口内集齐。

五、路空一体立体交通与无人机的推广应用

（一）路空一体立体交通的发展趋势

路空一体指在高速公路服务区、客货运枢纽等交通基础设施中增建直升机起降平台以及相关配套设施，拓展其交通战备、医疗救护、抢险救灾、货运物流、旅游观光、通航服务等方面的功能，从而实现公路和航空交通资源共建共享、一体使用。

在国家层面，大部制改革为路空一体发展提供体制保障。根据 2008 年国务院机构改革方案，在原交通部的基础上组建的中国民用航空局、国家邮政局等部门均在此次大部制改革中划归交通运输部管理。根据最新交通运输部职责，交通运输部负责推进综合交通运输体系建设，统筹规划铁路、公路、水路、民航以及邮政行业发展，建立与综合交通运输体系相适应的制度体制机制，优化交通运输主要通道和重要枢纽节点布局，促进各种交通运输方式融合。特别是党的十八大以来，习近平总书记高度重视交通运输工作，作出一系列重要论述，为推动建设交通强国指明了方向。党的十九大明确提出建设交通强国的宏伟目标，交通运输系统将在新时代奋力开启建设交通强国的新征程。

在行业层面，综合立体交通网建设为路空一体发展提供良好机遇。2019年4月，交通运输部正式启动《国家综合立体交通网规划纲要（2021—2050年）》编制工作，综合立体交通网必须更突出建设、综合立体、融合发展，构建面向未来的综合交通运输体系。综合交通运输体系是现代交通运输业的重要标志，路空一体是建设综合交通运输体系的重要组成部分，发展综合交通运输是交通运输转型升级的内在需要和必由之路，与新常态下经济社会发展的内在要求高度契合。近年来，国务院、民航局和中央军委连续下发了《关于深化我国低空空域管理改革的意见》《关于促进通用航空业发展的指导意见》《通用航空飞行任务审批与管理规定》等文件，在任务申请和审批手续、低空空域管理改革等方面不断创新，实行空域改革和开放，这将极大地促进通用航空产业的发展，同时对于构建"大交通"系统、创新出行方式有着标志性意义，也为路空一体建设奠定了必要前提和基础。

（二）无人机在物流行业的示范应用

物流行业经过快速发展，其相关技术应用可以说是日新月异。其中，大型物流无人机无疑将成为物流行业未来发展的重要方向。顺丰速运一直以快速、准时、服务好著称，尤其是在派件速度方面，一向都是追求极致；在航空货运方面牢牢占据行业优势的基础上，顺丰速运还在积极推行无人机物流。实际上用无人机进行物流运输早已经不是新鲜事，国外已经有企业进行尝试。不过因为当时技术还不成熟，无人机的载重和续航无法满足市场需要。大型物流无人机在物流运输方面的应用，将成为该领域的未来。在大型物流无人机领域，顺丰速运无疑站在了前列。2018年，顺丰速运就开始尝试飞鸿-98大型物流无人机基于物流运营场景的应用，开创了国人先河。飞鸿-98之所以被寄予厚望，是因为其研制是以军用运输机运-5B运输机为基础。作为我国最早的一款军用运输机，运-5B虽然已经服役超过40年，但目前在民用领域依然非常活跃，在农业撒播、民航运输、跳伞运动、航空测量以及医疗救护等方面发挥着重要作用，其简易耐用、飞行稳定、运行费用低廉等特点非常适合快递物流。在运-5B的基础上，飞鸿-98同样性能出色，实用性很强。

顺丰速运作为追求创新的行业品牌，正积极让大型物流无人机拓展职能，让其能够适应不同场景的物流应用。一旦这款大型物流无人机投入使用，将进一步提升顺丰速运航空运输能力，对提高支线运输效率、降低航空物流成本、解决飞行员短缺及人体疲劳问题都非常有价值。尤其是对于生鲜冷链产品、急需药品、贵重物品等对派件速度要求极高的产品来说，大型物流无人机无疑是最佳选择。随着顺丰速运对这款无人机的大规模应用，企业三网合一的网络资源优势以及派件速度优势将得到进一步巩固，也将引领我国应急物流仓储行业进入新的时代。

（三）无人机应急物流仓储体系的建设

基于无人驾驶航空器的路空一体空中交通系统，作为交通拥堵和温室气体排放的有效解决方案，近年来得到长足发展。2019年1月26日，民航局就印发了《基于运行风险的无人机适航审定指导意见》，明确将在2019年年底初步建成基于运行风险的无人机适航管理体系。2020年11月28日，国务院办公厅发布《关于国务院第七次大督查收集转办部分意见建议情况的通报》，指出加快推进城市空中交通发展战略布局和标准制定，建议将发展空中交通纳入国家战略，出台有关政策文件，制定相关标准，推动产业健康发展。这一系列支持政策的密集出台，证明了无人机应急物流仓储体系将成为未来我国立体交通体系的重要一环。

建设无人机应急物流仓储体系首先应选择具有良好的物流布局运营基础、现代化智慧应急物流仓储项目聚集的地区。物流无人机运行体系致力于打造"干线级—支线级—末端级""三级无人机+通航"物流体系，以研发大型货运无人机应用平台、探索物流无人机应用场景为主要方向。目前，中大型货运无人机技术已经成熟，具有短距起降、舱内空投功能，良好的跑道适用性、快速出动、维护简单等优势。三级无人机物流体系建设的主要内容如下。

1. 建设支线物流无人机产业化运行体系

整合地空资源，建设支线物流无人机产业运营基地，包括组建支线无人机运营公司及机队，开辟支线物流无人机运行航线。依托通航机场、物流园区等交通基础设施和智能仓储基地，及各重点乡镇、高速公路服务区、林区等起降点建设，分别在城乡区域设置骨干网节点，同时部署配套设施，在选定航线覆盖区域搭建无人机地空服务平台，搭建形成"城乡一体"、辐射周边500千米的支线无人机运行网络。利用无人机运行网络开展高附加值产品产地直发、配送的支线无人机航线示范运营，并入企业现有供应链及配送平台，实现模式化的高效运转。结合各大电商订单配送资源，实现市内、周边各省市县之间的快速物流配送业务。

2. 建设支线物流无人机运行调度和应急保障体系

建设以核心城区为中心、覆盖整个城乡区域的空中物流运营调度中心。利用顺丰、京东等物流成熟的大数据、云计算等技术，实现对整个核心商贸地区物资的统筹调拨、无人机运力调配、航线自主规划、无人机运行调度等。对接民航管理部门和空军等单位，为无人机的安全运行提供飞行服务，初步形成无人机的低空服务中心。建设运营保障中心将涉及低空空域运行规范、设施设备运营维护、标准体系等诸多方面，需与地区管理局、地方政府、通航企业、通用机场密切配合，提前沟通规划，实现物流无人机配送服务保障网络化部署与运营。

同时，与地方应急管理部门协调联动，利用支线物流无人机的运输能力优势，开展山区、水域物资补给，应急物资运输保障，灾害救援，无人机巡查等，以及连接应急物资供应链平台，提升应急物资保障的智能化管理水平，建设形成综合运输应急装备物资和运力储备体系。

3. 建设新型路空一体应急物流仓储港

以物流"三级无人机+通航"物流体系运营模式为依托，以物流商贸基地为基础，建设无人物流商贸港，集供应链管理、物流仓储、智能分拨于一体。物流港从简到繁分级建设实施，建设由物流需求综合处理中心、路空综合运力调度中心、支撑保障中心等组成的联运配送运营体系。结合空中无人机物流运输走廊，将有力实现应急物流仓储的北承南接，拓展地区应急物流仓储的发展前景。

高科技高速发展的今天，自动化技术在物流行业的应用效果越来越显著。物流产业从人工作业到现在应用大量自动化技术的智慧应急物流仓储系统，是一个质的飞跃，这也为中国物流技术行业保持世界领先地位奠定了基础。因此，我们应该大力推广自动化技术在红十字会智慧应急物流仓储系统中的应用，鼓励并促进智慧应急物流仓储系统相关自动化技术和设备的技术创新和进步，提升物流业集约化、信息化、标准化、智能化，加大智慧应急物流仓储管理人才的培养力度，从而提高红十字会应急物流仓储体系的运行效率和效益。

六、建立应急物流仓储联合应对体系

2020年年初，当全国捐助物资源源不断地发往灾区的时候，武汉许多医院仍旧物资匮乏，充分暴露出统筹能力不足、信息不对称、协调机制缺乏等问题，需要考虑建设一个由政府、红十字会、物流企业等组成的行之有效、整合各方资源的联合应对体系。

（一）联合应对体系的建设组成

目前救灾体系中存在一些痛点：缺乏统一调度的全国救灾指挥中心；缺乏高效运转的救灾物资仓储体系；缺乏社会物流整合调度体系；缺乏救灾物资、数量、型号、品控等信息的获取体系。基于这几个痛点，亟须建立起以救灾指挥中心、物资仓储体系、物流整合调度体系和信息获取体系为一体的"一个中心、三大体系"结构：

1. 一个中心

此"中心"即救灾指挥中心：建立由政府相关部门组成，红十字会、物流企业参与的救灾指挥中心，并建立以下组织架构和职责：

（1）供应商资源管理组：负责救灾物资生产企业、快递物流企业、金融机构、

通信公司等外部资源的工作对接;

（2）信息处理组：负责突发事件及舆情信息、救灾物资信息、气象信息等的收集及发布，对红十字会现场督导等;

（3）审计稽查组：负责评估灾害损失、供应商成本核算、救灾采购物资的核价、物资分配流向动态监控等。

2. 三大体系

（1）物资仓储体系：各电商平台内设救灾应对工作组，如让京东或菜鸟的仓储中心同时用于救灾物资仓储。该体系负责全国救灾物资的采购、仓储等工作。

（2）物流整合调度体系：各物流企业建立救灾应对工作组，在分布各地的自有车辆、航空机队、无人机中常备救灾运力资源，有灾情时承担救灾物资仓储中心的运输任务，无灾情时由物流企业自行调配。

（3）信息获取体系：建立救灾物资及服务供应商名录。全国救灾指挥中心——供应商管理组每3年通过招标形式，按价格、品质、覆盖范围、产能等因素，综合确定救灾物资供应商名录。灾情发生时，救灾指挥中心可征用供应商物资，接受统一调配。（借鉴日本救灾物资就近采购，减少救灾中心常备救灾物资库存积压的做法。）

（二）打通应急供应链的关键环节

红十字会应急物流仓储的过程主要包括物资的信息管理、运输、出入库、仓储、"最后一公里"交付等环节，国际物流还涉及物资的报关清关。应急物流链条上的参与主体包括捐赠者、政府相关部门、红十字组织、供应商、海关、物流公司、灾区接受方、受灾群众等。只有各个环节及时有效衔接，才会让整个链条安全有效进行。

2020年年初，仅中国红十字会总会、中国红十字基金会、湖北省红十字会和武汉市红十字会共接受物资捐赠约10 697批次，涉及药品、防护用品、消杀用品、核酸检测试剂及耗材、医疗设备、生活物资、工程物资等大类。捐赠的蔬菜、瓜果等食品易腐烂，对物资的储存、物流运输时效都提出较高要求，应该被供应链各节点企业提到战略高度来防范管理。

近年来，通过总结我国应急响应和灾害救助的经验和教训，可以看出应急物流仓储系统必须与应急供应链紧密衔接、高效配合，才能真正发挥出应急备灾"生命源"和"生命线"的关键作用。尤其是在此次新冠疫情中，部分应急仓库货物接收入库和救灾物资分配发放等环节，出现了透明度不够高、合理度欠佳、效率较低等问题，严重影响了应急供应链的响应效率。因此，打通应急供应链的关键环节，加强备灾系统与现代物流企业合作，对构建智慧应急物流仓储系统，有着至关重要的意义。

1. 构建智慧应急物流仓储系统要勇于突破传统物流方式，灾时启动物流运输合作

合作较多的物流公司有中国邮政、顺丰、德邦、京东等大型企业，也有本地物流企业。有一种情形是即便签订了运输框架协议，但或因灾区风险高，物流企业不愿前往，或因交通管制等因素无法运输，红十字会使用救援队车辆运送部分物资，大量的救灾物资还需临时寻找当地物流企业与车辆运送。面对复杂的灾害情况，除了结合传统物流方式运输，也要增加新兴科学技术方式的应用，争取物资及时到达灾区。我国通用航空发展的总体水平虽然落后于发达国家，但无人机发展全球领先，在电动垂直起降飞行器（eVTOL飞行器）等创新性航空器这一领域也有部分企业在国际上崭露头角。通用航空在应急服务体系中提高政府的公共服务能力：在汶川大地震、舟曲特大泥石流等重大灾害中，无人机救援能力明显强于其他任何救援工具。中国有望成为全球低空发展的引领者之一，需牢牢把握新科技革命的历史发展机遇，加快人道应急物流创新，促进人道应急物流的跨越式发展。

2. 构建智慧应急物流仓储系统需要市场化运营

市场化运营尤其需要物流企业参与完善，加快产业化进程。目前，应急物流仓储由政府层面主导仍为主流趋势，但在重构应急供应链体系的过程中，市场多主体协作将会成为必然。只有动员社会多方参与共建，才能形成以时间效率为核心目标、快速响应环境变化的动态高效物流链。

3. 构建智慧应急物流仓储系统需要做好预防及协同配合

由于供应链外部因素，如地震、社会安全等致因要素是不受控的，它们的发生也难以预测且发生频率低，因此，只要供应链各节点成员做好日常管理工作，并能定期制订、修改应急管理预案，便可在突发事件爆发之时迅速响应并采取有效的应急措施。供应链各节点成员要协同作战，加强信息共享，及时分享即时信息，保障各节点信息对称、畅通准确。要综合考虑各节点情况，通过构建供应链应急预案启动模型研究启动成本与损失之间的关系。

4. 做好善后工作

供应链各节点成员应建立协同意识，使供应链系统呈现自组织状态，并尽快回复稳定有序的运行状态，达到"共赢"。居安思危，以史为鉴。供应链受突发事件的影响恢复后，总结经验教训必不可少，以此减少或杜绝类似的突发事件在供应链运作过程中再次发生。

On the Model of Cooperation between Disaster Preparedness System of the Red Cross Society of China and Modern Logistics Enterprises

Abstract: In order to effectively improve operational models and enhance resource allocation efficiency, the Red Cross emergency logistics and warehousing system needs to strengthen deep cooperation with modern logistics enterprises, complement advantages, promote integration, promote common development, and achieve win-win cooperation. The positioning of cooperation between both parties can be mainly based on non-profit cooperation, supplemented by market-oriented operation; In terms of the ways of cooperation, logistics enterprises can mainly provide assistance to fully improve the software and hardware construction and management level of the Red Cross emergency logistics and warehousing. The emergency logistics and warehousing planning as well as hub node design of the Red Cross Society should fully rely on the 14th Five-Year Plan of the State and of modern logistics enterprises, and achieve national overall planning and reasonable layout; further deepen the digital cooperation with modern logistics enterprises, implement big data interconnection and information sharing, unify data analysis, deep learning, training, and reasoning, form algorithm models, and lay the foundation for intelligent emergency logistics and warehousing.

Keywords: the Red Cross Society; disaster preparedness system; modern logistics; cooperation model; intelligent

第三届东吴国际人道论坛综述

危机与应对：气候变化中的人道力量

古 敏[①]

摘要：以"气候变化与人道行动"为主题的第三届东吴国际人道论坛在苏州举行。中国红十字会会长陈竺出席论坛并作主旨演讲，中国红十字会党组书记、常务副会长王可主持了开幕式。红十字国际委员会、红十字会与红新月会国际联合会和15个国家与地区红十字会的百余名代表参加了会议。与会嘉宾和专家围绕"灾害与响应""实践与愿景""人道行动中的气候及环境伦理""气候变化与预见性行动""在气候变化影响下的移民和社区"等5个主题进行了专题探讨，共商应对气候变化之策，共谋人与自然和谐共生之道。

关键词：气候变化；危机响应；人道主义；韧性社区；联合行动

世界正经历百年未有之大变局，人类社会面临诸多挑战，气候变化应属最大挑战之一，不仅对环境影响深远，对社会、经济和人道主义也构成巨大威胁。气候变化带来的极端气候灾害在全球肆虐，极端高温、降雨、干旱、飓风等气候事件在全球范围内频发，人与自然的伴生性及气候变化给人类带来的巨大风险与安全效应进一步凸显。部分地区还伴有武装冲突和被动移民，气候变化、自然灾害和人道主义危机交织叠加。面对长期的人道主义挑战，没有任何一个国家及其人民能够独善其身，而危机中首当其冲的群体是妇女、儿童、老人、流离失所者等最易受损群体，国际人道主义事业任重而道远。

有鉴于上述严峻的人道趋势，我们深刻认识到在世界变局的新形势和全球气候

[①] 古敏，中国社会科学院大学社会与民族学院社会发展系博士研究生。

变化的新挑战下，坚持贯彻人与自然和谐共生的意识，秉承"人道主义是能够凝聚不同文明的最大共识"理念，积极参与全球治理和人道主义问题治理，共同推进人道主义事业发展的重要性。2015 年，联合国通过的《2030 年可持续发展议程》，提出联合国可持续发展目标"行动十年"计划，号召全世界团结一致，共同应对人类面临的与气候变化、贫困、和平与正义有关的全球挑战，确保不让任何人掉队，实现令所有人都能拥有更美好和可持续发展的未来。气候变化是对人道主义问题治理的综合考量，全球气候变化危机应对和人道主义响应面临着严峻挑战，国际社会应坚持人民至上，加强团结合作，共同寻求人道主义危机的长远解决之道，努力实现人与自然可持续发展。

2023 年 11 月 18 日，以"气候变化与人道行动"为主题的第三届东吴国际人道论坛在苏州举行。此次论坛旨在深入贯彻落实国家主席习近平会见红十字国际委员会主席斯波利亚里茨时的重要讲话精神，秉持"人道主义是能够凝聚不同文明的最大共识"理念，围绕全球治理和人道主义问题治理，与其他国家红会深化合作，共同探寻人类社会面临的诸多挑战的解决之道，为促进世界和平与发展及国际人道主义事业作出新的贡献。

一、危机与响应：在实践中统一人道行动的愿景和宗旨

当前，气候变化引发的极端天气频现，且正以不可预测的速度发展，表现出复杂的灾害特征。全球气候变化的危机已经来临，人道主义形势愈加严峻，人类的响应尚显局促，需进一步统一人道行动的认知和策略。红十字会与红新月会国际联合会亚太区域办公室主任亚历山大·马修、红十字国际学院院长王汝鹏、时任苏州大学校长张晓宏围绕"灾害与响应"主题，倡导在气候风险增长的境况下，加强人道主义问题的治理与研究，积极建构人道援助架构，有效商讨应对气候危机带来的人道影响策略。

气候变化带来了极端天气影响，其中一半是洪水，一半是干旱，并发的是极端高温，它们正不断吞噬地球物种、摧毁人类赖以生存的家园。正如亚历山大·马修所言，气候风险越来越多，水资源短缺越来越严重；由于气候变化带来的人口迁移越来越多，这些风险甚至可能引发武装冲突；这迫使我们做些准备来缓释这些风险。从人道主义角度出发，在人道援助架构的发展演进中，能够对气候危机作出回应的组织的韧性和复原力显得尤为重要，特别是红十字会和红新月会在世界各地的韧性和复原力，也包括其他非政府、独立的人道组织的韧性和复原力。而人道组织的韧性须通过本国（本地区）资源采取富有战略性的方式来实现持久的准备，提升应对能力，有助于应对定期或长期的风险，并减少对国际资金支援和救助的依赖。在过去几年的危机和灾难应对中，国际人道援助的资源比例下降，这就意味着无论是针对中小型还是大型灾害的应对，都越来越依赖本国（本地区）的资源和能力，以及本国（本地区）人道组织的人员、志愿者和本国（本地区）政府之间的合作。以中国为例，第一，中国无论是在国际社会还是在国内，在基础设施投资方面都作出了表率，把基础设施的建设放在发展的重中之重，"十四五"规划、中央经济工作会议和"一带一路"倡议都强调通过基础设施来增进发展和提高自力更生能力。第二，从历史的角度和当前的角度来讲，做好长期愿景，"前人栽树，后人乘凉"，从社会、企业等创新角度规划资源建设，提升各国国内灾难应对能力，为人道行动带来持久动力。

红十字国际学院王汝鹏院长认为，气候变化带来的人道主义危机将变得日常化、普遍化。气候变化带来的大范围人道主义灾难正在由"黑天鹅"向"灰犀牛"转变。但毋庸置疑，尽管我们有所预见，人类在应对策略上还是显得局促，而且很多国家仍处在掉以轻心与迟疑之中。红十字国际委员会的报告已经告诫各个民族，有效遏制气候变化带来的人道主义灾难刻不容缓，每个地球人都不能袖手旁观。红十字组织和其他人道组织更应走在前列。王汝鹏结合实践，探索提出加强应对气候变化的理论和实践研究，从教育和科研视角，强调气候变化下人道政策研究和理论建构的重要性；大力开展人道主义问题治理的实践研究、治理路径和政策研究及基础理论研究。而人道行动需要理论指导和政策引领，培养人道主义问题治理和应对各类灾害的各类专业人才，建构红十字交叉学科理论体系已迫在眉睫。在此背景下，红十字国际学院鼓励国际合作，以共同努力应对全球治理和人道主义问题治理的挑战。

时任苏州大学校长张晓宏表示，本届论坛致力挖掘应对全球气候变化工作中人道行动的意义与出路，具有重要的理论与现实价值。他强调，苏州大学与国际红十字运动的缘分源远流长，未来学校将进一步发挥红十字研究及相关学科群的优势，努力将红十字国际学院建设成高水平的红十字人才培养基地、学术研究中心和国际交流平台，为促进人类和平与进步作出更大贡献。

面对复杂严峻的气候变化，人们呼唤构建人类命运共同体的新伦理、新规则，只有重视气候变化的人道传播，增强公众人道主义危机认知，提升应对危机的意识，构建面向共同善治的道德内核，摒弃国界、种族、信仰藩篱，才能携手共建生态优良的美好地球家园。为此，牛津大学社会正义研究所高级研究员雨果·斯利姆、红十字国际委员会东亚地区代表处合作部主管尚诺围绕"实践与愿景"主题，分享了在气候变化及武装冲突危机下的"天人合一"、构建全球人道行动系统的愿景、倡导和重要价值观。

雨果·斯利姆谈及当前全球面临的3个长期紧急情况：气候变化（山火频发、旱涝不断、水资源短缺）、生物多样性危机（动植物多样性减少、江河湖海骤减）和环境危机（地理风貌改变、人类生活环境变化）。"三合一危机"的出现引发新的思考、新的需求、新的价值观和愿景：人们在反思人类生命的同时更关注所有生命；强调人道主义责任，提倡所有生命都有其独特之美，包括动植物和一切环境，公平、公正、平等是和谐的前提和共生体，在应对紧急情况时，需要强调对贫困、脆弱群体的平等援助；重视人类未来和道德责任，人道援助需要建立一个全球的系统，此系统不仅是以西方为主导的系统，还是所有国家和地区共同参与的系统。新价值观倡导所有生物的美、天人合一和未来的流动性。中国传统智慧认为天人合一，天、地、人三才一体，人类的命数就是由天、地、人三才之道组成的。

尚诺深入讨论了在气候变化和武装冲突交织的复杂环境中，人群的脆弱性和地区的不安定性，为人道工作开展增加了难度，所以要更好地理解各种风险彼此交织带来的人道主义后果，帮助我们更好地实现可持续发展目标。因此，要制定正确的政策和相关的法律法规；围绕着气候和环境开展行动，提升对灾害的反应能力和人道主义动员能力。红十字国际委员会为提升反应能力，主要设定了3个目标：第一个目标是2025年把气候和环境风险融入红十字国际委员会的所有计划；第二个目标是2030年对本会产生的温室气体减排50%以上；第三个目标是到2025年要建立起政策和法律框架，以及宣传行动计划。

不幸的是，武装冲突、气候变化、自然灾害交织叠加的人道主义危机已然成为更严峻的挑战。复合灾难产生的蝴蝶效应，导致了环境、资源和秩序等机制的共振，时刻动摇人类赖以生存的根基。联合国前副秘书长法布里齐奥·霍克希尔德、红十字国际委员会东亚地区代表处卢意鹏、阿富汗红新月会执行会长马蒂·哈克·纳比·基尔、苏州大学传媒学院教授贾鹤鹏、澎湃新闻编委吴玉蓉围绕"人道行动中的气候及环境伦理"，就人道行动面临的挑战、应对气候变化的行动和实践，以及如何倡导公众把气候变化和人道主义精神结合进行了探讨。

法布里齐奥·霍克希尔德从国际的角度阐释了人道行动所面临的5个主要挑战：城市战争、国际人道法的挑战、气候变化、新技术和当前的资金缺口。在战争地区，对国际人道法和管理人道行动的中立性在减弱，战争和人道需求脱节，人道主义危机和需求不断延续。气候变化是另一个关键挑战，气候变化对人道工作产生直接影响，可能加剧现有冲突，因为资源争夺变得更加激烈。而数字化技术既为人道行动提供便利，又可能被滥用于制造灾害或引发仇恨、冲突，使得网络攻击逐步武器化。

最后，面对长期的危机，尽管人道援助达到了前所未有的高度，但仍然不足以满足当前的需求。因此，亟须构建更广泛的合作伙伴关系并倡导全球参与，以更有效地应对不断增加的需求。总的来说，人道行动需要更加灵活、高效以适应新挑战，国际社会须采取更积极的行动，以保护受影响严重的人群，并建立更加可持续的人道系统。

卢意鹏分享了红十字国际委员会于 2020 年发布的报告《当雨水变为沙尘》中的结论，报告通过对伊拉克南方、马里北方和中非的实地研究，探讨了这些地区的人民如何同时应对气候变化和冲突的双重风险，以及红十字国际委员会和其他人道组织如何调整行动来应对这些挑战。报告强调了受冲突影响国家的气候适应能力的有限性，尤其是这些国家在冲突和气候变化双重冲击下的脆弱性。因此，必须调整人道行动以适应不同地区的短期和长期气候风险；与当地社区建立伙伴关系，共同制订计划以适应气候变化；提高风险预测和复原力，打造富有复原力的社区和社会；动员更多资源以加强气候行动和气候融资，保证气候公正和气候道德；减少红十字国际委员会自身碳排放，采用可再生能源，通过以上行动确保人道行动的韧性和复原力。

马蒂·哈克·纳比·基尔分享了阿富汗红新月会在应对气候变化和自然灾害中所取得的成就、经验和在地震灾害中的紧急响应措施：成立减少气候变化风险的委员会、向委员会成员提供设备和培训、进行需求评估和市场调研等。特别是在环境保护方面，阿富汗红新月会计划成立一个小组，专注于固体废物管理，为环境保护作出贡献。

贾鹤鹏强调了中国公众对气候变化的认知情况，以及如何更有效地调动公众应对气候变化，其关键在于把气候变化和人道主义精神结合。他指出，在中国超过 90% 的公众高度认可气候变化，社交媒体上气候怀疑论的声音相对较少。对国家和社会的认同感与对气候变化的态度密切相关。热爱国家的情绪越高涨，公众越积极认可气候变化。促使中国公众对气候变化持认可态度的主要因素是公众感受到了国家获得了气候变化带来的风险和收益。尽管国家的气候风险感知影响着公众的态度，但在行动方面，中国公众并不将国家的气候风险或收益作为主要驱动因素，公众将气候问题视为国家和社会的大事，而不是个人问题；在态度上与国家立场保持一致，但在行动上并不认为应该替国家去行动。因此，在应对气候变化时需要通过弘扬人性、人道主义精神来激发公众积极性，使其更容易理解和关注气候变化的人道层面，从而更有动力积极应对。

吴玉蓉从媒体人的角度分享气候变化下的新媒体传播。新媒体时代，技术创新为气候变化灾害报道和讲好气候变化故事提供可能；以 H5 形式展示变化的台风数据；讲述气候移民故事，深入报道气候变化与人的关系和科研进展等，拉近公众与气候变化的距离。但公众对气候变化的观念认知与实际行动存在差距，因此呼吁更多人参与气候行动，团结一致推进绿色发展，这不仅是公民的责任和义务，更是智慧和战略选择。

二、预见性行动：提高气候变化人道主义危机应对效率

开展预见性行动，能有效提高应对气候变化引发的危机的能力与效率。而政策缺乏、投入不足、预测管理与气候变化行动之间缺乏协调等因素，制约了预见性行动的开展。红十字会与红新月会国际联合会亚太区域办公室路易斯·罗德里格斯、应急管理部国家减灾中心赵飞、加拿大红十字会卡拉·玛丽·泰勒、蒙古国红十字会孟郭图雅·沙雅姆布、肯尼亚红十字会阿巴斯·古莱特围绕"气候变化与预见性行动"，提出以预测为基础的行动策略，合理利用综合风险普查和灾害反应机制，增强社区韧性，促成减灾共治模式。

气候变化的危机应对需要预见性行动。路易斯·罗德里格斯在论坛中分享了有关应对气候变化与人道主义危机的见解和行动计划。他首先强调了当前气候变化的严重性，尤其是在亚太和非洲地区，这些地区的人口受到气候变化影响最为显著，干旱和洪水对脆弱地区人民的生活状况和经济状况具有毁坏性。为此，他提出"预见性行动"这一理念，即在自然灾害发生之前提供早期预警和相关预测，通过预见性行动，节约经济成本，提高效率。同时他强调了国际合作的重要性，与国际组织和机构的合作，包括政策宣传、资金支持、支持自然灾害的预警和灾后行动，共同应对气候变化和人道主义危机。

凡事预则立，不预则废。应急管理部国家减灾中心赵飞女士向我们展示了中华人民共和国从 2020 年起开展的第一次全国自然灾害综合风险普查项目。我国是全球自然灾害最为严重的国家之一，特别在全球气候变化的大背景下，我国面临着频繁的极端天气和气候事件。城镇化和工业化的推进使得我国的基础设施建设不断完善，各类承载体的暴露度、集中度和脆弱性也在增加，自然灾害风险呈系统性、复杂性增加的趋势。全链条式的自然灾害综合风险普查首次推进致灾部门数据的有机融合、在统一的技术体系下进行风险评估区划工作，覆盖全国 100% 的乡镇（街道）、100% 的社区（行政村），7‰ 的家庭以及 500 余万名专业技术人员直接参与了调查工作；获取了致灾因子数据，建立了跨行业协作平台，共享了跨地区信息，有力提高了全国地区性承灾、抗灾能力，以及预测和救灾能力。

卡拉·玛丽·泰勒分享了加拿大红十字会在灾害准备和气候变化适应方面的经

验：只有时刻做好准备、不断完善备灾方案，才会有积极回报。她提到关注组织内部资源和外部环境的重要性，组织内部的人力、资产、流程、体系和外部环境的季节、地区、信息共享和决策等各要素的综合考虑在灾害爆发更加频繁和突然的情况下，能帮助人们更好地准备和应对。因此，加拿大红十字会于 2017 年成立了环境委员会，致力于季度碳排放跟踪、环境咨询、公众气候变化宣传和学术合作，通过多层次、多时段监测，观察风险的季节性变化，在不断试错和经验教训中找到规律，从而为脆弱群体提供应对灾害的准备。

孟郭图雅·沙雅姆布分享了蒙古国红十字会以预测为基础的自然灾害行动范式，通过对蒙古国特殊情况的调研，提供自然灾害分布和预测地图，并在灾前为牧民家庭提供无条件的现金和动物护理包援助。该范式包括人道组织提供的早期行动协议：基于自然灾害影响，提前预测出行动的时间、地点等，预测灾害发生前后的影响，为早期行动指定资金，以及开展可行性研究。蒙古国红会的灾前预测和早期行动在减轻灾害影响、降低成本、提高生计和资产保护方面起到重要作用，同时体现了人道组织的领导力、协同力和权变力。

阿巴斯·古莱特分享了肯尼亚红十字会在灾害管理中面临以干旱和洪水为主的相关气候灾害带来的挑战和应对策略。气候变化的加速发展不可预测，且表现出纵深发展和复杂的灾害风险特征。更为严峻的是，气候变化复合战争冲突等其他危机，使得人道主义形势越发严峻。肯尼亚当局主要贯彻集体主导的气候行动计划，涉及政府、民间社会、学术界和公众的协调与合作，针对气候变化推出发展规划，将自然灾害与气候变化的规划和长期抗灾方案联系，采用新的技术提高应对灾害的效率，并加强当地行动去获取更多资金，开发预测性系统，为非洲各国提供更完善的早期预警以减少损失。但当地政府政策短缺、民众贫困率高、全社会可用资金量少，灾害预测、管理与气候变化行动之间缺乏联系，使其应对气候变化的行动步履维艰，因此呼吁国际红十字运动在预见性行动方面关注欠发达国家和地区。

三、移民与实践：加强气候变化影响下的韧性社区建设和人道综合服务

气候变化使得每个人都处于危机前沿，而老弱病残、流离失所者当在危机中首当其冲，人道行动是帮助该群体抵抗风险的首要支撑。加强气候变化影响下的韧性社区建设，为脆弱群体提供综合人道服务尤为重要。联合国难民署驻华代表卢沛赫、红十字会与红新月会国际联合会亚太区域办公室汉内·玛丽·马蒂森、北京师范大学教授张强、中国水利学会城市水利专业委员会主任委员程晓陶、中国红十字基金会理事长贝晓超、香港红十字会秘书长苏婉娴、中国社会心理学会王金丽围绕"气候变化影响下的移民和社区"，探讨气候灾害对人和地区的影响，建立更有包容性的体制帮助脆弱群体减轻灾害冲击。

气候变化影响下的移民和社区，始终是人道行动的目光所投之处。联合国难民署卢沛赫重点关注冲突和气候变化引发的流离失所问题和受灾害所迫的移民。他在长期的救助行动中发现，被迫流离失所者处于危机的前沿，人道行动是帮助这一脆弱群体抵抗风险的首要支撑。但是，全球面临的窘况是经济和科技的投入显著不足，服务创新亟须强化推进。因此，他强调了建立更广泛的伙伴关系的重要性，特别是在绿色技术和能源领域；呼吁在气候和人道援助方面建立强有力的国际合作关系，以有效地应对气候变化和相关的人道主义挑战。

汉内·玛丽·马蒂森提到，极端天气事件和自然灾害造成的洪水、泥石流、空气污染等灾害具有多方面影响。同时，气候变化或武装冲突与流离失所者的人数呈正相关，自然灾害与人道主义危机掺杂，带来更多的人道救援需求。当前，极端天气越来越频繁，而缺乏规律的移民途径，必须把气候变化和移民结合在一起，借助当地支撑，动员更多当地志愿者和群体；以当地利益方为中心，形成完整的灾后管理链条，采取具有包容性和预期性的应对措施；呼吁加强人道主义外交，国际社会采取更好的适应气候变化的办法，不断减少风险、做好准备、及时应对、支持灾后重建和复苏，并关注支持流动性搬迁移民的各种方案。

成功的治理依赖扎实的行动。张强认为应从全球视角去看待气候变化应对与减轻灾害风险的有机融合，且必须从地方层次采取行动，其重要环节是化知识为行动，落实具体政策并说服当地公众集体参与。产生灾害的因素是多维的，分析其产生原因并向公众清晰解释在日常生活中融入气候变化的必要，是当前的政策目标。而长远的目标是关于韧性社区的研究，他认为应利用模糊综合评价法和蒙特卡洛模型将社区韧性的视角和更加宽广的视角结合，建立新的本地社区韧性框架；促进社区层面的韧性，促成共治模式；鼓励政府部门、非政府组织和志愿者等各相关方参与，采取自上而下和自下而上相结合的方式，以减轻未知灾害带来的威胁，共建更具韧性和可持续的社区。人类的韧性是一种机制，可以相互联结成"万里长城"，有效应对并减轻灾害风险。

所谓"善为国者，必先除其五害"。程晓陶强调了水害对人类社会的威胁及治理的必要性。他通过分享气候变化下的全球变暖趋势、洪水和干旱的并生影响，以及不可调控的极端天气，强调了防洪抗旱减灾体系的发展在一定程度上减缓了灾害的影响。通过分析郑州水灾和海河流域的典型案例，指出灾害损失从以农林牧渔损失为主转向以城市受灾为主的趋势。由于现在经济社会的发展，灾害的威胁对象、致灾机理、成灾模式、损失构成和风险特征与过去相比都发生了很大的变化，因此呼吁建设韧性社区，强调风险辨识、危险感知、抗灾抢险应急处置及韧性重建的重要性。在中国，韧性重建的概念并不是简单地指恢复到灾前水平，而是希望提高到更高的水平。

自然灾害难以防止，但灾难性的结果是可避免的。贝晓超分享了中国红十字基金会（本文简称"基金会"）在中国红十字会直接领导下的灾害管理工作。首先是面对灾害，基金会积极参与中国红十字总会自然灾害应急救援的统一部署，加入中国红十字会应急救援的区域协作机制。在灾害发生时，基金会迅速成立应急响应工作小组并展开工作，涉及应急救援、综合保障、宣传、财务、法务、人道资源动员等。其次，在项目和体系方面，基金会逐步形成了区域、社区、家庭三级防灾减灾和应急响应机制；不断提升人道救助和人道服务能力，逐步形成了关注不同群体的多元化人道需求、覆盖灾害管理全过程、全员协作参与的工作机制和项目体系。最后持续关注气候变化，以数字化韧性建设为抓手，加快新技术、新工具的应用和转化，引入人工智能、互联网技术支持救灾救援工作，实现赈济家庭箱的信息化管理，推动互联网的深入发展，助推应对自然灾害的传统工作模式的变革。

苏婉娴分享了香港红十字会从灾害救援实践中提炼出的气候变化危机下的综合灾害管理模式，该模式强调了社区本地的备灾体系和应对能力建设，而人道志愿组织则在预警响应后全面介入。该模式显示出优异的早期自救和复原效果，与中国水利水电科学研究院程晓陶教授强调的韧性社区建设的作用殊途同归。此外，苏婉娴还强调了实际行动的关键性，建立灾害前的预警和演练机制也是综合救灾模式的重要环节。

一个完备的人道救助范式，不能缺少气候危机应对中的心理援助。王金丽教授分享了她在社会心理学领域多年的从业经验，本次论坛中她聚焦于全球极端气候危机下心理援助在灾后重建中的作用。她指出气候灾难是创伤也是适应，心理援助是人的精神复原，是危机应对中人道价值的直接体现，需要强化发展；在面对气候灾难时需唤起人类的使命感，支持灾民，帮助他们迁徙、实现社区重建，并共同制定应对危机的预案；全球极端气候危机下心理援助和社区重建固然重要，但共同关注和保护地球是前提。

四、展望未来：加强应对气候变化和人道行动的合作

气候变化具有全球性、长期性和政治性，气候变化对人类社会和自然界的影响是全方位、多维度和多层次的，气候变化的灾害具有破坏性、纵深性和不可避免性，加剧了人道灾难救助的难度和人道主义危机。气候变化及其不利影响成为人类共同关注的话题，是人道主义问题治理的必经之路，更是世界各地绿色发展和全球治理的重要现实问题。因此，我们应从转变对气候变化的认知和观念开始，强化气候危机共识；坚定地成为全球应对气候变化事业的积极参与者和人道救援行动的坚定践行者，以实则治，加大应对气候变化的行动力度，与更多的人道伙伴携手，为应对更多的气候变化带来的危机和挑战作出应有的贡献。

首先，大力开展人道传播，提升全球公民的防灾减灾意识和能力。面对气候变化带来的挑战，人道组织应当发挥网络体系庞大和会员、志愿者众多的优势，协助做好各国政府的气候变化行动；进一步运用传统媒体和新媒体技术，广泛进行防灾减灾知识的传播，通过应急救护培训和防灾演练等实操性体验教育，让更多公民学习、掌握应对各种自然灾害的防灾避险、自救互救方法，提升个人、家庭和社区的防灾减灾意识。

其次，广泛开展人道资源动员，提升备灾救灾实力。面对频发的人道主义危机，我们需要更多人力、物力、技术和智力支持。各国红会应当把人道资源动员摆上战略位置，广泛发展战略合作伙伴，拓展人道资源动员渠道，创新筹资模式；要紧密结合信息变革，大力开展"互联网+人道资源"动员，不断提高人道主义事业的公众参与度，进一步壮大人道救援救助实力，为携手应对气候变化奠定坚实的基础。

再次，加快推进数字化转型和气候变化科技合作，实现人道救援和人道物流等应急体系的现代化。科技创新在发现、揭示、应对气候变化问题中发挥着基础性作用，互联网和数字技术运用有利于信息的获取和战略运营决策。通过数字技术来连接红十字会分会、连接会员和志愿者，可以更加快速地动员和组织人道资源应对危机；紧抓信息变革的时机，加快数字网络建设，有效运用现代智联网和现代物流技术，有助于提高灾害响应的物流速度和准确送达率，使人道行动更为便捷、高效。

从次，广泛开展人道交流合作，加强国际人道防灾救灾的网络建设。"众力并，则万钧不足举也"，各国、各地区之间建立更加广泛、更加务实的合作机制，相邻国家更要重视人道救援区域协作机制，共同应对包括气候变化在内的人道主义危机和挑战，携手创造一个更加安全、洁净、美丽的世界。

最后，共建、共享人道主义教育，着力提升人道工作专业能力。面对越来越严峻的人道主义挑战，人道行动越来越成为一项专业性工作；提升人道组织领导人的领导力，提升专职工作者、会员、志愿者的专业技能，高度重视人道工作的素质、能力培养，本着共享、共建人道主义教育的理念，致力培养面向新时代的人道工作专门人才；高度重视红十字青少年工作，重视各国青少年之间的交流，重视运动青年网络建设，确保人道主义事业薪火相传。

人类的政治决心，应该是放弃一切偏见，摒弃所有热战和冷战思维，团结一致应对气候变化。我们必须众志成城,增强公众对气候变化的有效认知,协调全球统一行动,有效减弱气候变化、人类环境、人类冲突等产生的多米诺骨牌效应,为人类的共同未来作出更多贡献。

Crises and Response: Humanitarian Force in Climate Change

Abstract: The Third Soochow International Humanitarian Forum was held in Suzhou with the theme of "Climate Change and Humanitarian Action". Chen Zhu, President of the Red Cross Society of China (RCSC), attended the forum and delivered a keynote speech, while Wang Ke, Secretary of the Party Group and Executive Vice President of the RCSC, presided over the opening ceremony. More than a hundred delegates from the International Committee of the Red Cross (ICRC), the International Federation of Red Cross and Red Crescent Societies (IFRC) and fifteen national societies attended the forum. Guests and experts elaborated insights on "Disasters and response" "Practice and vision" "Climate and environmental ethics in humanitarian action" "Climate change and anticipatory action" and "Migrants and Communities in Climate Change", discussing ways to respond to climate change and seeking ways to live in harmony with nature.

Keywords: climate change; crisis response; humanitarian; resilient community; collaborative action

新书评介

走向伦理胜任力:《人道伦理学》导读

朱健刚[①]

一位合格的人道行动者需要一种伦理胜任力来使自己可以有智慧和有勇气将所信奉的人道主义原则贯彻在复杂困难的情境中。但是这种伦理胜任力的养成并不容易,需要应用伦理学的理论支持。雨果·斯利姆在2015年出版的英文原版《人道伦理学:战争与灾害赈济的道德导引》(中文版于2023年出版)恰如雪中送炭。这是第一本系统讨论人道伦理学的著作,它不但探索了人道主义的伦理学源头,还明确讨论了相关的人道主义原则以及如何应用于我们的实践。这本书的结构颇为用心,很适合人道实务工作者。该书分为三编,上编谈到人道伦理学的理论源头,指出人道伦理的基础是基于情感伦理学的同情和爱。中编谈到人道伦理学的现代原则:人道、公正、中立和独立,这些原则构成国际法的重要规范。伦理学的基础也因此扩展到康德意义上的责任伦理。下编专门讨论这些原则如何在现实中运用,会遇到怎样的挑战及如何克服,结果又如何评估。

一

导论首先谈到人道主义的兴起来自对人类所遭受苦难(suffering)的自助、互助与他助。这种苦难可能源于自然灾害,也可能来自人类社会自身生产的暴力,更有可能两者混杂在一起,给人类带来更严酷的后果。当一个人面对苦难的时候,他需要帮助,这种帮助常常来自家人、朋友和邻里。但是当苦难足够大,远远超出周围熟人的帮助能力范围的时候,职业的人道主义工作者就出现了。自从红十字会出现以后,这个职业人群的规模令人震惊地迅速扩张。如果没有人性中的同情和关爱

[①] 朱健刚,南开大学社会学院社会学系教授,红十字国际学院客座教授。

（care），很难相信有这么多职业人道主义者和机构会去开展这样的危险行动。但是书中也警告：如果没有伦理的反思和指引，这种关爱的动机也可能带来恶的行为和后果。所以作者说："尝试帮助他人是很好的事情，但并不总是很容易。"尤其是要成规模地、快速地在复杂的、冲突的政治系统中开展救援，就更加困难了。作者在这里指出了写这本书的目的：通过对人道伦理学的学习，让人道行动本身可以尊重人、与人们合作，以预防苦难、修复伤害，使人们从苦难中走出来，蓬勃发展（flourishing）。

  这本书的对象主要是有人道主义关怀的行动者。过去，这类人道主义者常常被想象为西方人，因为很多人道组织主要是联合国及形形色色的发端于西方的国际非政府组织。但是近年来，随着类似中国、印度等新兴国家兴起，这些国家也开始出现了基于非西方价值观的人道行动。尤其是在全球化过程中，移民赈济的重要性越来越被重视。同时，很多受灾国家的政府开始加强控制，宣示自己的人道主义主权，这对来自西方的"远征式"的人道赈济也构成了挑战。如何协调这两者的矛盾，实现人道主义的平衡，是这些国家需要认真研究的问题。要实现这种平衡，双方能够形成实操伦理的共识就变得尤为重要。这些共识经常体现为二战以后全球大部分国家签署的国际法。1965年第20届红十字国际大会通过的《国际红十字与红新月运动的基本原则》成为各国开展人道行动的共识原则，其中的"人道、公正、中立、独立"成为全球普遍遵守的人道主义四原则，亦为法律所认可。作者认为《人道主义宪章》是迄今为止对人道行动所依据的道德原则和法律原则的最完整阐述。这些法规表征着人类作为同一物种逐渐走向伦理上的全球化。

  中国也处在这一伦理全球化的过程中。但是，虽然有这些全球共识，在实践中，人道行动却常常陷于很多伦理困境中，受到诸多批评甚至责难。在这方面，作者有一种调停者（mediator）的气质，他一方面主张面对这些责难，人道伦理的基调"不应只是谨慎、消极负面、决意不做错事；而应是雄心勃勃、积极正向，努力把事情做好"，他选择了积极伦理，认为写这本书是为了鼓舞人心。另一方面，他也主张人道主义者要直面这些伦理困境。在这本书的开端，作者就抛出了这些困境。

  首先，困境表现为人道主义可以行动的边界问题。人道主义似乎不可能关注所有的人权，否则行动就会很难真正落地。那么，究竟什么是人道主义可以做的？哪些是不应该做的？哪些则在这两者之间？迄今为止边界仍然模糊不清。作者指出，人道行动要想在世界各地都能落地，主要还是要回应威胁生命的极端状况，实践保护和拯救人类生命的伦理，而对社会转型的更大关切和对社会怀抱的任何一种政治野心则要尽可能克制和避免，虽然这些关切和政治关怀也是很有价值的。可以说，人道伦理须体现的"是为所有人类生命的尊严、保护和安全而斗争，而非为实现某种政治制度而斗争"。

其次，困境表现为人道主义模式中所蕴含的新殖民主义心态。例如，人道主义中的红十字运动就常常表现为一种"远征模式"，它被假设为从发达文明之地的西方进入非西方的落后贫弱之地。远征而来的人道主义工作者常常被要求扮演指导者的角色，更有甚者，一些外派员工过着殖民者一样的生活。人类学家和社会学家将这种人道主义势力的后殖民世界描述为"赈济之境"（aidland），这种"赈济之境"遭到了当地人和西方社会本身的批评。如何避免"赈济之境"，更公平地分配人道权力，更有效地实现人道专业知识和能力的本地化，这是人道主义者面临的挑战。

再次，人道行动中的志愿主义和专业主义之间也存在困境。志愿精神是人道运动的本质。人道主义基于对人类的爱，鼓励每个人都能够志愿参与，正是这种志愿主义的激情使得人道行动生机勃勃。但是随着人道救援越来越要求科学化、专业性，人道主义也就越来越职业化。于是，很多人道行动开始具有专业门槛，志愿者的激情则受到压抑，这就需要在志愿主义和专业主义之间找到一个足以履行责任的平衡点。

最后，政治资金和政治压力也总是困扰着人道行动。大部分人道资金来自西方国家，这也是这些西方国家应尽和能尽的责任。但是，西方国家在考虑哪些地区要重点援助，哪些地区则可以搁置时，仍然受到地缘政治的影响。而作为受助国的政府同样也可能出于自身的政治考量而限制"人道准入"。毋庸讳言，这常常是人道行动面临的伦理挑战。

除此之外，人道主义工作者和人权工作者之间也存在着伦理上的张力。人权工作者通常相对直接和激进，他们常常批评人道主义工作者对侵犯人权的行为保持沉默及和侵犯人权者密切合作。而人道主义工作者则认为：为了让人道救援可以以某种形式真正落地，让当局给予持续容忍，这种沉默和合作是关键，因此较为温和的评估、呼吁、谈判是人道行动者的传统。但是这也确实会带来人们对"灰色地带"的焦虑。这种焦虑像秃鹫一样萦绕着人道赈济事业。许多批判者指出：人道赈济中存在的这种"灰色地带"试图采取"小恶"的策略，来减轻恶的最坏影响，但事实上"小恶"让恶得以施行。许多出于善意的行动也许会给并发的暴行铺路或掩饰。虽然我们不必过分夸大人道赈济带来的这种负面影响，但是这种共犯的风险始终存在，值得每个行动者自省。

以上列举的种种人道伦理困境，在中国同样会遇到。这些伦理困境也构成全书的起点。要试图理解、平衡甚至解决这些困境，就需要首先理解人道伦理的底层逻辑。这些逻辑其实有不同的脉络，这本书主要基于西方的人道伦理脉络，也加入了一些阿拉伯和中国的智慧。

二

人道伦理认为每个人的生命都是好的，所以无论何时何地，只要可能，就应当保护和拯救人们的生命。由此产生了利他主义的伦理。人道行动勇于拯救苦难中的生命，其基础就是人道主义者对在极端情况中生活和受苦的他人产生同情和责任的深刻感觉。那么人类为什么会有想要弥补苦难、不再制造苦难的愿望呢？作者觉得利他主义是非常重要的人道伦理基础。他在这里详细阐述了澳大利亚著名应用伦理学家彼得·辛格的观点。

辛格认为人这个种群经历了利他主义的演进过程。这种过程有三个阶段，第一是亲缘利他主义阶段，前人类（pre-human）和人类祖先对和自己有血缘关系的他人的关切，主要是基于家族和我们自身让 DNA 存续下去的生物渴望。第二阶段是互惠的利他主义，这使人的利他超越亲族的圈子。互惠和市场交换不同，是一种互助的馈赠关系。很多志愿者参与志愿服务都是基于这种互惠的利他。

再进一步，就到了第三阶段。随着人类理性的发展，人类发生了道德的大转变，可以采取"客观观点"来想象和理解"他者"，即使对方是陌生人，也能想象什么是好的、公平的，这就可以产生"普遍的观点"。辛格说人类社会到二战之后，超越了互惠利他主义，毕竟在互惠关系中，人还是有回报的期待的。二战后国际组织开始强调普遍原则，不再考虑自身利益，而是考虑怎样纯粹实现他人利益，这是一种"普遍利他主义"。普遍利他主义是人类文明进步的重要标志。①

普遍利他主义产生了普遍性的原则伦理。道德原则因此具有客观性。斯利姆在这里还是选择了更接近人们经验直觉的情感伦理作为人道伦理的重要脉络。

情感伦理强调人的同情和共情是道德产生的基础。这方面的重要代表人物是十六世纪的休谟，休谟认为，"对于与我们有关的每样事物，我们都有一个生动的观念。一切人类都因为互相类似与我们有一种关系。因此，他们的人格，他们的利益、他们的情感、他们的痛苦和快乐，必然以生动的方式刺激我们，而产生一种与（对方经历到的）原始情绪相似的情绪……这一点如果是一般地真实的，那么对于苦恼和悲哀来说就更是如此"②。这是我们成为人类的关键原因。当全人类都能参与这样

---

① 斯利姆：《人道伦理学：战争与灾害赈济的道德导引》，徐诗凌译，苏州：苏州大学出版社，2023 年，第 25—26 页。
② 休谟：《人性论》，关文运译，北京：商务印书馆，1980 年，第二卷第二章第七节，第 406 页。转引自斯利姆：《人道伦理学：战争与灾害赈济的道德导引》，第 28 页。

的共情，人道主义运动就能够在全世界推广。

现象学对于利他的重要性也有新的认识，它认为：你之所以成为你自己，是因为有他人的承载。知道你周围人怎么样，才能知道你是怎么样的。一个人的自我认同在与他人的互动里才能建构，在这样的伦理下，你就知道要利他，因为利他之后才有可能利己，其实这很类似儒家所说的"成己成物"。现象学不同意"我思故我在"这样的论断，而认为是"我相遇，故我在"，是因为我开始跟他人有了交往，我才存在。人最深刻的存在感和意义来自与他者的遭遇及由此而产生的个人责任感。这是很多人去做志愿者的原因，因为他在这里感觉到别人的情况及跟他相遇的情况，让他体会到自己的责任感。可以说，只有在遇见另一个人的时候，我们才发现自己是人。这种认知解释了我们在自身存在中感知到的价值，同时也确立了他人的价值。你要找到的自己的价值，也是跟他人一起共同确立的。对于列维纳斯来说，"与他人面对面"是深刻责任感的召唤。伦理最重要的召唤就是要给人一种感觉：我在这里。当你处于困难的时候，你会相信我在这儿。所以人道行动强调回应是伦理上的第一动作。回应表明我对任何人是负有责任的。① 而因为对他人负有责任，我才成了我自己，成为一个有道德的自己。哲学家利科说，这叫"善良涌现"时刻，是人类生命中的黄金时刻，② 也是人们前仆后继去做红十字会的志愿者的原因。

这种善良的核心是共情。共情是从感知到对他人动作的一种内在模仿。它产生一种主体间性，即他的经历可以转化成你的经历，你的经历又可以转化成他的经历。人道伦理的起点正是认为情感、同情、共情是人类的天性。人道主义的行动正来源于此：产生共情—共情产生愿望—愿望产生行动，虽然它常常以普遍的原则伦理形式出现。

三

原则可以看作"一个信仰或行为体系的基本主张"。这不禁让人联想到康德所说的绝对律令。当然这些原则本身并不是绝对律令，但是也确实被视作基本真理或道德规范。然后，原则伦理从这一真理出发，推导出具体的规则，这些规则指引我们如何根据原则生活和行动。

人道伦理的普遍原则有三类：第一类原则是绝对性原则，是应用于任何场景的"无例外规范"。

---

① 列维纳斯：《伦理学作为第一哲学》，朱刚译，《世界哲学》，2008 年第 1 期，第 92—100 页。转引自斯利姆：《人道伦理学：战争与灾害赈济的道德导引》，第 32—33 页。

② 利科：《作为一个他者的自身》，佘碧平译，北京：商务印书馆，2013 年，第七研究第二节，第 281—283 页。转引自斯利姆：《人道伦理学：战争与灾害赈济的道德导引》，第 33—34 页。

第二类原则是义务性原则,大部分原则都是强力的义务,除了一些特别的例外,它适用于所有场景。允许例外是它区别于绝对性原则之处。例如,要喂养子女这一道德规范真实,有强制力,但并不绝对。当唯一可获取的食物就是你的邻居还活着的孩子的身体时,人(在道德上)就不能将这一规范付诸行动。

第三类原则是追寻性原则,体现了我们应当追寻的完满理想。追寻性原则关乎卓越,向追寻性原则看齐的过程本身就有道德价值,令我们接近这些原则,即便永远不可能完全实现。追寻性原则带来劝诫和鼓励,而非义务和约束。

对于这些原则的恰当理解非常重要。它包括"在特定情景中充分理解原则的含义"。道德常识要求我们将一条原则优先置于另一条之上。这意味着当两条原则在具体情境中发生矛盾时,我们得衡量其相对重要性,从而在具体的时刻找到两条原则之间正确的平衡。

人道伦理中的绝对性原则是人道和公正。

什么是人道原则?让·皮克泰在1965年为国际红十字与红新月运动目标写下了著名的标准表述:"防止并减轻无论发生在何处的人类苦难。其目的是保护人的生命和健康,保障人类尊严。"

在国际关系和国际法中,人道一词特指对因武装冲突或灾害而受苦或可能受苦的人开展有组织的援助和保护。人道主义首要的原则就是人道。因为人是目的,所以人道当然首先强调人的生命的重要性,这是人最重要的权利。作者谈到这种人道首先是作为价值而存在的。

中世纪晚期,古希腊哲学重新兴起,跟希伯来文化合一,开始生发出经院哲学,由此产生了一个非常重要的词:怜悯。这个词对启蒙时代的情感伦理产生了极大的影响。因为你如果像上帝一样去思考,就容易对一些苦难的人产生怜悯之心。阿奎那这样描述怜悯:心上即时感受到的感情,这种感情让我们可以感受到他人受苦如同自己受苦。我们一般称之为同情,你其实不苦,但是你看到他苦,好像你也苦,你能感受到这种苦。怜悯看到了一种人性,托马斯·阿奎那认为以上帝之名,这种怜悯也可以在人与人之间发生。

西蒙娜·薇依进一步阐释了"怜悯"这个词,她主张接近受害者的时候需要有关爱、好奇和回应的精神。怎么体现你是一个人道主义者?一定要跟这些苦难者在一起,要积极回应,问出要紧的问题:发生了什么事?你感觉怎样?你需要什么?我能怎么帮你?西蒙娜·薇依这么想,也这么做。她放弃优越的生活,和工人同吃、同住、同劳动。她说:"这种紧密、纯净、毫不谋利、毫不索取、慷慨给予的关注,它的名字就是爱。"① 这是人道主义在实现的时候一种最深切的感觉。

公正原则是指人道行动不因国籍、种族、宗教信仰、阶级、政治见解而有所歧视，只是努力减轻人们的疾苦，优先救济最困难的人。这条原则展现的是如下的伦理准则：普遍、无歧视、平等、客观、公平。这个原则听起来很简单，在中国做起来却很难，因为中国人的儒教伦理是强调救济与教化相关联。一个人家里很穷，但是游手好闲，这种人就不能救。但这个伦理和现代福利理念是冲突的。在现代福利观里，即使是道德不好的穷人，国家也仍然有责任救济。为什么呢？因为他是人，人道原则规定了：有这样的平等，是因为一个人类的生命本身就是好的，而非仅是因为其生命是实现更大的政治或社会目标的工具。人的价值乃是基于生命，而非基于有用。因此公平是对施害者和受害者都给予均等治疗。

公正的原则强调需求为本，在人道行动中唯一能合理区分必须照看一个人、不照看另一人的理由，就是他们的相对需求不同。换言之，要衡量不同人的生命的优先性，只能基于谁更可能失去生命。是苦难的客观程度，而非信仰和身份这样的主观联系，决定了如何合适地衡量人道行为孰先孰次。

这种公正原则的基础，就是将人都看作人，而不是将人看作行动主体。大多数规范性伦理框架理所当然要关注个体行为和个人责任，所以大部分的伦理学感兴趣的是正义和公平（fairness）。而人道伦理在这些方面似乎有道德盲点，但人道伦理强调活该受的苦（deserved suffering）和不该受的苦（undeserved suffering）之间的区分。这一方面需要法律对一个人是否要对他人苦难负责进行正当程序和人道法的确认；另一方面，人道伦理尊重仁慈（mercy）的价值，将之看作有人性的德性所涵括的内容。人道伦理似乎深信人的善良有可能回归。在传统中，向人们展现仁慈和宽恕，是为了给他们一个从错事中回头的空间。

人道伦理中的义务性原则包括中立、独立和尊重原则。当我们说到中立原则的时候，实际上是讨论如何在常见于战争和灾害中的激烈政治对抗和利益冲突的现实条件下实现这一目标。中立是非常重要的原则。皮克泰在分析人道主义原则时，定义"中立"如下："为了得到所有人的信任，红十字在敌对状态下不采取立场，任何时候也不参与带有政治、种族、宗教或意识形态性质的争论。"

在人道行动里，中立是一件服务特定目标的明智之事，体现了审慎（prudence）的德性。审慎可能最好被诠释作"实践合理性"（practical reasonableness）。没有人

---

① Simone Weil, 'Attention and Will', in *Simone Weil: An Anthology*, ed. Sian Miles, Penguin, London, 2005, p234. 转引自斯利姆：《人道伦理学：战争与灾害赈济的道德导引》，第 51 页。

会主张中立是一种要在日常生活中培育的寻常德行。相反，这是一种超乎寻常、不同于一般的审慎，只适用于专门角色和情境，是为了在冲突中获得所有相关方的信任，毕竟人道主义中立的主要目标并不是站得离冲突远远的，而恰恰是到冲突里面去。

独立则是人道主义的另一条执行原则。皮克泰为红十字运动界定的独立原则是：始终保持独立自主，以便任何时候都能按红十字的原则行事。独立，即意志和行动的自由，本身是一种善，但从不被看作绝对的善。我们不会将完全独立于他人的生活看作好的生活，完全的独立实际上是孤立，甚至是不可能的生活。我们都为各种事情在不同程度、在生命的不同时期倚赖其他人，我们也都会向权力妥协。所以，独立固然是指不受外部干预的自由，却不可将人道自主权理解为自专独行。

1991年，《国际红十字与红新月运动和非政府组织灾害救济行为守则》在皮克泰的人道、公正、中立、独立的四大核心原则之外又加了六项原则。这六项原则，即准则的五至十条，是关于如何与受影响社区及各种组织、权力机关一同工作的。这六项原则借用了政治伦理、社区发展伦理和人权原则来定义人道机构和它们要帮助的人群之间恰当的工作关系。更具体地说，这些新的原则肯定了尊重人们尊严的重要性，以及他们参与人道行动执行过程的权利。

在原则伦理的最后，谈到了管理原则。核心是可持续性原则、问责原则和有效性原则。这些是实务工作者耳熟能详的，此处不再赘述。

四

基于原则的伦理体系是必要的，但还不足以应对人道主义实践中的伦理挑战。所有基于原则的复杂体系都明白过度简化的"原则主义"的不足，因而会在其伦理中纳入其他的伦理实践并加以重视，如思虑、良好判断、实践德行的培育等。这一编是全书的亮点，因为我们最关心的其实不是原则，而是关心真正实践人道伦理是什么样子的，我们要如何运用我们的心、脑和手来遵循伦理，做出合乎伦理的决策。作为人道从业者，我们又如何能够一以贯之地进行伦理实践，从而能够现实地、习惯性地遵循人道主义原则，实现知行合一。

这是很不容易的，因为我们作为有伦理的存在，所拥有的经验，是感觉、思考和行动的混合。人格的这三个方面——心、脑和手——在我们要做出道德实践时，都需要运转起来。阿拉斯代尔·麦金太尔认为启蒙时期的各种哲学家错误地对伦理实践进行了二元的定义：要么是根据规则的"计算"，要么是情感上的"偏好"；这种二元对立使得人们的头脑中只剩下晦涩又彼此冲突的伦理"碎片"。他呼吁要回到更为整体的亚里士多德和托马斯·阿奎那的路径，以德行的培育为基础，使思想、感觉和习惯合而构成实践智慧。① 对大部分人道实践者来说，最契合实际的应用伦理学应该是在时间推移中发展出人道主义德行，他们可在日常和在重大危机之时都应用这种德性。而德行要运用我们所有的道德机能才能生长出来。

德行首先表现为理性。有两种极为理智的、计算性的思想流派主导了现代西方文化中的人类福利伦理思想：基于义务的伦理学和功利主义伦理学。前者在国际法中呈现为普遍的人权。后者则被普遍用作履行福利职责、为实现人权时公平分配资源所使用的比例规则。

人道伦理强调"分配正义"，但没有什么分配是完美的，总有人在分配中受损，有人在分配中获利。那怎样是最好的呢？按照功利主义的原则，最好的就是这个共同体可以获得最大利益，而最好的幸福感是在这个领域最差的人能得到最好的结果。功利主义的好处是肯定我们内心深处所认为的：即使在艰难的情形下也要进行衡量。人道救援是一个要实际落地的行动。大量的行动肯定是很有争议的，那么到底怎样才能达到最满意？康德的绝对义务不足以细致识别出什么时候撒谎是正确的，所以这个时候功利主义原则就能起到一定的作用。

其实在实践中，我们没有办法依据一个坚如磐石、不可动摇的原则去做，道德这件事情总是有风险的，因此人道主义实践首先要学习的就是风险意识。作者批评道：边沁的唯一规则过分依赖贸然推断行动的未来影响。边沁要求我们根据"它看来会如何的倾向"来估算一项行动的道德性，其中充满了不确定性，必定会发生投机和臆测。其实，你做的每一件事情没有绝对的对，但这并不意味着你就无所作为，而是要运用你的情感和直觉。所以斯利姆讲到：我们对未来的无知意味着，在每一个体系中，"正确的道路"仍然可能涉及坏事，甚至可能引起坏事。每一种路径都有得有失。这里需要看到，风险就是伦理的一个基本组成部分，也是不太可能被完全克服的部分。

综上所述，理性、情感及在具体德性中培育理性和情感的目的，是在生活中做出最为道德的选择。这会涉及选择最好的态度、行为、策略、合作关系或行动。在任何情形中都有必要判断可行性、道德性的均值和道德绝对律令，因此，伦理其实最终就是选择和决定。所有的伦理传统都强调在个体生活中有目的地、深思熟虑地做出选择的重要性，对于组织来说也必然如此。

ALNAP（责信与绩效积极学习网络）最近对人道领导力的研究显示，协同式的

---

① 麦金太尔：《德性之后》，龚群等译，北京：中国社会科学出版社，1995年，第一章。转引自斯利姆：《人道伦理学：战争与灾害赈济的道德导引》，第128—129页。

领导力和决策往往能作出更好的决策，也能获得更多认同。参与式的决策纳入所有的利益相关方和部分建设性批评者或质疑者，能避免一些"认知盲区"，也能避免精英式的"集体思考"。以某种形式开展公共商议，在大多数难以处理的人道伦理案例里是极为迫切的，需要使用"互惠性反向"（reciprocal reversals）的概念来鼓励各方反向进入对方的经验，借此理解他们发言的基础。这就要求各方都做出很大努力来理解其他方的情况。

加勒格则将伦理胜任力定义为一种强烈的道德能动力在受过专门训练后的展现，是"根据道德责任进行认识、思虑、行动的能力"①。道德能动力和伦理胜任力的对立面是道德盲目或道德自满，它会令人们不愿或不能检省具体形势中的伦理。她提出的模型是五种能力的集合：知识、感知、反思、行动和习惯，让自己具有发现道德问题的"道德之眼"，并能成为"伦理的存在"，让伦理胜任力最终成为人道从业者的第二天性。

保罗·利科谈过每一个人类生命中的自然"纠缠"（entanglement）。我们会以如此多样的方式遇见如此不一样的人，我们的生命在道德上不可避免地变得复杂，充斥着各种各样会影响到其他人的小小作为和不作为。在这个过程中，意向就变得特别重要。康德在阐述道德意志理念时，也与此类似地强调了意向。康德最为重视我们在道德生活中所"意志"的善好。他认为即便失败了，没能实现我们所意愿之事，善的意志也可以独自闪耀光芒。一个人道机构只能对它实际能够做的事情负责。即便我们没有完全的力量去制止坏事或者去做好事，我们仍有责任去减轻我们的弱点带来的最坏影响，在力量范围内做次好的事。

写到这里，全书已经回答了在书的开头提出的各种人道伦理的困境。但是作者显然并不试图一定要加一个光明的尾巴，与之相反，他力图揭示出更多的来自后现代的挑战。例如长时间的人道赈济会腐蚀政府和人民之间应有的政治契约，人道主义话术也已成为西方政治势力剥夺权力的新力量。作者最后给了这些后现代批评积极的回应，他认为指控人道机构"共犯"是最偷懒的道德标签，是过度强调了人道主义在由其他方面残忍操控的局势里应负的责任。这些后现代批评对于今天中国的人道主义发展来说，似乎还为时过早，因为我们还在走向现代的过程中。正如福柯所说，对有组织地解决人类问题的方案的主要挑战就是没有完美的解决方案，任何

---

① Ann Gallagher, 'The Teaching of Nursing Ethics: Content and Method. Promoting Ethical Competence', in Anne Davis, Verena Tschudin, Louise de Raeve, eds., *Essentials of Teaching and Learning in Nursing Ethics: Perspectives and Methods*, Churchhill Livingstone Elsevier, London, 2006. 转引自斯利姆：《人道伦理学：战争与灾害赈济的道德导引》，第159—160页。

解决方案都蕴含新的风险:"我的观点是,并非一切都是坏的,但一切都是有危险的,这不完全等同于坏。如果一切都有危险,我们就总有事要做。"① 我想这是现在人道主义在中国的最基本的态度。

虽然可能很多人道主义的努力都不能真正解决问题,但即使这样,这样的努力仍然是有价值的。我最后想引用康德的话来结束对此书的导读。他说:"如果它在尽了最大的努力之后依然一事无成,所剩下的只是善的意志,它也像一颗宝石那样,作为在自身就具有全部价值的东西,独自就闪耀光芒。"②

---

① Michel Foucault, *Essential Work of Foucault* 1954—1981: *Ethics*, vol. 1, ed. Paul Rabinow, Penguin, London, 1997, p256. 转引自斯利姆:《人道伦理学:战争与灾害赈济的道德导引》,第193页。
② 康德:《道德形而上学的奠基》,李秋零译,载于李秋零《康德著作全集》第4卷,北京:中国人民大学出版社,2005年,第401页。